O MÉDICO ENTRE A VIDA E A MORTE

Um estudo psicológico em oncologia clínica

Temas de psicologia e educação médica

O MÉDICO ENTRE A VIDA E A MORTE

Um estudo psicológico em oncologia clínica

Débora Staub Cano

Casa do Psicólogo®
uma empresa PEARSON

1ª Edição	*2014*
Editor	*Ingo Bernd Güntert*
Gerente Editorial	*Fabio Alves Melo*
Coordenadora Editorial	*Marcela Roncalli*
Assistente Editorial	*Cíntia de Paula*
Produção Editorial e Capa	*Casa de Ideias*

Dados Internacionais de Catalogação na Publicação (CIP)
Angélica Ilacqua CRB-8/7057

Cano, Débora
O médico entre a vida e a morte: um estudo psicológico em oncologia clínica / Débora Cano. -- São Paulo : Casa do Psicólogo, 2014.

ISBN 978-85-8040-309-1

1. Médicos - Profissão 2. Estresse no trabalho 3. Oncologia 4. Médicos - biografia 5. Sistema público de Saúde - Brasil I. Título

13-0558 CDD 926.1

Índices para catálogo sistemático:
1. Médicos – biografia – profissão

Impresso no Brasil
Printed in Brazil

Casapsi Livraria e Editora Ltda.
Rua Simão Álvares, 1020
Pinheiros • CEP 05417-020
São Paulo/SP - Brasil
Tel. Fax: (11) 3034-3600
www.casadopsicologo.com.br

Aos meus pais: à minha mãe, minha melhor mestre na escola da vida, e ao meu pai, modelo de profissional da saúde, quem me ensinou sobre a arte do cuidar e olhar o outro.

AGRADECIMENTOS

Aos **profissionais, oncologistas clínicos**, que somente não têm seus nomes mencionados neste livro, por questão de ética, mas que merecem todo meu agradecimento; principalmente por compartilharem suas práticas, vivências e histórias pessoais, possibilitando-me olhar a realidade com os "óculos" que eles a olham. E a todas as pessoas do centro oncológico pesquisado, que de alguma forma possibilitaram e auxiliaram a concretizar esta pesquisa.

À **Profa. Dra. Carmen Leontina Ojeda Ocampo Moré**, que me orientou durante a pesquisa de dissertação de Mestrado, que deu origem a este livro, pela acolhida e, especialmente, por ter aberto espaço ao meu aprendizado, aceitando as diferenças de ideias e opiniões.

Ao **Prof. Dr. Luiz Antonio Nogueira-Martins**, por aceitar meu convite para participar da banca de dissertação e, especialmente, pelo grande incentivo e apoio na trajetória percorrida desde a defesa até a organização do livro.

À **Profa. Dra. Maria Aparecida Crepaldi**, pelos ensinamentos enquanto docente e também pelas trocas de ideias e incentivo desde a minha entrada no campo da pesquisa.

À **Profa. Dra Nerci Terezinha D'Ávila**, por sua competência, disponibilidade e olhar atento ao português.

À **Lucilda Cerqueira Lima**, pela disponibilidade, acolhida e por abrir portas bem importantes, possibilitando meu aprendizado.

Aos colegas e amigos: à **Jackie**, colega e amiga desde a graduação, que sempre esteve ao meu lado, nos tombos e nas conquistas, à Iza, pelas trocas durante essa caminhada e também pela afinidade, ao João, pelo incentivo e torcida, à **Nai**, pela amizade, leitura atenta e muitas dicas, à **Vivi**, por me ensinar que a vida é leve e flexível, e à minha "irmã" **Lelê**, amiga de todas as horas.

Ao **Zé Luis**, pelas caronas, que nos levaram a encontrar a melhor parte de nós mesmos... Por tornar minha vida mais feliz, com mais risos, mais amor... A ti, os capítulos que virão...

À minha **família**, por ser o motivo de boas risadas e momentos de descontração, tão necessários durante esta caminhada.

À **minha mãe**, que sempre me incentivou, me estimulando a crescer. Seu apoio e auxílio me ajudaram muito na conclusão deste livro.

Ao **meu pai**, por me incentivar desde pequeninha a escrever e a acreditar.

Ao meu **irmão Felipe**, pelo apoio, companheirismo e reflexões de vida, tão importantes e necessárias para o nosso crescimento.

À minha **irmã Maitê**, pela convivência, carinho e momentos tão especiais.

A todas as pessoas que fizeram parte da minha trajetória pessoal e profissional (em especial, o pessoal da Faccat)... Muito obrigada!

Prefácio

A presente obra constitui-se uma notável contribuição para a reflexão em torno de um tripé temático muito atual e que permeia toda a complexidade da formação médica: a escolha e a formação profissional, a relação médico-paciente e a comunicação de más notícias.

Ancorada numa revisão atualizada do fazer médico, a leitura deste livro aponta para as transformações evidenciadas, nas últimas décadas, no cenário da saúde e nas profissões que ali atuam. Considera-se que o efeito dessas transformações sustentou um franco processo de revisão de parâmetros de referência, tanto em termos profissionais, institucionais, como também éticos. Por sua vez, inúmeros outros atores profissionais surgiram para melhor acolher as demandas que ali se constituíram, questionando e destituindo, de certa maneira, a hegemonia histórica/institucional da profissão médica.

Concomitantemente a essa dinâmica de transformações, entende-se que o avanço da produção de conhecimento em todas as áreas do saber transcendeu o campo científico. Assim, as informações ali gestadas passaram por um rápido processo de interpretação, nos mais variados âmbitos da sociedade, levando a uma ampla popularização de informações científicas, que, em outros tempos, era privilégio de poucos. Considera-se que as implicações dessas mudanças se refletem atualmente na escolha de uma profissão, na medida em que esta passa a ser influenciada por uma diversidade de elementos, os quais transcendem as fronteiras da família, enquanto tradicional influência determinante dela.

Na escolha da profissão médica, os referenciais da família, uma certa idealização de sua práxis e componentes de *status* socioeconômico são elementos que ainda se conjugam na sua eleição. No entanto, esses referenciais ficam em tela quando a realidade de atuação, nos diferentes contextos de saúde, insurge-se no processo de formação médica, gerando os mais diversos questionamentos sobre a escolha realizada. Isto se torna mais acirrado quando da necessidade da escolha de uma especialidade.

Assim, neste livro, são as vozes espontâneas de médicos oncologistas clínicos que, a partir de seu cotidiano de vivências e experiências, compartilham seu percurso da escolha profissional, oferecendo subsídios nucleares para a reflexão sobre a dupla escolha: a medicina e a oncologia.

A práxis médica é também trazida à tona desde uma perspectiva subjetiva, na medida em que os participantes expõem todo um processo hermenêutico sobre a complexidade da prática médica, visibilizando aspectos do cotidiano, invisíveis para a maioria dos usuários dos serviços como também para as redes de saúde institucionalizadas. Por sua vez, evidenciam-se conquistas, dificuldades e estratégias do difícil processo de trabalho no contexto da saúde, o qual está sujeitado a uma trama institucional/histórica/social do fazer médico, que, se por um lado sustenta esse fazer, por outro sustenta paradoxos humanos incompreensíveis, uma vez que se está lidando, eminentemente, com processos decisórios sobre a vida e morte das pessoas.

No que diz respeito à presença da dimensão relacional médico-paciente na formação médica ao longo de sua história, esta aparece como uma habilidade/competência a ser desenvolvida na práxis, constituindo-se uma espécie de condição especial para um bom desempenho profissional, seja em termos de escuta, seja em termos de comunicação com o paciente e, em certo sentido, também como parte essencial da construção da identidade profissional. No entanto, é interessante destacar que, embora sendo transversal à formação, evidencia-se uma lacuna em termos de um espaço específico reconhecido para aprofundar, estudar e reconhecer, de forma direta, a construção dessa habilidade/competência em termos relacionais.

De certo modo, a dimensão relacional entre médico-paciente, entendida esta como um processo dinâmico em que ambas as partes se afetam mutuamente, sucumbe ainda ao *corpus* da temática do biológico, vindo essa dimensão a ser desenvolvida por meio de uma prática secundária de observação e/ou da aplicação direta, sem referências específicas no conhecimento médico adquirido, numa espécie de autoaprendizado.

Nesse sentido, é interessante evidenciar, em termos de transformações observadas, que estudiosos da história da medicina constatam que, há pouco menos de trinta anos, as decisões terapêuticas eram influenciadas, eminentemente, pela experiência pessoal de cada profissional e que, em certa medida, não consideravam necessário levar em conta a opinião do paciente, nem a possibilidade de comunicar-lhe informações. Essa postura, conhecida como paternalismo médico, começou, nestas últimas décadas, a ser duramente questionada pela sociedade e até pelos próprios profissionais da saúde, na medida em que o protagonismo era dado à doença, em detrimento da contextualização dela na história de vida do paciente.

Assim, a dimensão relacional entre médico-paciente passa por uma mudança em termos de comunicação, em certo sentido, radical, na medida em que, hoje, é consenso, no universo médico e da saúde, enquanto cenário, a bidirecionalidade da relação e suas consequências em todos os envolvidos, principalmente para o médico, tanto em termos de comunicação, como da necessidade do desenvolvimento de uma postura profissional sensível nesse processo, que facilite e qualifique a relação devido ao reconhecimento da sua decisiva influência no processo saúde-doença.

O necessário reconhecimento da bidirecionalidade presente na relação médico-paciente tornou-se ainda mais evidente quando a Constituição Brasileira de 1988, capítulo 1, artigo 5º, XIV, afirma que "é assegurado a todos o acesso à informação e resguardado o sigilo da fonte, quando necessário ao exercício profissional".

Esse processo de passagem de uma relação que se ancorava na unidirecionalidade da comunicação para uma bidirecionalidade trouxe à tona, com intensidade, a questão da fragilidade das bases da formação médica, no sentido de poder sustentar a dinâmica complexa inerente à relação médico-paciente. A narrativa dos médicos, ao longo do texto do presente livro, deixa em evidência essas fragilidades e o caminho percorrido no fazer-fazendo, tanto para reconhecer a necessidade de ressignificação dessa relação, como para superar essas fragilidades.

No que diz respeito ao terceiro elemento do tripé temático, mencionado no início deste prefácio – a comunicação de más notícias –, este não pode ser pensado ou entendido sem a presença dos outros elementos, pois as consequências de cada um se afetam mutuamente. A comunicação de más notícias é uma das ações cotidianas mais evidentes da especialidade médica: a oncologia clínica, quando comparada com as outras especialidades médicas. Para essas ações, consideradas pela Sociedade Americana de Oncologia como uma das atividades mais difíceis a que os médicos oncologistas estão expostos, devido à sua frequência no cotidiano da prática profissional, torna-se necessário o desenvolvimento de uma habilidade comunicacional profissional, a qual é considerada muito importante para um acolhimento sensível e humanizado do paciente.

Considera-se, por sua vez, que inúmeros aspectos convergem, no processo de comunicação de más notícias, para além do aspecto verbal, tais como as emoções do paciente diante de um diagnóstico reservado, a necessidade da tomada de decisões para dar sequência ao tratamento e, especialmente, as expectativas do profissional com relação à possibilidade de cura, criando uma situação de tensão e estresse, com consequências para o profissional, o paciente, os familiares e a rede de pessoas significativas do paciente.

A descrição e análises dessas situações são evidenciadas pelo texto apresentado por Débora Staub Cano, produto de diálogos contextualizados com oncologistas clínicos, visibilizando dilemas humanos e éticos envolvidos nessa prática, que, no nosso entender, se constrói e se sustenta na fronteira invisível, mas presente, entre o papel profissional-médico e a sua vida pessoal.

Nesse sentido, acredita-se que as inúmeras situações vivenciadas pelos protagonistas principais deste livro evidenciam, eminentemente, significados que sensibilizam o leitor para a necessidade urgente de acolhimento desse processo de trabalho, não somente pela profissão médica, mas, principalmente, por todas as demais profissões que trabalham em parceria com o médico. Será por meio do compartilhamento de ferramentas, recursos e, principalmente, produzindo diálogos interdisciplinares, que contemplem as diferenças e a riqueza de cada olhar profissional, que se poderá contribuir para uma maior sensibilização e humanização no desenvolvimento das ações junto aos usuários do sistema de saúde brasileiro.

Finalmente, considera-se que este livro se constitui uma contribuição original para o contexto brasileiro, devendo se tornar uma leitura indispensável para especialistas em oncologia, assim como para os das diferentes áreas médicas e afins, e para estudantes que desejem trilhar pelos desafiantes e não menos gratificantes caminhos da SAÚDE.

Profa. Dra. Carmen Leontina Ojeda Ocampo Moré
Programa de Pós-Graduação em Psicologia da Universidade Federal de Santa Catarina
Professora orientadora da dissertação "O profissional que está no fio – entre a vida e a morte: vivências, concepções e estratégias de enfrentamento psicológico de médicos oncologistas".

Sumário

Apresentação

> "Existe uma síndrome que atinge os oncologistas: o burnout. É a imagem da vela que ilumina e se consome, e isso é real."
> *(Oncologista clínico, sujeito da pesquisa)*

Foi com muito prazer que recebi o gentil convite para apresentar o livro *O médico entre a vida e a morte: um estudo psicológico em oncologia clínica*, da psicóloga Débora Staub Cano.

Ao elaborar esta obra, a autora enfrentou o desafio de transformar sua excelente dissertação de mestrado no formato de um livro, tarefa que cumpriu de forma brilhante, tal como já o fizera em seu trabalho acadêmico original.

Assim, cumpre-me, inicialmente, destacar o esforço despendido na trajetória editorial percorrida pela autora, pois todos sabemos quão difícil é o processo de transformação de estudos acadêmicos, apresentados sob a forma de dissertações e teses, em textos com formatação literária.

Há, na vida acadêmica, um aforismo segundo o qual uma boa pesquisa nasce a partir de uma boa pergunta. A autora formulou, com muita clareza e precisão, sua pergunta de pesquisa: "Quais são as vivências, concepções e estratégias de enfrentamento psicológico utilizadas por médicos oncologistas em sua prática cotidiana?".

Para atingir os seus objetivos, ou seja, para conhecer as percepções relativas ao dia a dia do universo ocupacional desses profissionais, a autora utilizou recursos técnicos oriundos do campo da pesquisa qualitativa (observação participante e entrevistas semiestruturadas).

O livro está estruturado em três partes: I – Construções teóricas sobre o fazer e o ser médico; II – Conhecendo a oncologia clínica: a pesquisa; e III – O ser humano do médico: a prática e a vivência na oncologia clínica.

O texto introdutório descreve o caminho percorrido pela autora, o qual teve seu início em uma conversa informal com um médico oncologista. Essa conversa despertou seu instinto epistemofílico, suscitando dúvidas e inquietações que vieram a se constituir na pergunta norteadora da pesquisa.

A primeira parte apresenta, no capítulo 1, um amplo panorama sobre a profissão médica e um detalhado histórico sobre o desenvolvimento da oncologia como especialidade médica. No capítulo 2, intitulado "O médico e sua profissão", são abordadas questões relativas à escolha da medicina e à construção da identidade profissional do médico, tema especialmente importante nos dias atuais, em que os aspectos técnicos e éticos da formação e do exercício profissional em medicina têm sido amplamente debatidos, tanto no aparelho formador como em conselhos reguladores e associações profissionais.

Esse aspecto é particularmente relevante na área da educação médica, pois nos remete ao processo de formação das atitudes profissionais (profissionalismo), ou seja, como se dá a construção de uma identidade profissional médica. A seguir, são salientadas as especificidades do trabalho médico em oncologia, sendo abordada, no capítulo 3, de forma detalhada, a questão do estresse ocupacional, com a apresentação de dados oriundos de várias pesquisas relativas à avaliação da Síndrome de Burnout em oncologistas.

No capítulo 4, é desenvolvido, de forma clara, didática e muito bem articulada, o complexo tema referente às estratégias de enfrentamento psicológico (*coping*). Este tema, que é fundamental para a compreensão dos fenômenos relacionados com os mecanismos adaptativos do ser humano, é discutido a partir da apresentação dos principais modelos conceituais que têm sido construídos nessa área, merecendo destaque as ideias desenvolvidas por Lazarus e Folkman sobre as estratégias de enfrentamento focalizadas na emoção e as estratégias focalizadas no problema. Finalizando esse capítulo, são discutidos estudos e pesquisas sobre as estratégias de enfrentamento psicológico desenvolvidas no contexto médico em geral e no oncológico, em particular.

Na segunda parte, a autora, com notável rigor metodológico, descreve a pesquisa que realizou, apresentando, de forma pormenorizada, todos os elementos relacionados ao desenvolvimento do estudo: o local, os participantes, as técnicas e os instrumentos de coleta de dados (observação participante e entrevistas semiestruturadas), os procedimentos de coleta e a análise dos dados.

A análise dos dados proporcionou a construção de sete categorias de análise: 1. Experiências e vivências acerca da trajetória profissional; 2. A trajetória profissional sob a ótica da história de vida; 3. Concepções sobre ser e fazer oncologia; 4. Considerações sobre o sistema público de saúde; 5. Estratégias de enfrentamento psicológico; 6. Metáforas sobre a oncologia e o oncologista clínico; 7. Ressonâncias e avaliação sobre a participação no processo de pesquisa.

Assim, sob o título "O ser humano do médico: a prática e a vivência na oncologia clínica", as categorias de análise são descritas na terceira parte do livro, cuja redação permite ao leitor acompanhar o processo de integração dos dados obtidos por meio da observação participante e das entrevistas. Nessa parte nuclear do estudo, redigida de forma impecável, constituindo um todo harmônico e muito bem articulado, são discutidos os resultados, em fecundo diálogo com a literatura.

Embora seja um pouco injusto destacar um ou outro aspecto desenvolvido ao longo dessa parte do livro, pois todos são relevantes, ouso recomendar ao leitor que se dedique à leitura e à releitura do capítulo 5, intitulado "Estratégias de enfrentamento psicológico". Nele, são abordadas as estratégias focalizadas no problema, estratégias focalizadas na emoção, religiosidade/espiritualidade, suporte social e estratégias combinadas. Em uma importante subcategoria, denominada "Autoavaliação das estratégias utilizadas", são analisadas as questões relacionadas com as estratégias ineficazes ou disfuncionais, como o consumo de substâncias psicoativas.

Igualmente recomendado é o capítulo 6, no qual o leitor encontrará uma excelente discussão a respeito das metáforas sobre a oncologia e o oncologista clínico. As construções metafóricas, extraídas dos depoimentos dos entrevistados, são extremamente ricas e apontam para a complexidade do papel e da tarefa do profissional da oncologia, que vão de um salvador a alguém que necessita administrar adversidades, devendo manter o equilíbrio em situações instáveis, de pouco controle.

Uma síntese, abrangente e concisa, encontra-se no último capítulo, "Considerações finais", no qual a pesquisadora articula, de forma brilhante, toda a riqueza do universo vital dos oncologistas. Qualifico de imperdível esse texto final! Tem ciência e poesia. Tem ciência e humanismo.

Para finalizar esta breve apresentação, nada mais apropriado ao espírito do estudo realizado do que dar voz aos atores desse caminhar humano. Assim, como uma espécie de discurso do sujeito coletivo, reproduzo, a seguir, um trecho do depoimento de um dos sujeitos da pesquisa, que inspirou o título deste livro, ao refletir sobre o que é ser oncologista. Assim se expressou:

> É um profissional que está muito perto daquele fio, talvez, que divide, ou que está entre a vida e a morte. (...) O que eu estou dizendo assim, que como é uma profissão, que, como lidamos muito com doença que ainda não tem cura totalmente, e isso nos cria uma... Assim, é uma batalha, realmente, contra uma doença, é uma batalha contra a morte também. Então nos leva a ser assim, bastante forte nesse sentido.

Luiz Antonio Nogueira Martins
Livre-Docente. Professor Associado
aposentado do Departamento de Psiquiatria
da Universidade Federal de São Paulo
(Unifesp).
Membro da banca examinadora da
dissertação "O profissional que está no fio –
entre a vida e a morte: vivências, concepções
e estratégias de enfrentamento psicológico de
médicos oncologistas".

INTRODUÇÃO

"O médico tornou-se o senhor da vida e da morte."
(Kovács, 1992)

Iniciar a introdução de um livro remonta a algum tempo atrás, onde o próprio livro começou, antes mesmo de se tornar ou saber que seria um livro. Antes de tudo iniciar, houve uma visita e uma conversa informal com um médico oncologista que, no meio de todos os seus afazeres, encontrava tempo para tentar explicar a sua rotina e mostrar um pouco das suas atividades no dia a dia. Esse breve contato terminou com um questionamento do médico, que dizia: "E aí? Você gostou do meu trabalho?". A pesquisadora, ao responder afirmativamente, ouviu outro comentário do médico: "Então, você gostou de ver as pessoas nesse sofrimento...". Diante da situação, a curiosidade invadiu os pensamentos da pesquisadora: "Como assim, gostei do sofrimento?", "Será, então, que ele quer dizer que gosta de vivenciar tudo isso?", "Como será que lida com isso todos os dias?", "Como se manter objetivo diante de uma demanda tão subjetiva, tão permeada de sentimentos?", "O que se passa em termos psicológicos para que a pessoa desenvolva meios de lidar com essa realidade, de separar o que é seu daquilo que passa com o paciente?". E, assim, a partir de questionamentos, começou o livro como uma tentativa de olhar e enxergar a realidade com os olhos do outro – o médico, o oncologista clínico.

Nesse sentido, ao observar uma sala de atendimento qualquer, em algum contexto de saúde, percebe-se que o foco na maioria das vezes se encontra voltado para o paciente, ou seja, o lado oposto ao do profissional. Por esse motivo, este livro se propõe refletir sobre o lado do profissional, aquele que atende, que recebe a queixa e que tem como tarefa responder a essa demanda.

Desse modo, ao percorrer a história da profissão médica, percebe-se que esta vem sendo construída à luz de diferentes momentos histórico-culturais, que influenciaram, de certa maneira, distintos modos de atuação do profissional, bem como a representação dessa profissão pela sociedade. Para adentrar um pouco mais nesse universo, é preciso conhecer um pouco dessa ciência e dos pressupostos em que ela se ancora, até para que se possa compreender como foi se constituindo este profissional.

Nesse percurso histórico, a medicina, considerada como a ciência e a arte de curar (Maciel-Lima, 2004), desenvolveu-se com base no paradigma positivista, baseado na controlabilidade, objetividade e previsibilidade. A fragmentação disciplinar, fruto desse modelo, elevou o corpo e suas partes anatômicas ao centro das questões e atenção médica e se constituiu um dos parâmetros principais de sua formação, relegando, nesse processo, as questões subjetivas do indivíduo e da alma, tão presentes no início dessa profissão (Grosseman & Patrício, 2004b).

Desse modo, ancorada no modelo de ciência positivista, a medicina sustentou um processo de dicotomização entre mente e corpo, entre saúde e doença. Essa formação implicou uma valoração do "bom" e do "mal", daquilo que é almejado e daquilo que não é preterido, ou seja, de um lado, a saúde e a vida, de outro, a doença e a morte. Se, por um lado, essa separação possibilitou aprimorar conhecimentos sobre o ser humano e as doenças que o acometem, por outro, trouxe uma carga extra ao profissional da medicina, outorgando-lhe uma posição de grande responsabilidade: a de vir a responder contra esse "mal", entendido como a doença e a morte.

Destarte, como dito na epígrafe desta introdução, foi desse modo que o médico tornou-se senhor da vida e da morte e, ainda conforme Kovács (1992), essa é uma das grandes diferenças entre os profissionais de saúde e as pessoas em geral. Para os primeiros, a morte faz parte do cotidiano, podendo tornar-se companheira de trabalho. Nesse sentido, conforme relatado pelos profissionais que participaram desta pesquisa, o preenchimento de atestados de óbito é prática corriqueira, de modo que a morte faz-se inerente à atividade clínica de médicos oncologistas.

Observa-se, no cotidiano da prática médica, a tendência dos pacientes de investirem o profissional com propriedades poderosas e onipotentes, delegando-lhe a responsabilidade por eles e o seu cuidado (Nogueira-Martins, 2001). Percebe-se que não responder a esse papel coloca o profissional em uma situação de quebra de ideal, desestruturando inclusive a imagem que tinha de si próprio. Na trajetória da profissão médica, visualiza-se ainda que a estruturação dos cursos de formação médica sustenta-se por um conjunto de aspectos sociais, políticos e econômicos que favorece uma "posição" privilegiada desse profissional, posição esta que o acompanha nos seus diferentes períodos.

Associa-se a isso a presença de um modelo de saúde assistencialista, que contribui para uma relação médico/paciente[1] assimétrica, no sentido de ser o médico aquele que determina os caminhos tanto da saúde como da doença, sendo o paciente figura passiva nessa díade.

Dessa maneira, conforme preconizado por Balint (1984), faz-se necessário estudar o médico, uma vez que o remédio mais utilizado e administrado na medicina é o próprio médico, que deve ser conhecido em sua posologia, reações colaterais e toxidade. Afinal, vê-se que, em função dessas expectativas, de corresponder a esse lugar e dominar o "mal" (lê-se doença e morte), o médico acaba sobrecarregado em sua ocupação, estando mais predisposto a cobranças e exigências que se configuram em encargos excessivos, tanto no nível físico como no emocional, o que leva implícitos, também, estresse e problemas de saúde.

[1] O termo "paciente", utilizado no decorrer deste livro, mantém-se, haja vista que ele é mais usual em contextos de saúde; entretanto, cabe salientar que a opção por este não se justifica na ideia implícita de que o paciente seja alguém que deva ter paciência, ou deva estar à mercê do profissional.

Aliado a isso, observa-se que, de maneira geral, os médicos não estão sendo preparados para lidar com essa realidade, pois sua formação, baseada no modelo biomédico, vem negligenciando os aspectos que envolvem a formação humana do profissional e os "conteúdos" emocionais de suas práticas (Sá, 2000; Quintana, Rodrigues, Goi, & Bassi, 2004; Rossi & Batista, 2006). Assim, sedimentado pelos autores, salienta-se a necessidade de reavaliar a formação médica, no sentido de subsidiar elementos que ancorem atividades de suporte e apoio ao profissional, para que ele possa lidar de maneira saudável com o cotidiano de suas práticas, sem negar a dimensão de que é humano, que também possui limites e sentimentos e que pode, acima de tudo, expressá-los.

Essas exigências, que envolvem desde o contato frequente com situações de doença, sofrimento e morte, bem como lidar com incertezas e angústias, fruto da fragilidade humana, acrescidas da necessidade de responder à mobilização emocional que isso acarreta (Nogueira-Martins, 2001, 2003; Pitta, 2003; Campos, 2005), colocam o profissional da medicina diante de situações que lhe exigem estratégias e manejos psicológicos, a fim de conviver e lidar com sua prática cotidiana. Desse modo, considerando que cada especialidade médica se faz distinta uma da outra em termos de prática e exigências, compartilha-se com Nogueira-Martins (2003) a necessidade de pesquisas que desvendem essas especificidades, a fim de que se possa detectar precocemente os grupos de risco.

Por esse motivo, toma-se a especialidade da oncologia como objeto de análise, uma vez que esta lida com dilemas de vida e morte. Tais dilemas resultam da convergência de aspectos comportamentais e emocionais, que vão desde a expectativa de cura, sentimentos que são transferenciados[2] ao profissional, até situações de frustração diante de tratamentos sem "sucesso" ou a pacientes que não aderem ao tratamento.

[2] O termo alude ao conceito psicanalítico "transferência", que designa transferir/projetar expectativas, sentimentos, valores, desejos, medos em outra pessoa, no caso específico, no médico (Laplanche, 1992).

Diante dessa realidade, Carvalho (2002) ressalta que os profissionais da saúde que são responsáveis pelos tratamentos oncológicos, sendo por natureza tratamentos invasivos, mutiladores e agressivos, lidam com grande sofrimento. E nem sempre estes têm a recuperação ou a cura como consequência, de modo que os trabalhadores da oncologia apresentam alto nível de estresse e necessitam de apoio psicológico, em função da peculiaridade de suas atividades.

Esses dados encontram respaldo em pesquisas que indicam a baixa procura dos médicos pela especialidade da oncologia (Silva & Arregi, 2005), bem como em pesquisas que apontam o grande impacto em termos da saúde mental a que esses profissionais estão sujeitos (Penson, Dignan, Canellos, Picard, & Lynch, 2000; Kash *et al.*, 2000; Graham, 2000; Grunfeld *et al.*, 2000; Allegra, Hall, & Yothers, 2005; Shanafelt, Chung, White, & Lyckholm, 2006; Tucunduva *et al.*, 2006; Glasberg *et al.*, 2007).

Nesse sentido, conforme demonstrado, o médico oncologista encontra-se entre um grupo de risco, estando bastante suscetível à Síndrome de Esgotamento Profissional, que se caracteriza por estresse crônico decorrente de suas atividades laborais. Evidencia-se maior incidência dessa síndrome nos médicos oncologistas clínicos, por serem eles os profissionais responsáveis pelo contato direto e acompanhamento do paciente. Isso passa a acarretar sintomas físicos, problemas emocionais e comportamentais que apresentam influência direta na vida profissional e pessoal (Nogueira-Martins & Ramalho, 2007).

Por esse motivo, Graham (2000) sinaliza para a importância de atividades e pesquisas que sustentem a qualidade de vida do profissional dessa especialidade, enfocando a necessidade de programas de atenção à saúde profissional, bem como a importância de explorar e conhecer os recursos de que o médico oncologista dispõe para lidar com aquilo que é sua realidade cotidiana.

Pesquisas envolvendo médicos e suas estratégias de enfrentamento psicológico têm sido desenvolvidas em diversos países (Congrains, 1998; Escribà-Agüir & Bernabé-Munôz, 2002; Blandin & Araujo, 2005; Zonta, Robles, & Grosseman, 2006; Bentata, Quintana,

Venegas, Gutiérrez, & Bentata, 2007). Tais estudos evidenciam a relevância do assunto, haja vista as demandas do trabalho médico, o impacto e as vicissitudes desse meio na saúde do profissional.

Ao considerar essas premissas, este livro apresenta os resultados de uma pesquisa que teve como objetivo conhecer as vivências, concepções e estratégias de enfrentamento psicológico de médicos oncologistas clínicos. Acima de tudo, a pesquisa teve como proposição conhecer o outro lado, o lado daquele que, muitas vezes, é o depositário de todas as idealizações, mas que também encerra em si mesmo algumas possibilidades.

PARTE I

Construções teóricas sobre o fazer e o ser médico

1
Profissão médica: uma contextualização atual

A formação da maioria dos profissionais de saúde desde o início do século XX tem sido orientada pela visão do modelo biomédico, de cunho positivista, calcado na fragmentação das disciplinas, na previsibilidade, na objetividade e na controlabilidade. Dentro desse modelo, a medicina desenvolveu-se voltada ao tratamento das doenças, muitas vezes, relegando a um segundo plano as questões éticas e subjetivas, buscando o conhecimento científico a qualquer preço e custo (Sá, 2000).

Maciel-Lima (2004) utiliza-se da divisão histórica proposta por Lakatos e Brutscher (2000) e propõe que a medicina se divida em dois períodos históricos. No primeiro período, pré-capitalista, as práticas são ligadas a "saberes esotéricos", e seus procedimentos ainda são de natureza desconhecida pela população em geral, o que propicia poder e status a quem os possui. Por outro lado, há o segundo momento, o período capitalista, em que a medicina se associa à esfera produtiva, sendo responsável pela adaptação e conservação da força de trabalho, perdendo sua conotação religiosa/mística.

No início de suas atividades, percebe-se que a figura do médico está ligada à ideia de um curador dotado de poderes que, além de salvar almas, cura o corpo (Grosseman & Patrício, 2004b). Desde então, a medicina é uma profissão que provoca muitas idealizações, tais como o altruísmo, a mentalidade de pesquisador e a ideia de que o profissional possui poder sobre a vida e morte – qualidades comumente associadas a esse papel (Ramos-Cerqueira & Lima, 2002).

Os autores Millan, De Marco, Rossi e Arruda (1999) dão destaque à adoção do modelo flexeriano, proposto nos Estados Unidos e que enfatiza a separação entre o ensino básico (teórico) e a parte prática (clínica), o uso de aulas expositivas (com ênfase na informação, em vez da formação), bem como a especialização precoce do aluno. Esse modelo conduziu a um padrão de ensino em que o estudo das doenças ganha maior relevância do que a assistência aos enfermos.

Assim, Grosseman e Patrício (2004b) salientam que, a partir do desenvolvimento das tecnologias médico-industriais, somadas aos interesses do capitalismo, a medicina acabou perdendo a visão do ser humano como um todo. E, ao assumir uma visão fragmentada do ser humano, sendo influenciada pela divisão social do trabalho, começa, cada vez mais, a dividir-se em especialidades. Millan *et al.* (1999) complementam que a fragmentação do ser humano, imposta pelo modelo reducionista cartesiano, levou à fragmentação da medicina em torno de 65 especialidades, aproximadamente, criando um "puzzle"[1] que ninguém é capaz de juntar.

A formação dos profissionais de saúde, enquanto centrada e fundamentada no modelo biomédico, que considera a doença como um desvio de variáveis biológicas em relação à norma, analisando o corpo como uma máquina, encontra-se impossibilitada de considerar a dimensão humana do sofrimento como parte integrante de suas práticas (Caprara & Franco, 1999). Isto, além de influenciar o modo como são vistos os pacientes, tem relação direta com a formação, pois a dimensão humana, inclusive dos profissionais que estão aprendendo, é, na maioria das vezes, deixada de lado.

Nesse sentido, Ramos-Cerqueira e Lima (2002) salientam que, na formação médica, não há espaços para dúvidas, nem mesmo para a expressão de sentimentos ou emoções. O futuro médico, para não ser acusado de frágil ou sensível demais, é instigado a esconder tais aspectos, sob o receio de não ser considerado capaz.

Ao centrarem-se no corpo e nas suas partes anatomopatológicas, as escolas médicas enfatizaram o conhecimento orgânico-tecnicista. A formação "conduziu a um saber no qual as diversas disciplinas científicas eliminaram o homem enquanto problema determinante e

[1] A palavra "puzzle", em inglês, significa quebra-cabeça. O termo encontra-se entre aspas, pois é de autoria de Millan *et al.* (1999).

fundamental, ponto de partida e de chegada do conhecimento" (Sá, 2000, p. 47). A esse respeito, Millan *et al.* (1999) ressaltam que um dos problemas mais sérios da medicina está associado à crescente tendência à desumanização, em que a anamnese e os exames físicos são, muitas vezes, dispensados. Há a realização de uma dissociação mente-corpo, e os aspectos emocionais e psicológicos do paciente são ignorados, como se não existissem ou não estivessem presentes na gênese, na evolução e na manifestação da enfermidade.

A adesão a esse modelo de atuação, calcado na objetividade científica e na fragmentação disciplinar, traz à tona a discussão sobre a relação médico-paciente. Nesse sentido, diversos temas têm sido abordados: a assimetria na relação médico-paciente, os fatores envolvidos nela e os modos de humanização (Fernandes, 1993; Caprara & Franco, 1999; Caprara & Rodrigues, 2004), além de aspectos e atributos necessários, presentes na comunicação e na relação médico-paciente (Morinaga, Konno, Aisawa, Vieira, & Martins, 2002; Oliveira, Oliveira, Gomes, & Gasperin, 2004; Rossi & Batista, 2006). Esses trabalhos ressaltam que o desafio atual da medicina está em humanizar essa relação, reconhecendo a alteridade do paciente, sua possibilidade de autonomia e, acima de tudo, a capacidade de o profissional se desenvolver e sensibilizar-se para a escuta da totalidade do ser humano.

Outra implicação da divisão disciplinar, além da fragmentação do ser humano, como se ele fosse dividido em partes, encontra-se na dissolução da responsabilidade médica. Ou seja, se, inicialmente, o médico é a única referência do paciente, respondendo diante do doente, com essa divisão, isso acaba se dissolvendo, acarretando o que se denomina "Conluio do Anonimato". Cada profissional responsabiliza-se apenas pela parte que cabe à sua especialidade, haja vista que o paciente passa de médico em médico, fato que colabora para que se perca a compreensão da totalidade humana (Balint, 1984).

Caprara e Rodrigues (2004) apresentam alguns paradoxos que acompanham a recente história da medicina, que são trazidos por Le Fanu (2000) em sua obra. Ressalta-se, assim, que seria de se esperar que os sucessos da medicina fossem acompanhados por um aumento da satisfação dos médicos em exercê-la. Entretanto, percebe-se o crescente número de profissionais insatisfeitos e desiludidos. Outro paradoxo seria que os benefícios derivados dessas práticas e adventos tecnológicos da medicina deveriam reduzir os medos e as ansiedades das pessoas. Porém, observa-se uma crescente preocupação atrelada aos estilos de vida, em busca da saúde perfeita. Por fim, o último paradoxo estaria associado ao fato de que os sucessos da medicina moderna deveriam vir acompanhados pelo desaparecimento de outras formas de medicina. Mas o que se presencia é que, apesar dos sucessos, os custos com a saúde continuam aumentando, e há uma explosão no crescimento de práticas alternativas e medicinas não convencionais.

Nessa mesma ótica, Rosselot (2006) ressalta que, ao considerar o aperfeiçoamento da medicina em termos tecnológicos, observa-se uma discrepância, que não corresponde a essas melhorias. A satisfação das pessoas e a qualidade de vida delas não refletem esse progresso, que talvez seja fruto de muitas das frustrações do profissional. O autor aponta, ainda, que seria paradoxal pensar que muitos dos valores e competências exigidos dos profissionais da saúde não foram ensinados nem estavam contemplados no momento de aprendizagem.

Diante desses paradoxos, percebe-se certa "falência" no modelo biomédico, sendo que as críticas à formação médica têm sido objeto de estudos e crescente discussão na literatura, demonstrando a necessidade de refletir sobre a formação médica (Caprara & Franco, 1999; Sá, 2000; Maciel-Lima, 2004; Caprara & Rodrigues, 2004; Quintana *et al.*, 2004; Rossi & Batista, 2006).

Conforme Sá (2000), existe uma necessidade de se fazer uma escuta apurada do que acontece com as pessoas nas suas práticas, buscando uma aproximação emocional e afetiva acerca das vivências do ensino da prática médica e, acima de tudo, sobre aquilo que estas têm de perturbador. Será fundamental desvelar essas falas reprimidas e o silêncio institucional, que escondem distorções, preconceitos e ocultam uma formação "antipedagógica"[2], para que se possa construir

[2] O termo "antipedagógico", entre aspas, é empregado pelo autor Sá (2000) ao problematizar o modelo de educação médica, centrado no saber fragmentado/reducionista e focalizado no corpo anatomopatológico.

um processo educacional técnico-ético-humanístico e socialmente comprometido.

O conjunto de aspectos históricos, culturais e de formação apresentados anteriormente constituem parte da história da formação médica. Esse processo de construção da medicina perpassa a prática e a vivência dos profissionais, imprimindo modos de ser e agir cotidianamente. Muito embora cada profissional seja único e tenha sua especialidade própria, há de se considerar que esses valores e práticas foram constituindo a formação médica no decorrer dos anos. Dessa maneira, considera-se que esses fatos favorecem uma aproximação com a realidade de trabalho dos médicos oncologistas. Assim, na sequência, serão apresentados alguns dados sobre a especialidade da oncologia.

A oncologia como especialidade

A origem da palavra "câncer" nasce com Hipócrates, "pai da medicina", que viveu entre 460 e 370 a.C. e usou os termos "carcinos" e "carcinoma" para descrever certos tipos de tumores, que, em grego, querem dizer "caranguejo". O termo faz referência ao aspecto do tumor, uma vez que as projeções e os vasos sanguíneos ao seu redor lembram as patas do crustáceo. Alguns séculos depois, entre 130 e 200 d.C., Galeno passa a ser referência no tratamento de câncer e, nessa época, determina que o câncer é uma doença incurável e que, após diagnosticada, pouco havia para se fazer (Eggers, 2002).

De acordo com os dados da revista *Hands* (Eggers, 2002), a partir do século XVIII, John Hunter, um cirurgião escocês, começa a mudar o tabu dessa doença, sugerindo que alguns cânceres podem ser curados por cirurgia. Nesse mesmo século, um médico italiano aponta para o fato de que os hormônios podem ter influência sobre a doença. Já na Inglaterra, existem registros de um médico alertando para os perigos do tabaco, e outro que percebe a grande incidência de câncer na bolsa escrotal de limpadores de chaminé. Entretanto, somente no século XIX, com a descoberta da célula, é que a oncologia moderna, com o médico alemão Matthias Schleiden, em 1867, sugere que o câncer seria resultado da divisão de células doentes. A partir da Segunda Guerra Mundial, com o desenvolvimento da medicina nuclear, a radioterapia surge como um tratamento rotineiro para o câncer.

Ainda durante a guerra (1939-1945), por meio de estudos do sangue de soldados expostos ao gás mostarda, verifica-se uma baixa dos leucócitos ou glóbulos brancos. Assim, o exército americano, na busca de um gás mais poderoso, desenvolve a mostarda nitrogenada, que veio a se revelar eficiente contra certos linfomas, o que leva, mais tarde, ao desenvolvimento da quimioterapia. Nessa mesma década, o médico Sidney Faber testa os primeiros quimioterápicos em crianças com leucemia. Em função disso, em 1956, acontece a primeira cura de um câncer metastático com a ajuda da quimioterapia. A partir de 1960, intensificam-se estudos que levam à teoria dos oncogenes, ou seja, a tese de que o ser humano possui genes normais responsáveis por controlar o crescimento e a divisão celular (os protoncogenes), os quais, por algum motivo, podem sofrer alterações, mutações, que os fazem mudar de lugar, sendo ativados e/ou desativados, alterando, assim, sua função. E esta mutação implicará a base do câncer, que se caracteriza por uma reprodução anormal das células (Eggers, 2002).

Atualmente, cada vez mais, a oncologia passa a se desenvolver como uma especialidade separada, que congrega estudos na área da genética, da biologia molecular e da medicina. Conforme Silva e Arregi (2005), no século XIX, instauram-se nos Estados Unidos as residências médicas, um sistema de instrução que utiliza a rede hospitalar como espaço de treinamento, unindo a prática com a modalidade de um curso de pós-graduação, com o intuito de formar especialistas.

No Brasil, as primeiras experiências em residências médicas são registradas na década de 1940, nos estados de São Paulo e Rio de Janeiro. Especificamente na área da oncologia, também referida como cancerologia, a primeira modalidade de residência surge em 1946, no Rio de Janeiro, no Instituto Nacional do Câncer (Inca). Entretanto, apenas em 1954 o Inca passa a dividir a residência em seções especializadas, para atuarem em distintas áreas da cancerologia (Silva & Arregi, 2005).

Contudo, é somente no ano 1977, por meio do Decreto n° 80.281, que se institui a residência médica no Brasil, a qual passa a ser normatizada como modalidade de ensino de pós-graduação, destinada a formar especialistas e funcionando em instituições de saúde sob a orientação de profissionais já qualificados e experientes. Apesar disso, no referido decreto, os programas a serem desenvolvidos não compreendem, especificamente, a área da oncologia.

O reconhecimento das especialidades, em sua grande maioria, incluindo a cancerologia, foi oficialmente declarado pela Resolução do Conselho Federal de Medicina – CFM n° 1.763/05, publicada em março de 2005. Em 2002, porém, foi criado o Relatório de Comissão Mista de Especialidades, e deu-se vazão à Resolução do Conselho Nacional de Residência Médica (CNRM n° 1, de 14 de maio de 2002), que regulamenta a duração e os pré-requisitos para realização das residências médicas.

Desse modo, ficou determinado que a especialidade da cancerologia deveria ter a duração de dois anos, tendo, como pré requisito, dois anos de especialização/residência em clínica médica. O programa deve contemplar o mínimo de 35% da carga horária anual em unidade de internação, o mínimo de 35% em ambulatório e 10% em atividades de urgência e emergência. A residência deve compreender, ainda, estágios obrigatórios em radioterapia, patologia e cirurgia de câncer, sendo considerados estágios opcionais à cancerologia pediátrica, à prevenção e a outros que ficam a critério da instituição.

Uma das tendências presentes em outros países e que está em discussão e ascensão no Brasil refere-se à criação de unidades específicas de cuidados paliativos dentro dos serviços oncológicos, de forma a que se considere esta uma subespecialidade da oncologia clínica. Conforme Melo e Figueiredo (2006), o termo *palliare*, do latim, designa "proteger, amparar, abrigar, cobrir". Assim, o foco principal é o cuidar, e não apenas o curar. Nesse sentido, em 1990, a Organização Mundial da Saúde (OMS) passa a conceituar cuidados paliativos como os cuidados ativos e totais voltados ao paciente, quando a sua doença não responde mais a tratamentos curativos. O controle da dor e de outros sintomas (psicológicos, sociais e espirituais) passa a ser prioridade, pois alcançar uma melhor qualidade de vida é o objetivo principal.

A formação de um profissional da área da oncologia ou cancerologia dura em torno de dez anos, uma vez que a graduação tem o mínimo de seis anos, aos quais se soma especialização clínica e oncológica. Trata-se, pois, de um período bastante longo até que o profissional possa tornar-se um especialista na área.

Atualmente, de acordo com dados de pesquisa realizada por Silva e Arregi (2005), existem no Brasil 38 programas de residência médica em oncologia, distribuídos da seguinte maneira; 22 na região Sudeste, dez na região Sul, três na Centro-Oeste e outros três na região Norte-Nordeste. Com base em dados da citada pesquisa, evidencia-se que a distribuição desses programas é bastante desequilibrada, sendo que a maioria se concentra nas regiões Sul e Sudeste.

Outro dado relevante diz respeito ao desequilíbrio percebido entre as vagas ofertadas e as realmente ocupadas. Para ilustrar, tem-se, por exemplo, na região Nordeste, um percentual de vagas desocupadas de 88,5%, fato que também ocorre no Distrito Federal, em que o número de vagas livres chega a 50%. Os autores Silva e Arregi (2005) cogitam que isso pode ter origem numa falta de interesse pela área, até mesmo porque muitos cursos de graduação ainda não oferecem disciplinas específicas na área, tendo em vista que o assunto é tangenciado por outras disciplinas.

Os dados da pesquisa de Silva e Arregi (2005) apontam, ainda, em concordância com os resultados encontrados por Caneiro e Gouveia (2004) que, em 1995, os médicos residentes em cancerologia representavam 1% do total de residentes no país, e que, em 2002, numa pesquisa patrocinada pelo Conselho Federal de Medicina, apenas 1% dos médicos declarou a cancerologia como especialidade principal, sendo que, dentre os portadores de certificados de residência médica, 0,7% apontou a especialidade.

Desse modo, evidencia-se a necessidade e a qualificação de recursos humanos na área. É preciso considerar que, em decorrência dos avanços tecnológicos produzidos pela medicina, aliados ao movimento higienista[3] e à medicalização[4], há uma tendência que aponta para a redução dos problemas decorrentes de enfermidades infecto-contagiosas, além do aumento da expectativa de vida e redução da mortalidade. Por outro lado, encontra-se uma tendência ao crescimento das doenças crônicas degenerativas, como o câncer[5]. Este fenômeno é denominado por Singer, Campos e Oliveira (1978) de "Revolução Vital".

Assim, tomando os dados da pesquisa de Silva e Arregi (2005), as incidências de crescimento do câncer, conforme demonstrado anteriormente em estimativas, e as ideias da Revolução Vital (Singer *et al.*, 1978), evidencia-se a necessidade de debruçar-se sobre a especialidade da oncologia, buscando conhecer suas especificidades. Nesse sentido, o eixo teórico que constitui o próximo capítulo aprofunda a caracterização do universo profissional do médico no desempenho de seu trabalho.

[3] "Movimento higienista" refere-se ao controle exercido pelo Estado por meio do poder médico, que, a partir da segunda metade do século passado, passou a impor normas de comportamento e higiene, tendo em vista a defesa da saúde da população (Singer *et al.*, 1978).

[4] O termo "medicalização" alude ao desenvolvimento das chamadas tecnologias médicas (aparelhagem de tratamento e diagnóstico, bem como o incremento da indústria médica e farmacêutica), que auxiliaram no controle das enfermidades e dos problemas de saúde (Singer *et al.*, 1978).

[5] Para situar as proporções do problema do câncer e refletir sobre a necessidade de qualificação de recursos humanos na área, faz-se relevante trazer as "Estimativas da Incidência de Câncer no Brasil" (Brasil, 2011), que, junto com o Ministério da Saúde, estimam que, em todo Brasil, no ano 2012, ocorrerão 518.510 casos novos de câncer, sendo esperados 257.870 casos novos para o sexo masculino e 260.640 para sexo feminino.

2
O MÉDICO E A SUA PROFISSÃO

> "O ensino médico que não reflete sobre o ser humano que há no médico participa de modo altamente prejudicial das deformações adaptativas do futuro profissional."
>
> *(Nogueira-Martins, 2003)*

A medicina, como profissão calcada nos ditames da objetividade, da ciência positivista, enfatiza, já na sua formação, a separação disciplinar, que, como consequência, resulta em um olhar fragmentado do corpo humano. Assim, já na sua formação, encontram-se algumas questões que perpassam os profissionais e que merecem ser destacadas. Os fatores implicados na escolha da profissão, as tarefas inerentes ao cotidiano médico, bem como aquelas específicas da prática oncológica devem ser consideradas para que se tenha uma melhor compreensão dos aspectos que têm influência tanto na vida pessoal como na profissional do oncologista clínico.

A ESCOLHA DA MEDICINA E A CONSTRUÇÃO DA IDENTIDADE DO MÉDICO

O exercício da prática médica exige diversas habilidades (Hoirisch, 2006), porém se observa que o processo seletivo para entrar em um curso de medicina enfatiza características cognitivas em detrimento das habilidades do indivíduo para ser médico. Portanto, tal critério de seleção não considera se essas pessoas possuem aptidão pessoal e capacidade social para o trato com os pacientes e lida com as situações que a prática impõe (Millan, Azevedo, Rossi, De Marco, Millan, & Arruda, 2005; Soria, Guerra, Gimenez, & Escanero, 2006).

Millan *et al.* (1999) ressaltam que, muitas vezes, compreender o motivo que leva uma pessoa a escolher viver tão próxima da morte (sendo que, por outro lado, é isso o que mais teme ela própria) é bastante instigante. Os autores apontam que a angústia e a impotência adiante da morte são dignas de nota quando se fala em escolha profissional da medicina. Afinal, esta encontra-se associada à incapacidade de tolerar limites, fato que colabora para uma postura onipotente de negação adiante da condição humana.

A vocação médica pode ser analisada, do vértice psicológico, tanto pelas motivações conscientes como pelas inconscientes. Algumas das razões mais citadas para a escolha da profissão encontram-se relacionadas à ideia de salvar vidas, ajudar, tratar, ser útil ao próximo. Entretanto, inconscientemente, as razões mobilizadas são a necessidade de reparação, a negação da dependência e a busca por onipotência, além das defesas contra a própria doença, sofrimento e morte. Assim, a escolha, muitas vezes, está ligada a experiências passadas, tais como doença na família e perda de entes queridos, que foram vivenciadas como de difícil resolução ou reparação (Meleiro, 2005; Mello Filho, 2006).

Em pesquisa realizada com alunos do quarto e quinto anos de medicina em quatro escolas médicas mexicanas relatada por Fajardo-Dolci, Laguna-García, León-Castañeda e Gutiérrez (1995), constatou-se que metade dos alunos tinha algum familiar atuando no campo da saúde e que, destes, 83% eram médicos. Isto corrobora a ideia de Lucchiari (1993), segundo a qual a escolha da profissão é perpassada pelo contexto em que a pessoa vive.

Um estudo descritivo realizado na Espanha, com os alunos de medicina da Universidade de Zaragoza (Soria *et al.*, 2006), buscou identificar as razões pelas quais os estudantes haviam optado pela medicina e constatou que 68% deles definiram, em primeiro lugar, as razões denominadas altruístas, ou seja, o desejo de ajudar aos outros e o de ser útil ao próximo. As razões consideradas intelectuais, que se referem aos desafios da profissão e ao fato de ser esta uma área científica e estimulante, que lhes exige intelectualmente, foram apontadas por 25% da amostragem. Em terceiro e quarto lugares, foram apontados motivos pessoais (pressão familiar, contato com doença, familiares médicos) e instrumentais, tais como prestígio, *status*, nível socioeconômico e boas perspectivas profissionais.

As diferenças entre os gêneros foi também considerada em pesquisa realizada por Millan *et al.* (2005), sendo que as razões apontadas para a opção pela medicina apresentam similaridade entre os homens e as mulheres. Porém, quando pesquisados alguns fatores de personalidade, as mulheres tendem a apresentar maior sensibilidade e menos características imaginativas, bem como demonstram mais maturidade emocional do que os homens. Estes têm maior tendência à competição e características ligadas à ambição, se comparados com o grupo de mulheres.

Hoirisch (2006) avalia que a decisão de ser médico deve ser analisada por meio de uma focalização multidimensional, pois várias são as dimensões questionadas sobre a razão para essa escolha. Entre as mais focalizadas, encontra-se a afinidade com as ciências biológicas, o amor ao próximo, o desejo de praticar o bem para com os semelhantes e o de contribuir para o bem-estar da humanidade. Entretanto, o autor destaca que há quem afirme que um dos pontos mais decisivos é a busca do poder e justifica esse ponto fazendo referência aos documentos médicos (atestados, certidões, laudos ou pareceres) que podem deflagrar interdição judicial, anulação de casamento, bem como atestar adiante da justiça, constituindo formas de poder outorgadas ao médico.

Em um estudo qualitativo realizado com médicos, que objetivava resgatar as dimensões sobre a construção cotidiana de "ser médico", Grosseman e Patrício (2004a) verificaram que, muitas vezes, a formação acadêmica vivenciada por esses profissionais acaba limitando parte da expressão de seus desejos. Assim, conforme esses autores, o desejo de cuidar dos seres humanos, de curá-los ou de salvá-los é, muitas vezes, limitado pela ênfase da formação centrada no diagnóstico e no tratamento de doenças, o que pode precipitar a reflexão sobre os ideais da escolha profissional.

Nesse sentido, Fajardo-Dolci *et al.* (1995) constataram que, em um grupo de 1.044 estudantes de medicina, um quarto dos alunos manifestou arrependimento por ter optado pelo curso. Entre os motivos apontados, referem, principalmente, a decepção diante de tanto sacrifício e ao futuro incerto oferecido pela profissão. Entretanto, desse grupo, apenas 21% manifestaram o desejo de seguir outra carreira. Sob esse aspecto, Azevedo, Tollendal, Nogueira, Bartels, Paula e Beraldo (2005) ressaltam que o aluno, ao ingressar na faculdade de medicina, incitado pelas crenças de caráter onipotente, acredita que todas as suas expectativas serão alcançadas. Não obstante, como estas não se concretizam da maneira idealizada, surge o desejo de desistir do curso.

Desse modo, conforme exposto, o jovem médico passa, na maioria das vezes, a incorporar os ditames e o modelo a ele "imposto", cristalizando comportamentos que lhe são passados e que, nas palavras de Meleiro (2005), podem ser entendidos tanto no sentido de assumir um comportamento frio, científico e de neutralidade, quanto no de adotar uma postura brincalhona e jovial. Esses comportamentos acabam sendo generalizados para todas as situações e, independentemente do paciente, a postura passa a ser sempre a mesma.

O médico, então, geralmente se comporta como se conhecesse tudo o que se passa com o seu paciente, incluindo o que ele pode esperar e até o que deve suportar. Essa postura caracteriza o que Balint (1984) denomina "Função Apostólica". Em outras palavras, é como se o médico tivesse de converter seus pacientes à sua própria fé, normas e credos. Assim, sua postura acaba generalizando-se para todos os pacientes, e estes, por sua vez, devem aderir ao que é imposto, comportando-se como se fossem apóstolos diante do profissional.

Assim, pode-se fazer uma analogia ao modelo de formação positivista, pensando que, do mesmo modo que os cursos da saúde aderiram ao modelo biomédico, acabaram também por reproduzir o saber de modo mecanicista, como se formar médicos fosse equiparado a uma linha de montagem, em que as pessoas entram e saem modeladas no padrão científico e "frio", citado anteriormente (Meleiro, 2005).

A formação, ao enfatizar os aspectos físicos, não permite encarar o tratamento como algo além das enfermidades físicas e reais (Balint, 1984). Nesse aspecto, são bem antigas e fundamentadas as críticas feitas à medicina organicista. Mesmo assim, ainda hoje, constata-se uma grande resistência em romper com essa prática e buscar um modelo mais comprometido com o ser humano (Sá, 2000).

A identidade assumida pelo médico passa, muitas vezes, a ocultar preocupações, anseios, incertezas e hesitações, como se a formação acabasse por dicotomizar também ao médico, rechaçando aspectos de sua personalidade e humanidade. Meleiro (2005), utilizando as palavras de Hoirisch (1976), diz que a armadura profissional caracterizada pela roupa branca, jaleco e estetoscópio no pescoço passa a representar símbolos de defesa contra a doença, sofrimento e morte, ao mesmo tempo em que oculta a pessoa do médico e seus aspectos "humanos de ser".

Sobre essa postura, Quintana *et al.* (2004), em pesquisa desenvolvida com professores médicos de um curso de medicina do Sul do país, buscaram identificar quais são as habilidades que, segundo os professores, devem ser desenvolvidas pelos futuros médicos durante sua formação. Os autores constataram que os professores esperam que o aluno desenvolva o que denominaram "calosidade emocional". Ou seja, a ideia presente é de que o estudante aprenda a reprimir sentimentos e emoções, criando uma couraça que o fortaleça diante de situações geradoras de emoção, na tentativa de tornar-se imune a esse tipo de afeto.

Os professores de medicina entrevistados nesse mesmo estudo referiram que, para aprender a controlar as suas emoções, o aluno não deve refletir sobre seus sentimentos, mas, sim, reprimi-los. E que a repressão dos sentimentos deve começar entre eles, de modo que esse controle inicie por não deixar transparecer as emoções geradas pelo confronto com a morte e o sofrimento entre colegas e professores. O método adotado para que os alunos desenvolvam essa "couraça emocional" é a dessensibilização, que consiste em submetê-los, repetidas vezes, a situações de morte, sofrimento e dor. Diante disso, considera-se que houve aprendizagem quando se evidencia a ausência de manifestações emocionais e a habilidade em contê-las (Quintana *et al.*, 2004).

Esse aspecto, de que a exposição às situações estressantes eliminaria a carga emocional à qual os estudantes estão expostos, pode ser também percebido na frase de um médico oncologista, quando relata o desfecho de um caso grave: "O sentimento de tristeza, de abatimento, é rapidamente compensado pela entrada do próximo paciente" (Paulo, 2004). Nesta afirmação, encontra-se presente a ideia de que a exposição a mais um paciente eliminaria o abalo anterior, ideia presente na aprendizagem por dessensibilização.

O reconhecimento da emoção gerada, muitas vezes, ocorre por meio do que se denomina "sintoma vagal", o qual pode ser caracterizado por bradicardia, sudorese, palidez e hipotensão. Entretanto, todos esses sintomas são interpretados como relacionados ora à carência alimentar naquele momento, ora à debilidade decorrente de alguma doença, ambas as justificativas vinculadas à condição física. A ocasião e o contexto em que os sintomas ocorrem são desconsiderados, por exemplo, aulas de anatomia diante do cadáver e intervenções cirúrgicas. Assim, desconsidera-se a carga emocional que é suscitada diante dessas vivências (Quintana *et al.*, 2004).

Aspectos presentes no cotidiano médico

A magnitude do estresse[1] da formação médica, especialmente durante o período de residência médica, é descrita por Nogueira-Martins e Jorge (1998). Esses autores salientam que a residência exige que o profissional aprenda a lidar com sentimentos de vulnerabilidade, desamparo e impotência, fazendo um balanço sobre o desejo de cuidar e o de curar, aliado às cobranças em nível profissional. Desse

[1] A palavra "estresse" deriva do latim *stringere*, que significa apertar, cerrar, comprimir (Houaiss, 2001). Neste livro, compartilha-se a conceituação de Stacciarini e Tróccoli (2001) de que o estresse é qualquer situação ou evento que gera sentimentos de tensão, ansiedade, ameaça ou medo.

modo, entendem que os residentes estão submetidos a uma gama de situações estressantes na sua formação e que, se essas situações não forem trabalhadas, poderão produzir efeitos danosos, tanto para o residente como para quem ele presta seu serviço.

Entre os fatores estressantes associados ao exercício profissional, referem que, inerente à tarefa médica, está presente o contato íntimo e frequente com a enfermidade, com a dor e com o sofrimento, incluindo o lidar, intimamente, com o corporal e o emocional, o atendimento a pacientes terminais, pacientes difíceis, que não aderem ao tratamento, queixosos, rebeldes, cronicamente deprimidos. Ademais, devem ser citadas as situações de incerteza e limitações do conhecimento médico e do sistema assistencial, que muitas vezes se contrapõem às demandas e expectativas dos pacientes e familiares que buscam certezas e garantias (Nogueira-Martins, 2002).

Nesse sentido, conforme apontam Krebs, Garrett e Konrad (2006), existem demandas que são responsáveis por maiores níveis de frustração profissional. Em pesquisa realizada com médicos, consta que esses profissionais referem maior frustração diante de pacientes mais jovens, com sintomas de depressão, estresse e ansiedade, bem como diante daqueles com problemas de ordem psicossocial e abuso de substâncias. A frustração profissional relaciona-se, ainda, com uma carga horária extensa de trabalho, médicos que trabalham mais parecem apresentar menor tolerância, o que eleva os níveis de frustração.

Nogueira-Martins (2004) refere pesquisa realizada por Machado (1997) sobre o perfil sociológico dos médicos no Brasil e aponta que 80% destes consideram a atividade médica desgastante. Entre os motivos atribuídos a isso, encontram-se fatores, tais como excesso de trabalho, múltiplos empregos, baixa remuneração, más condições de trabalho, nível alto de responsabilidade profissional, dificuldade na relação com os pacientes, cobrança da população e perda de autonomia. Além disso, o médico estaria entre as classes profissionais que menos valoriza e considera esses fatores de risco.

Já em pesquisa realizada com médicos na posição de pacientes, Meleiro (2005) constatou que os médicos são "mestres" em ignorar e negar os avisos que dão aos próprios pacientes. Esses profissionais, quando doentes, ignoram a própria dor, desconforto ou exaustão, optando por se automedicarem, realizando eles mesmos seus diagnósticos. O mito e a crença de que os médicos são imunes à doença está por toda a parte. E, quando o médico admite que está doente e procura outro profissional, tem dificuldade de revelar o fato de que ele mesmo vinha sendo seu médico. Sente-se, muitas vezes, envergonhado, como se tivesse falhado, e ainda culpado por ter de deixar suas tarefas para outro profissional, sem "aviso prévio".

Sobre o impacto da prática da medicina na saúde mental dos médicos, Meleiro (1998) coloca que os sentimentos de culpa e de fracasso, bem como de onipotência diante de situações em que não há o que fazer, situações que são limitadas pela própria realidade, acabam favorecendo quadros depressivos e maior incidência de suicídio nessa população. O risco de suicídio entre médicos, em todo o mundo, é superior ao da população geral, e, dependendo da especialidade, esse risco pode aumentar.

Desse modo, deve-se destacar o caráter altamente ansiogênico do exercício profissional do médico. Como regra geral, apesar de pequenas variações, intrínsecas à tarefa médica, está a exposição, o que Nogueira-Martins (2003) denominou "radiações psicológicas", ou seja, conteúdos emocionais que são emanados do contato íntimo com o adoecer. Associados a esses conteúdos, ainda são descritos fatores como muito ou pouco envolvimento, a dificuldade em pedir ajuda, a falta de tempo para realização de outras atividades/necessidades, o não compartilhamento de sentimentos e culpa ou insatisfação por achar que não realizou o que deveria ser feito. Além destes, cumpre citar fatores como a vontade de mudar de emprego, receio de mudança, não descansar suficientemente, estar com sérios problemas no trabalho e na vida privada ao mesmo tempo.

Tais aspectos, presentes no cotidiano médico, acarretam interferências na vida pessoal, uma vez que alguns dos fatores de estresse apresentados parecem estar relacionados a eventos da vida privada. Goldner (1985 citado por McGoldrick, 1995) salienta a interpenetração da vida privada (pessoal e familiar) com a esfera do trabalho.

Desse modo, essas duas esferas se intercambiam, estabelecendo comunicação e interferências uma na outra.

A esse respeito, Carter e McGoldrick (1995) referem a importância de conhecer o Ciclo Vital Familiar e Individual[2] do sujeito, para que seja possível conhecer as fases desenvolvimentais pelas quais as pessoas passam e as interferências decorrentes ou não de determinada etapa. Dessa maneira, o trabalho pode configurar-se um dos elementos de influência sobre o ciclo vital. Um dos eventos, que pode ou não fazer parte do Ciclo Vital Familiar, é o divórcio, que, entre os profissionais da medicina, parece ter sido evidenciado com estatísticas e incidências maiores, quando considerada a população geral desde a década de 1970 (Rose & Rosow, 1972; Hall, 1988).

Warde, Moonesinghe, Allen e Gelberg (1999) apontam que a satisfação marital encontra-se relacionada a baixos níveis de estresse e à realização profissional do médico, sendo o inverso também verdadeiro. As pesquisas indicam que o número de casamentos entre médicos aumentou devido ao crescimento do número de mulheres nas escolas médicas (Woodward, 2005). Entretanto, as mulheres médicas apresentam propensão maior do que os homens a vivenciar instabilidade emocional no casamento (Rose & Rosow, 1972).

Woodward (2005) aponta, ainda, que, quando ambos os cônjuges são médicos, em geral, são obrigados a reduzir a carga de trabalho para dar conta dos filhos e das funções domésticas. Entretanto, se apenas um dos cônjuges for da área médica, o outro acabará reduzindo sua carga horária para organizar a vida pessoal e a privada.

A importância das relações familiares é salientada por Jiménez (2005), ao ressaltar que os médicos que mantêm vínculos e relações interpessoais satisfatórias apresentam maior tolerância ao estresse. A esse respeito, Woodward (2005) aponta a necessidade de mais investigações sobre a influência e relação entre trabalho e família do profissional da medicina. Além dessas constatações sobre a

[2] Ciclo Vital Familiar designa os fenômenos que sucedem, em determinado ritmo, o processo de desenvolvimento familiar, etapas, como a formação do casal, a família com filhos pequenos, em estágio tardio da vida etc. Ciclo Vital Individual refere-se aos processos de desenvolvimento individual, infância, adolescência, fase adulta etc. (Carter & McGoldrick 1995).

importância da relação entre o trabalho e a família, cabe considerar algumas especificidades associadas ao desempenho da atividade profissional do médico oncologista, cujas considerações são apresentadas no próximo tópico.

Especificidades da oncologia

Ao considerar algumas especificidades da oncologia, há que se levar em conta que as fantasias e os estigmas relacionados ao câncer permeiam não apenas as pessoas de um modo universal, mas também os profissionais. Desse modo, mesmo diante da possibilidade de cura em alguns casos, ou de tornar-se uma doença crônica, o diagnóstico de câncer traz medos de deterioração, sofrimento, dor e morte, que assolam inclusive os médicos (Carvalho, 2006).

Nesse sentido, Shanafelt (2005) salienta que o trabalho de médicos oncologistas e as exigências feitas a estes desde a residência compreendem viver e enfrentar situações de privação do sono, muitas horas dentro do hospital e pressões da própria especialidade, que exigem domínio do conhecimento. Também devem lidar com o sofrimento e a morte dos pacientes. Aliada a essas exigências, encontra-se a incapacidade de controlar seus compromissos e afazeres.

Em pesquisa realizada por Ramalho e Nogueira-Martins (2007), que tinha como objetivo conhecer a realidade psico-ocupacional dos profissionais da clínica de oncologia pediátrica, ficou demonstrado que as dificuldades de organização do trabalho, bem como aquelas inerentes à doença e seu tratamento, são identificadas como fonte de estresse.

Sobre os principais fatores estressantes relacionados ao profissional da oncologia, Nogueira-Martins e Ramalho (2007) utilizam-se dos dados da Sociedade Internacional de Oncologia Pediátrica. O primeiro item apontado relaciona-se à natureza do trabalho, ou seja, a lidar com doença grave cotidianamente, lidar com o contexto emocional dos pacientes e familiares, conviver com a morte de 30% dos pacientes e, ainda, conviver em uma cultura na qual não é permitido reclamar, tendo que estar sempre "bem" para atender as pessoas e envolvido nas suas solicitações e demandas. O segundo item refere-se aos problemas inerentes à equipe de saúde e à sua organização, quanto ao trabalho propriamente dito, sendo que são elencados os seguintes fatores: o tempo insuficiente para atender às demandas assistenciais, os problemas de comunicação, a equipe reduzida, a ausência de solução por parte da administração, a desintegração da equipe, a baixa moral e a competição.

No que se refere aos problemas institucionais e da organização, Gonçalves (2007) salienta que uma das dificuldades vivenciadas em contextos de saúde, como hospitais, refere-se aos problemas decorrentes do sistema de saúde, que acabam, muitas vezes, por limitar as ações dos profissionais, interferindo, assim, na satisfação destes e na assistência prestada.

Carvalho (2006) também aponta a interferência do sistema de saúde no trabalho do profissional, pois, na oncologia, o não acesso pode representar a diferença entre a vida e a morte. Relata, ainda, que um dos elementos subjetivos presentes nessa especialidade refere-se a uma desvalorização enquanto área de atuação, visto que a medicina se estruturou como uma ciência voltada para a cura. Portanto, as especialidades ditas "curativas" estariam em uma posição hierárquica superior à daquelas mais relacionadas ao ato de cuidar.

Sobre a natureza do trabalho, no que se refere à constante exposição a pacientes terminais e à morte, Kovács (1992) ressalta que trabalhar com o sofrimento ocasionado pela perda do paciente remete, muitas vezes, a trabalhar a própria negação do profissional diante da morte, uma vez que isso desperta neles vivências que ferem seu narcisismo e sua onipotência, colocando-os diante do incompleto, de algo não terminado. A esse respeito, Ramalho e Nogueira-Martins (2007) apontam que o despreparo dos profissionais da oncologia para lidar com a morte chega a tal ponto que eles muitas vezes sentem-se culpados pela dor e pelo sofrimento natural da condição humana.

Trindade, Azambuja, Andrade e Garrafa (2007), em pesquisa realizada com médicos oncologistas, procurando avaliar a postura destes frente à informação do diagnóstico e prognóstico de câncer avançado, identificaram que mais de 90% informam o diagnóstico. Entretanto, mais da metade, diante dos casos em que a doença é fatal, comunica somente à família. E, na medida em que os recursos terapêuticos se esgotam, parecem assumir uma atitude paternalista com o paciente.

Assim, percebe-se que a morte é vivida como embaraçosa, bastando nomeá-la para provocar tensão emocional e medo. O hospital e os serviços de saúde passaram a ser espaços circunscritos da doença e da morte (Pitta, 2003), transformando, de certo modo, os profissionais em combatentes da morte, como se ela não fosse um processo natural. De acordo com Falcão e Lino (2004), a morte passa a ser vista como a representação do fracasso dos profissionais e da instituição.

Sobre essa prerrogativa de serem os responsáveis pela vida e a morte, Nogueira-Martins e Ramalho (2007), citando uma pesquisa realizada com profissionais de uma unidade oncológica pediátrica em Israel por Kushnir *et al.* (1997), salientam que a prevalência de metáforas militares (lutando, batalhas, vítimas, lutas em diferentes frontes) encoraja critérios de sucesso e fracasso para o profissional.

De acordo com Esslinger (2004), esses profissionais da saúde que se colocam como inimigos e combatentes da morte demonstram a emergência em deflagrar os sentimentos que emergem dessas práticas, tais como sensação de fracasso, impotência, raiva, fragilidade e frustração. E salienta a necessidade de conhecer essas realidades, para que se possa contribuir com dados efetivos em ações de promoção da saúde. Nesse sentido, Quintana *et al.* (2004) referem que pouco se tem trabalhado sobre a formação do médico e como este é preparado para lidar com situações estressantes que são inerentes à sua prática. Evidencia-se a fragilidade no que tange a uma melhor integração do papel profissional e dos aspectos pessoais e relacionais da sua pessoa, tão necessários para o desempenho de sua profissão.

Balint (1984) propôs a realização de grupos com médicos clínicos e especialistas, no sentido de aprimorar a formação médica, constituindo estes um espaço de discussão de casos clínicos, mas que enfocava tanto as reações emocionais do paciente como as do médico e a relação entre ambos. Tratava-se, pois, de uma atividade de suporte emocional a esses profissionais que, diariamente, estão envolvidos em situações de dor e sofrimento.

Conforme Pitta (2003), o constante contato com pessoas adoecidas ou lesadas fisicamente impõe um fluxo de tarefas que podem ser agradáveis ou não, algumas vezes, repulsivas e aterrorizantes. Essas são tarefas que requerem uma adaptação prévia, ou seja, ajustes e adequações de estratégias defensivas para alcançar um grau mínimo de satisfação no desempenho de suas tarefas. Do mesmo modo, e considerando que a prática do oncologista exige tais adequações e ajustes, o capítulo seguinte apresenta alguns dados de pesquisas já realizadas com profissionais da área médica, especialmente da oncologia.

3
O ESTRESSE EM PROFISSIONAIS DA ONCOLOGIA

> "Quando se trabalha com câncer, trabalha-se sempre com a vida e a morte, mesmo que seja curável. Você está permanentemente em contato com os seus limites, sejam científicos, sejam emocionais."
> *(Paulo, 2004)*

O cotidiano de práticas dos profissionais de saúde envolve o contato íntimo e frequente com situações de risco de morte, como doença, dor, sofrimento, desamparo do paciente e da família e contato frequente com a morte. O profissional vê-se compelido a suportar um conjunto de angústias, conflitos e obstáculos diante de cada ato e de cada pessoa, estando mais próximo de situações de fragilidade, vulnerabilidade, medo, desespero, depressão e também agressividade. Com efeito, muitas vezes, apesar de seus esforços e intentos, a resposta que recebe é a incompreensão de familiares que esperavam do profissional uma atitude de salvador, de um quase deus. Assim, do ponto de vista psicológico, a prática médica inclui demandas que extrapolam, frequentemente, a capacidade humana (Campos, 2005).

Em pesquisa realizada com os médicos oncologistas pediátricos Valle, Capparelli e Amaral (2004), buscando compreender as vivências destes e o cuidar de crianças com câncer, constataram que a situação de comunicar o diagnóstico é identificada como um evento estressante, sendo que os profissionais relatam a necessidade de se preparar, de antemão, para falar aos pais dessas crianças. Essa dificuldade é apontada tendo em vista os elementos que resultam do diagnóstico, como a doença, o sofrimento, o tratamento e a morte.

Tucunduva *et al.* (2006), utilizando-se das palavras de Ramirez (1995), afirmam que a prática de médicos oncologistas insere-se numa especialidade particularmente estressante. Dentre as razões para se considerar isso, está a maior exposição à morte e ao conflito entre o objetivo de sua prática – a cura, para a qual os médicos são treinados, bem como o resultado que estes obtêm, sendo que, muitas vezes, a possibilidade real é apenas de prestar cuidados paliativos. Assim, conforme pesquisas e publicações na área (Penson *et al.*, 2000; Kash *et al.*, 2000; Grunfeld *et al.*, 2000; Allegra, Hall & Yothers, 2005; Shanafelt *et al.*, 2006; Tucunduva *et al.*, 2006), evidencia-se a alta prevalência da Síndrome de Burnout[1] entre profissionais da oncologia.

A síndrome compreende três dimensões: exaustão emocional, despersonalização e redução da realização profissional. A primeira diz respeito ao esgotamento dos recursos emocionais do indivíduo; a segunda é caracterizada pela insensibilidade do profissional perante seus clientes e colegas, tratando-os de maneira muito impessoal, e a última refere-se à insatisfação com a profissão (Maslach, 1986).

Sobre a sintomatologia expressa na atividade ocupacional do médico, Nogueira-Martins e Ramalho (2007) referem comportamentos como realização de consultas rápidas, evitando o contato com pacientes, incluindo contato visual, e, ainda, o uso de rótulos depreciativos, como alguns dos exemplos observados na prática. Contudo, torna-se importante salientar que os prejuízos acarretados pela síndrome envolvem não apenas a esfera do trabalho, mas interferem na vida pessoal, afetiva, conjugal, familiar e no bem-estar e na qualidade de vida da pessoa.

---

[1] *Burn-out* ou *Burnout* é um termo importado da física e, no jargão popular inglês, significa algo que deixou de funcionar por absoluta falta de energia. Bevenides-Pereira (2002a, p. 21), metaforicamente, explica que o termo designa "aquilo ou aquele que chegou ao seu limite, e que, por falta de energia, não tem mais condições de desempenho, nem físico, nem mental". No início dos estudos sobre *Burnout*, na década de 1980, Guimarães e Cardoso (2004) referem que se observavam, nos profissionais de saúde, estratégias que misturavam compaixão com distanciamento emocional, como se certa desumanização fosse utilizada em defesa própria, na tentativa de protegerem-se frente às situações estressoras, respondendo ao paciente de forma mais despersonalizada (Benevides-Pereira, 2002b).

Penson *et al.* (2000) referem que, em um estudo de modalidade *survey* (Whippen & Canellos, 1991), enviaram mil questionários para médicos oncologistas, sendo que, destes, 60% eram oncologistas clínicos e o restante radioterapeutas e cirurgiões. Após duas semanas, 660 profissionais já haviam retornado, indicando, de certo modo, quanto esse assunto tocava uma parte delicada, mobilizando os profissionais. Assim, do total de respondentes, 56% relataram estarem *burning-out*. Os autores ainda perguntaram sobre a natureza, a origem de estarem vivenciando essa síndrome, e mais da metade dos entrevistados relatou uma sensação de fracasso e frustração, sendo que 30% disseram estar deprimidos, 20% disseram que haviam perdido o interesse pela prática e 18% admitiram estar totalmente desagradados. Desse total, 50% pensam que esse problema é inerente a seu trabalho e 85% disseram que isso afeta sua vida pessoal e social.

Conforme discutem Penson *et al.* (2000), a incidência de *Burnout* é maior naqueles profissionais que se formaram na década de 1980, sendo que os que se formaram mais tarde tendem a acreditar mais nos efeitos terapêuticos de suas intervenções devido às novas descobertas e à evolução terapêutica na área, apresentando, desse modo, menor frustração profissional. Outra questão por eles levantada diz respeito ao tempo do atendimento prestado, sendo que maiores níveis de *Burnout* estão relacionados a um tempo de consulta mais rápido, portanto os profissionais que atendem em maior tempo apresentam menor incidência.

Em pesquisa realizada no Canadá (Grunfeld *et al.*, 2000) com profissionais da oncologia (médicos, enfermeiras, técnicos de farmacologia, atendentes, secretários, assistentes sociais, recepcionistas etc.), também foram encontrados altos índices da prevalência da síndrome. Cinquenta por cento da população médica tiveram altos índices de exaustão profissional, acompanhada de baixa realização profissional. O estudo ainda sugere que os médicos estão entre o grupo com maior prevalência, uma vez que a exaustão emocional é considerada o primeiro estágio da Síndrome de Burnout.

Allegra, Hall e Yothers (2005), em pesquisa realizada nos Estados Unidos com médicos oncologistas, encontraram dados parecidos:

do total da amostra, 61,7% apresentaram a Síndrome de Burnout. A pesquisa desenvolvida por Kash *et al.* (2000), além de identificar altos níveis da síndrome entre atendentes, enfermeiras e médicos oncologistas, indicou que os profissionais mais novos na área e as mulheres estão mais vulneráveis.

Nogueira-Martins e Ramalho (2007) apontam que os dados de Ramirez (1995), em pesquisa realizada com médicos oncologistas ingleses, desvelam elementos importantes de análise. Assim, 39% relataram a alta prevalência de exaustão emocional, mas, comparando-se médicos ligados à área de cuidados paliativos e clínicos gerais, os últimos apresentam maior exaustão emocional e despersonalização, e menor realização profissional do que os médicos da área de cuidados paliativos. As principais fontes de estresse apontadas dizem respeito a sentir-se sobrecarregado, o que acarreta efeitos negativos na vida pessoal e familiar. Com efeito, além de lidarem com responsabilidades e conflitos organizacionais, eles ainda têm que lidar com o sofrimento dos pacientes, as responsabilidades inerentes ao uso de drogas tóxicas e o receio de cometer erros no tratamento.

No Brasil, Tucunduva *et al.* (2006), buscando avaliar a prevalência da Síndrome de Burnout em médicos oncologistas, obtiveram, dos 645 membros da Sociedade Brasileira de Cancerologia, 136 respostas aos questionários enviados. A síndrome foi observada em níveis moderados ou graves, nas três dimensões, sendo que, correlacionando as respostas com os questionários enviados, um era de opinião e outro, de assuntos gerais. Foram encontradas significâncias entre a prática de atividade física ou hobby e menores índices de exaustão emocional. Ademais, o fato de se trabalhar apenas em instituições privadas apresentou correlação com maiores níveis de despersonalização.

Uma pesquisa nacional mais recente (Glasberg *et al.*, 2007) indicou a prevalência da síndrome entre os oncologistas clínicos. Os dados encontrados nessa pesquisa ainda referem que 51% dos profissionais atendem até quinze pacientes por dia, enquanto 25% da amostragem afirmou atender de dezesseis a vinte pessoas, e 24% recebia mais de vinte pacientes ao dia. Dessa maneira, ressaltam que a demanda da especialidade, das famílias, dos próprios pacientes e da prática de cuidados paliativos, acrescida da burocracia dos serviços, configura o cotidiano que predispõe à síndrome.

Diante do exposto, e visto o complexo meio de fatores estressantes inerentes à prática médica, Nogueira-Martins (2003) ressalta que, diante disso, o indivíduo pode, conforme seus mecanismos e recursos defensivos, sejam estes inconscientes e/ou conscientes, vir a adaptar-se de maneira adequada, dentro das possibilidades existentes, ou, pelo contrário, estabelecer uma inadequada adaptação. A inadequação pode ser traduzida por características e comportamentos, tais como: embotamento emocional, frieza no trato com os pacientes e um progressivo afastamento emocional da vida familiar decorrente de plantões, chamadas de urgência e frequentes visitas hospitalares.

Essa inadequação pode ser evidenciada por meio do progressivo afastamento do profissional do mundo não médico, como um modo de isolamento social. Soma-se a isso a forte expectativa de que o médico deve se colocar à disposição dos outros, estando o cuidado aos pacientes em primeiro lugar, reforçando essa simbiose entre o meio hospitalar, os clientes e a profissão. Dessa maneira, a ausência do médico junto à sua família ou em situações não profissionais é socialmente justificada, como se isso não acarretasse prejuízo em outros aspectos de sua vida (Nogueira-Martins, 2003).

Além disso, são apontadas outras características, tais como a negação dos problemas inerentes à profissão e o evitar refletir sobre as limitações do exercício profissional, assim se tornando cada vez mais arrogante e aparentemente insensível. Conforme Nogueira-Martins (2003), alguns profissionais também desenvolvem atitudes de ironia, utilizando o humor negro para enfrentar as vicissitudes do cotidiano, revelando descaso com a própria saúde. Às vezes, acabam transformando-se em médicos dos amigos e de toda a família, o que os coloca diante de uma situação um tanto quanto embaraçosa e difícil de se desvencilhar.

Diante do exposto, considerando as pesquisas sobre *Burnout* e assinalando que, na especialidade da oncologia, o médico defronta-se cotidianamente com situações de dor, morte e terminalidade, ressalta-se a importância de conhecer as estratégias de enfrentamento psicológico de oncologistas. Primeiro, porque se evidencia um número significativo de pesquisas voltadas ao estresse do profissional e suas consequências; segundo, porque, conforme Wolpin, Chabner, Lynch e Penson (2005), existem poucas pesquisas sobre a oncologia e recursos de enfrentamento desses profissionais.

4
Estratégias de enfrentamento psicológico (*coping*)

"Se não nos protegermos emocionalmente, se permitirmos que se desenvolvam no nosso universo afetivo outros sentimentos pelos pacientes, além dos que dizem respeito à dedicação profissional, nos veremos envolvidos pela dor, o que poderá afetar seriamente nossa clareza e objetividade na hora de tomar decisões."

(Paulo, 2004)

O conjunto de estratégias e habilidades desenvolvidas que são utilizadas pelas pessoas frente ao manejo de situações consideradas adversas, por exemplo, o estresse, ou situações que exijam adaptação é denominado *coping*, termo que poderia ser compreendido, no sentido figurativo, como "enfrentar", "seguir em frente". Entretanto, como não se tem uma tradução apropriada para o português (uma vez que *coping* se relaciona tanto com aspectos psicológicos como com comportamentais), o uso do termo na língua original torna-se mais apropriado, em vez de "enfrentamento psicológico"[1].

De acordo com Savoia (1999), considera-se *coping* todos os esforços realizados, tanto comportamentais como cognitivos, objetivando reduzir as qualidades aversivas decorrentes do estresse. Caracteriza-se, pois, como uma resposta, na tentativa de controlar,

[1] A expressão "enfrentamento psicológico" será utilizada neste livro como um sinônimo ao termo original *coping*, uma vez que a literatura nacional se utiliza comumente do termo.

ainda que de forma ilusória, segundo a autora, a situação ou os fatores estressantes, buscando, de certa maneira, manter uma percepção de controle pessoal.

O estudo de *coping* pode ser, historicamente, dividido em três gerações de pesquisadores, que apresentam diferenças tanto no nível metodológico quanto no teórico. Os primeiros estudos, no início do século XX, estavam vinculados à psicologia do ego e entendiam *coping* como mecanismos de defesa, de motivações inconscientes, concebido como algo estável. Já na segunda geração, a partir da década de 1960, o conceito passou a ser entendido como um processo transacional entre a pessoa e o ambiente, enfatizando os comportamentos de *coping* e seus determinantes situacionais e cognitivos. Os pesquisadores expoentes desse período foram o grupo de Lazarus e Folkman (1984). A terceira geração, por sua vez, tem enfatizado os estudos que buscam desvendar as convergências entre *coping* e personalidade, buscando demonstrar a influência dos traços de personalidade nas estratégias de enfrentamento (Antoniazzi, Dell'aglio, & Bandeira, 1998).

Na perspectiva de Lazarus e Folkman (1984), *coping* é definido como um conjunto de esforços cognitivos e comportamentais utilizado pelos indivíduos em situações e demandas específicas (internas ou externas), que emanam de eventos causadores de estresse, sendo avaliadas como sobrecargas ou excessos dos recursos pessoais. O nível de estresse vivenciado não depende apenas das exigências da situação nem somente do repertório de enfrentamento do indivíduo, mas também da relação entre as exigências e os recursos percebidos e avaliados pelo indivíduo. Seidl (2005) salienta que determinada situação ou evento não é, *a priori*, estressante, de modo que a avaliação (*appraisal*) do indivíduo sobre esse evento ou situação é que vai dizer quanto ao seu caráter estressor.

Desse modo, o estresse seria resultado da percepção da pessoa e de sua avaliação diante dos recursos de que dispõe para responder a essas exigências. De fato, uma mesma situação pode ser percebida por uma pessoa como fonte de estresse, ao passo que por outro indivíduo, não. Aquilo que ameaça um pode ser visto como desafio para outro. Assim, Motta e Enumo (2004) salientam a necessidade de se conhecer a realidade e o que, de fato, a pessoa está enfrentando, pois quanto mais definida for a situação ou contexto a ser enfrentado, mais fácil será articular uma ação ou pensamento particular de enfrentamento condizente com tal demanda.

O modelo proposto por Lazarus e Folkman (1984) envolve outros conceitos. *Coping*, para eles, seria o processo/interação entre o indivíduo e seu ambiente, tendo como função administrar a situação estressora, em vez de dominá-la. Desse modo, a ideia de avaliação encontra-se envolvida, ou seja, relaciona-se ao modo como a situação (ou evento) é percebida pelo indivíduo que a experiencia. Outro aspecto diz respeito aos esforços e à mobilização que o indivíduo empreende no sentido de minimizar e reduzir o desconforto/desestabilização ocasionado pela situação estressora, buscando uma tolerância às demandas que surgem de sua interação com o meio em que vive, ou, em outros termos, com suas estratégias de *coping*[2].

Lazarus e Folkman (1984) classificam *coping* em duas categorias. A primeira seria conformada pelo *coping* focalizado na emoção, que se define pelos esforços emanados para regular o estado emocional e pelas emoções associadas ao evento estressante. São esforços dirigidos em nível mais somático de sentimentos, cuja finalidade é alterar o estado emocional, por exemplo, praticar uma atividade física, fumar um cigarro, tomar tranquilizantes, escutar música e/ou assistir a programas de televisão. Já o *coping* focalizado no problema caracteriza-se por um esforço no sentido de alterar a situação geradora de estresse, tentando modificá-la. Para isso, as estratégias podem ser dirigidas ao meio externo, tentando negociar ou gerenciar um conflito interpessoal, ou solicitando auxílio de outros para alterar alguma situação ou evento, além de elaborar estratégias dirigidas ao meio interno, que incluiriam uma ressignificação do evento estressor, procurando minimizar seus efeitos.

[2] A literatura (Antoniazzi *et al.*, 1998) sugere a distinção entre estilos de *coping* e estratégias de *coping*. Assim, o primeiro estaria mais relacionado a características de personalidade, enquanto o segundo se referiria ao repertório de ações cognitivas e comportamentais utilizadas no curso de um episódio particular de estresse.

Os autores Lazarus e Folkman (1984), ademais, enfatizam que, em situações passíveis de mudanças, a tendência é que seja utilizado o *coping* focalizado no problema, enquanto o focalizado na emoção é mais comumente utilizado em eventos que dificilmente poderiam ser modificados. Dessa maneira, "o *coping* focado na emoção pode facilitar o *coping* focado no problema por remover a tensão e, similarmente, o *coping* focado no problema pode diminuir a ameaça, reduzindo assim a tensão emocional" (Antoniazzi *et al.*, 1998, p. 285).

Além dessa divisão, alguns autores (Seidl, Tróccoli, & Zannon, 2001) se utilizam de outras distinções, como a busca de suporte social (a procura de apoio, seja instrumental, seja emocional ou de informação) e a de religiosidade (que agrega a adesão de uma prática espiritual e/ou religiosa, situação esta em que a crença funciona como um modo de lidar com a situação ou o evento).

Antoniazzi *et al.* (1998) referem que toda e qualquer atitude, tentativa e ação de administrar o evento/situação que causa ameaça ou é avaliada como fonte de estresse é considerada uma estratégia de enfrentamento, independentemente de seus resultados serem positivos ou não. Dizem, também, que, embora tenham sido desenvolvidos diversos estudos e pesquisas, dando origem a inventários e *checklists*, ainda não há um consenso ou um entendimento compreensivo da estrutura de *coping*.

Nesse sentido, Seidl *et al.* (2001) ressaltam que, mesmo após trinta anos de pesquisas, ainda parece haver divergências quanto ao modo de identificar e avaliar o enfrentamento. Motta e Enumo (2004) salientam que, se as estratégias de enfrentamento psicológico dizem respeito aos comportamentos e pensamentos das pessoas ao lidarem com situações estressantes, então elas seriam passíveis de serem acessadas por meio do inquérito verbal.

Estratégias de enfrentamento psicológico: pesquisas no contexto médico

As pesquisas desenvolvidas sobre as estratégias de enfrentamento psicológico no contexto da medicina têm assumido significativa relevância, visto o grande impacto das demandas do trabalho médico no bem-estar e na saúde desses profissionais (Escribà-Agüir & Bernabé-Munôz, 2002). Outros autores (Bentata *et al.*, 2007) também apontam a necessidade de programas de intervenção para conhecer a realidade dos profissionais da saúde e, assim, propor medidas que facilitem o enfrentamento das situações, como lidar com a dor e a morte.

Numa pesquisa realizada com residentes em um hospital no Peru, que tinha como objetivo conhecer as estratégias psicológicas frente às demandas e dos fatores de estresse do exercício médico, Congrains (1998) constatou que a atitude de aceitação e resignação adiante da realidade foi uma das estratégias mais utilizadas, ao passo que a expressão dos sentimentos/emoções e a busca de apoio social por razões emocionais foram as menos utilizadas. A pesquisa demonstra que as estratégias menos apontadas requerem relações interpessoais adequadas, mas que elas estariam afetadas em função do estresse.

Outro estudo com residentes realizado na Venezuela por Blandin e Araujo (2005) identificou que o apoio social e emocional está bastante presente, ao passo que a expressão de sentimentos e a busca de apoio na religiosidade, não. O estudo demonstra, ainda, que, entre as estratégias menos funcionais, encontra-se o uso daquelas voltadas ao apaziguamento das emoções.

Em estudo qualitativo com estudantes de medicina em uma universidade do Sul do Brasil sobre a qualidade de vida destes, Zonta *et al.* (2006) evidenciaram certas características entre os estudantes que desenvolveram alguma estratégia de enfrentamento psicológico, tais como: valorização dos relacionamentos interpessoais e de fatos do cotidiano; organização do tempo, procurando estabelecer maior equilíbrio entre o lazer e o estudo; cuidados pessoais, os referentes à saúde, à alimentação, ao lazer e ao sono, e a adesão a uma prática esportiva. A religiosidade foi apontada como um recurso pessoal, bem como a procura por assistência psicológica, no intuito de trabalhar a própria personalidade.

Escribà-Agüir e Bernabé-Munôz (2002) realizaram um estudo qualitativo, com o uso de entrevistas semiestruturadas com 47 médicos especialistas, entre eles, oncologistas, em um hospital de Valência, na

Espanha. Os autores identificaram que, entre as estratégias voltadas à emoção, os médicos apontam, em primeiro lugar, o uso de atividades distintas e desconexas do trabalho, como ócio e atividades esportivas. Na sequência, aparecem a busca de apoio social, especialmente da família e de amigos. Em terceiro lugar, está o consumo de fármacos e tabaco. No que se refere às estratégias centralizadas no problema, em primeiro lugar, aparece a aceitação de que a ciência médica não é exata e, em seguida, a busca por apoio instrumental, seja conversando com colegas, seja consultando alguma bibliografia específica.

Ainda com relação à pesquisa qualitativa com o uso de entrevista, Jiménez (2005) constatou em pesquisa realizada no Chile que os médicos mais maduros se utilizam mais de condutas passivas, resignação e esquiva, ao passo que os profissionais mais novos parecem demonstrar estratégias mais ativas, como estudar e propor ações no meio de trabalho. Mas, de uma forma geral, todos os profissionais apontam a importância de refletir sobre a prática profissional em grupos de troca e diálogos entre colegas médicos.

Glasberg *et al.* (2007), em pesquisa citada anteriormente, apontam que 92,15% dos oncologistas clínicos indicam o recebimento de suporte por parte da família, 70,58% referem ter uma filiação religiosa, 65,34% praticam alguma atividade física ou de lazer, 88,23% afirmam que tiram férias regularmente, e 88,25%, que escolheriam a especialidade novamente. Esses dados podem ser utilizados como possíveis recursos para prevenir a Síndrome de Burnout. Entretanto, apesar de os médicos se reportarem aos fatores indicados, a presença da síndrome foi evidenciada.

Ainda no contexto da oncologia, Roger, Abalo, Guerra e Pérez (2006), em um estudo multicêntrico realizado em enfermarias oncológicas em Cuba, identificaram que a prevalência de *Burnout* é maior na área da oncologia se comparada com a de outras instituições de saúde. Entre as estratégias de enfrentamento, as mais frequentes foram confrontação, planejamento das atividades, reavaliação positiva dos eventos e busca de apoio social. O grupo com maior desgaste relacionado à síndrome apresentou maiores níveis de ansiedade e utilizou mais estratégias voltadas ao distanciamento e à evitação. Não obstante, independentemente da evidência da síndrome (leve, moderada ou alta), a busca por apoio social fez-se presente em todos os grupos, configurando-se uma estratégia utilizada por todos os profissionais.

O uso de estratégias de enfrentamento psicológico é apontado como uma das maneiras de prevenir e controlar o *Burnout* entre os médicos. Lozano (2007) ressalta a necessidade de apoio e suporte social, o uso de atividades de lazer, bem como atividades de autorreflexão e autoconhecimento do profissional, visando à melhor adaptação às exigências e demandas da prática médica.

Sobre o contexto da oncologia, Carvalho (2006) pondera que as diferenças pessoais vão determinar reações distintas. Ressalta, também, que uma das formas de defesa e reações diante do contexto da oncologia pode ser o comportamento de "ir em frente", ou seja, o profissional não se atém ao que está lhe passando. Isso antepara o desenvolvimento de sentimentos e emoções. O uso da despersonalização e o nivelamento dos pacientes, adotando-se a ideia de que são todos iguais, impede o estabelecimento de vínculos específicos. Evita-se, assim, o contato com aquilo de subjetivo que existe de característico em cada paciente.

As decisões e comunicações que, frequentemente, devem ser feitas no contexto das instituições de saúde são foco de angústias e tensões para os profissionais. Pitta (2003) aponta que, muitas vezes, os membros das equipes adiam essas situações por meio do que denominou "ritual de desempenho de tarefas". A busca pela padronização e a adesão a uma rotina nos serviços funcionam, também, para postergar e controlar as decisões diante das demandas que cada paciente suscita.

Uma das questões que permeia o campo das estratégias de enfrentamento psicológico refere-se à discussão sobre a questão de gênero. Nesse sentido, White (2000) aponta que a hipótese de as mulheres apresentarem estratégias mais focalizadas na emoção, enquanto o homem seria mais focado no problema, não se confirma. Os estudos evidenciam que, quando homens e mulheres exercem os mesmo cargos, ou papel social, isto fica mais explícito: as estratégias utilizadas parecem ser as mesmas.

Tamayo e Tróccoli (2002) salientam que o uso de estratégias de *coping* focalizadas no problema tendem a prevenir a Síndrome de Burnout. Já as estratégias centradas na emoção, de evitação ou escape, facilitam a aparição da síndrome. Outro aspecto que ganha ênfase nas considerações dos autores é que o baixo nível de *Burnout* permite que o indivíduo enfrente as situações geradoras de estresse de modo mais ativo e direto; os indivíduos com alto nível de *Burnout*, por sua vez, podem ter energias mais reduzidas para enfrentar essas situações, assumindo, pois, uma postura mais passiva e indireta.

Conforme descrito anteriormente, a alta incidência e a presença significativa de *Burnout* em profissionais da oncologia demonstram a necessidade de proteção emocional de que esses profissionais necessitam e também o uso de estratégias para lidar no seu cotidiano. Isso ganha respaldo na epígrafe deste capítulo (Paulo, 2004).

Nesse sentido, Tamayo e Tróccoli (2002) ressaltam a importância de pesquisas sobre o enfrentamento do estresse nas organizações de trabalho, pois estas reduziriam os custos da organização com os danos gerados à saúde do profissional, uma vez que a prevalência do estresse e das síndromes relacionadas revela o crescimento do número de queixas ocupacionais, aumentando os gastos e gerando afastamentos. Sobre a necessidade do desenvolvimento de atividades e programas voltados ao cuidado do profissional, Arón e Llanos (2004), analogicamente, apontam que os operários usam material de proteção. Em contrapartida, questiona sobre a proteção dos profissionais que lidam com seres humanos.

O Ministério da Saúde (2001, 2004), ao apresentar as propostas de humanização da assistência, salienta a necessidade e a importância do cuidado com os profissionais da área. As propostas preveem a identificação de necessidades e expectativas desses profissionais. Cursos de capacitação visando à humanização dos serviços, bem como a criação de meios de suporte ao profissional, incluindo grupos, apoio psicológico ou social, espaços de troca, discussão de casos e situações de conflito, são alternativas.

Desse modo, Peixoto (2004) aponta para a necessidade de pesquisas direcionadas a compreender as estratégias de enfrentamento psicológico, considerando-se que estas assumem relevante papel na saúde dos profissionais e no seu trabalho. Afinal, conforme Graham (2000), é vital que se conheçam os fatores de proteção e os recursos utilizados pelos profissionais da oncologia, até mesmo para que estes possam continuar tolerando as demandas de seu trabalho e enfrentando os desafios desse campo, sem acarretar maiores danos à saúde mental.

PARTE II

Conhecendo a oncologia clínica: a pesquisa

1
Um estudo psicológico com médicos oncologistas clínicos

O termo "psicológico", do léxico, refere-se ao estudo da psique, da mente, ou seja, um estudo psicológico se propõe desvendar aquilo que é do subjetivo, das relações, da dinâmica psíquica do próprio funcionamento das pessoas: suas reações, comportamentos, atitudes, sentimentos, percepções e visões de mundo. Nesse sentido, de acordo com Wolpin *et al.* (2005), ainda são raras as pesquisas sobre a oncologia e os recursos psicológicos desses profissionais.

Por esse motivo, diferentemente da colocação popular que afirma: "isso é psicológico", denotando, pejorativamente, algo menos importante, "de fácil resolução", ou, até mesmo, "dissimulado", o estudo em questão demonstra e aponta a relevância dos aspectos psicológicos e a necessidade de abordá-los no período de formação e exercício da práxis profissional do oncologista clínico. Destarte, se, na maioria das vezes, falar em oncologia nos reporta a pensar nas questões do paciente, daquele que sofre com a doença, esta pesquisa se propõe desvelar o outro lado da práxis médica: o próprio médico – seus entendimentos, ideias, sentimentos, modos de lidar com a profissão, com a doença e com o seu sofrimento.

A prática do oncologista clínico, muitas vezes, coloca o profissional diante de constantes situações de imprevisibilidade, dor, morte e sofrimento humano. Assim, visando a contribuir com os estudos sobre a práxis médica e, em especial, sobre a saúde desses profissionais, foi realizada uma pesquisa, em 2007, que teve como objetivo principal analisar as vivências[1], concepções[2] e estratégias de enfrentamento psicológico de

---

[1] Vivências referem-se às experiências e aos sentimentos que são vivenciados na prática clínica.

[2] Concepções referem-se ao entendimento que os médicos têm sobre sua prática profissional e ideias a ela relacionadas.

médicos oncologistas na sua prática profissional. A escolha dessa especialidade justificou-se em virtude de esses profissionais encontrarem-se vulneráveis a situações de estresse, síndromes de estafa profissional e também por serem os responsáveis tanto pela comunicação diagnóstica como pelo acompanhamento do paciente e sua família no dia a dia.

Caracterização da pesquisa

A pesquisa realizada orientou-se pelos pressupostos da metodologia qualitativa, haja vista que, para conhecer as estratégias de enfrentamento psicológico e as vivências de médicos oncologistas clínicos, fez-se necessário adentrar na realidade cotidiana desses profissionais. Com efeito, conforme propõe González-Rey (2002), o processo de produção de conhecimento na pesquisa qualitativa enfatiza a dimensão da interação, sendo que "o principal cenário da pesquisa são as relações entre pesquisador e pesquisado e as relações dos sujeitos entre si" (p. 34). Sob essa égide, a significação da singularidade assume legitimidade na produção do conhecimento, de modo que este não se valida pela quantidade de sujeitos estudados, mas pela qualidade de suas expressões.

A partir desses pressupostos, a pesquisa também se caracteriza pelo caráter exploratório-descritivo, uma vez que busca descrever as características de determinada população, de certo fenômeno, ou, ainda, conhecer relações entre variáveis, visando à maior familiaridade com o objeto de estudo, possibilitando um aprofundamento da temática a ser pesquisada (Gil, 1991).

Caracterização do local

A pesquisa[3] foi realizada em um Centro de Atendimento e Pesquisa em Oncologia, localizado no Sul do país. Este presta assistência na área da oncologia desde 1979, quando ainda funcionava junto a

[3] A pesquisa foi submetida e aprovada pelo Comitê de Ética e Pesquisa com Seres Humanos da Universidade Federal de Santa Catarina, conforme Resolução 196/96 do Conselho Nacional de Saúde e, depois, foi aprovada pelo Comitê de Ética em Pesquisa da instituição pesquisada.

um hospital público. Os atendimentos e os serviços ambulatoriais são realizados por meio do Sistema Único de Saúde (SUS), sendo este um dos primeiros serviços a prestar assistência ambulatorial em oncologia no Brasil, considerado referência regional e nacional na área.

A instituição caracteriza-se por um serviço de atenção terciária[4], haja vista que os procedimentos realizados são de alta complexidade ou alto custo, de modo que a ela serve como centro de referência. Esse nível de atenção, em que as condutas se direcionam quando a pessoa já se encontra doente, envolve procedimentos e medidas que têm por objetivo evitar a invalidez, a perda de função ou a morte (Pires, 2004).

Os pacientes, ao chegarem à instituição, já vêm encaminhados de outro serviço, o qual, em sua grande maioria, já realizou o diagnóstico da patologia. O centro em tela conta com uma equipe multidisciplinar, realizando consultas clínicas, atendimentos ambulatoriais de quimioterapia e radioterapia, bem como pesquisas, aperfeiçoamento de diagnóstico e entrega da medicação especializada, contando com um centro de capacitação em pesquisas e residência médica.

O complexo é composto de ambulatório e radioterapia, local que em breve deverá funcionar um hospital. O hospital da instituição opera em endereço separado, estando dividido em três andares: no primeiro, situa-se a parte administrativa e, nos seguintes, compostos por quartos coletivos, está a internação. Convém destacar que o terceiro andar, geralmente, interna pacientes em estado mais grave, de cuidados paliativos, em fase terminal. A parte ambulatorial do complexo conta com dezenove consultórios médicos, 25 pontos de quimioterapia, radioterapia, serviços de raios X, mamografia e ultrassons. Com o posterior funcionamento do hospital, deverão ser habilitados 68 leitos para internação, quatro salas para cirurgias e ainda cinco leitos de Unidade de Tratamento Intensivo (UTI), bem como o pronto-atendimento oncológico.

---

[4] Os níveis de atenção à saúde são divididos por questão de complexidade, que diferenciam um nível do outro. Assim, dividem-se em três níveis: Atenção Primária, que engloba a prevenção e promoção de agravos; Atenção Secundária, que abrange as especialidades e o diagnóstico; e Atenção Terciária, que abrange hospitais e centros de alta complexidade (Pires, 2004).

Participantes

Participaram desta pesquisa doze médicos oncologistas clínicos, sendo sete homens e cinco mulheres; a idade variou entre o mínimo de 32 e o máximo de 57 anos; dos homens, somente um era solteiro; das mulheres, três eram divorciadas. A experiência profissional em oncologia variou entre dois anos e meio e trinta anos; destes, três profissionais tinham até dez anos de prática, quatro deles tinham de dez a vinte anos, e cinco, mais de vinte anos de atuação como oncologista.

A seleção dos participantes se baseou em três critérios de inclusão: a) ter concluído a residência médica ou especialização na área da oncologia clínica; b) atuar como oncologista clínico no centro oncológico; e c) ter, no mínimo, dois anos de atuação profissional.

Técnicas e instrumentos de coleta de dados

A realização da coleta de dados ocorreu entre os meses de março e setembro de 2007 e foi constituída por observação participante, que permite ao pesquisador apreender a realidade pesquisada por meio do contato direto com o fenômeno observado, com registro em diário de campo e entrevista semiestruturada. A composição destes foi assim definida por se entender que há a necessidade de contextualizar e conhecer em profundidade o meio a ser pesquisado.

Observação participante

As observações foram realizadas, em sua maioria, no ambulatório da instituição, entretanto alguns participantes solicitavam que a pesquisadora os acompanhasse junto aos pacientes, em alguns procedimentos técnicos no hospital, com os residentes e junto ao leito de pacientes internados, e isto se deu a convite dos próprios médicos. Assim, cada profissional foi acompanhado pela pesquisadora em, no mínimo, dois momentos distintos.

A observação participante foi realizada durante todo o processo de coleta de dados, tendo sido focalizados, como objetivo dessa, os seguintes tópicos: a) descrever situações da dinâmica e contexto de trabalho;

b) acompanhar atendimentos e situações profissionais, tais como atendimento a pacientes em ambulatório e enfermarias, discussão de casos; e c) descrever aspectos do relacionamento interpessoal do profissional com pacientes e familiares, com a equipe de saúde e os residentes.

Todos esses eventos observados foram registrados em um diário de campo, que foi composto de Registros de Campo e Registros do Pesquisador. O primeiro contempla descrições sobre as situações e os eventos observados, notando qual o contexto em que aconteceram, quem estava presente, como as pessoas envolvidas agiram, apontando os contextos físico e social, bem como aspectos emocionais. Estes foram registrados no momento seguinte das observações, procurando detalhar, o melhor possível, os diálogos ocorridos, as expressões utilizadas e outras formas de comunicação que se fizeram presentes, como expressões não verbais, reações e atitudes comportamentais.

O segundo, Registros do Pesquisador, foi realizado em diferentes momentos, algumas vezes, imediatamente após a observação propriamente dita, mas, outras vezes, mais tarde. Há que se destacar que a pesquisa gera ressonâncias que vão sendo pensadas e repensadas pelo pesquisador. Assim, este se caracteriza por reflexões, sensações e impressões sobre o contexto observado. "O pesquisador, como sujeito, produz ideias ao longo da pesquisa, em um processo permanente que conta com momentos de integração e continuidade de seu próprio pensamento, sem referências identificáveis no momento empírico" (González-Rey, 2002, p. 33).

Entrevista semiestruturada

As entrevistas[5] foram previamente agendadas, conforme disponibilidade do participante. A maior parte delas foi realizada no ambulatório junto ao Centro de Atendimento e Pesquisa em Oncologia. Entretanto, algumas se realizaram em clínicas de atendimento privado em que os profissionais trabalham, ou, ainda, no hospital da instituição pesquisada.

[5] As entrevistas foram realizadas após autorização, mediante leitura e explicações sobre o Termo de Consentimento Livre e Esclarecido, momento em que se formalizavam as formas de participação dos entrevistados, inclusive a do período de observação. Elas foram gravadas e depois transcritas, na íntegra, para que os relatos dos participantes fossem preservados.

A entrevista contemplou tópicos como: dados gerais, que investigavam idade, estado civil, tempo de profissão, áreas de atuação, períodos e locais de trabalho, além de descrição da rotina de trabalho dos médicos oncologistas. Ainda, foram abordados tópicos sobre as atividades consideradas mais desgastantes e emocionalmente mobilizadoras, sentimentos que são experienciados e as consequências dessas atividades e desses sentimentos na rotina de suas vidas, tanto profissional como pessoal. Da mesma forma, foram investigados os recursos de enfrentamento psicológico, formação profissional e o que o profissional aponta como meios de cuidado pessoal e suas percepções sobre o oncologista clínico.

Cabe ressaltar que as perguntas que envolviam as estratégias de enfrentamento psicológico eram precedidas por questões em que os profissionais tinham de descrever uma situação de difícil manejo na profissão, ou eram convidados a se reportarem às dificuldades por eles elencadas nas perguntas anteriores. Esse cuidado metodológico baseia-se nas proposições de Tamayo e Tróccoli (2002), que afirmam que instrumentos padronizados, muitas vezes, não condizem com a realidade dos sujeitos. Assim, as questões sobre as estratégias de enfrentamento psicológico foram contextualizadas de acordo com a realidade dos participantes.

Ao compreender a complexidade e a relação que se estabelece entre pesquisador e pesquisado, as últimas questões investigaram sobre o período de observação de campo e a entrevista propriamente dita. Estas objetivavam uma leitura mais complexa acerca do processo de pesquisa e desta relação.

Ao final da entrevista, foi incluída uma questão em que o entrevistado era convidado a sugerir uma metáfora sobre a oncologia e/ou a atuação do oncologista na atualidade. Esta foi pensada com base nas proposições de Canolla (2000), quando aponta que a metáfora pode ser utilizada para substituir uma expressão equivalente, ou, ainda, fazer comparações por meio de analogias. Entretanto, entende-se que esta não pode ser vista como uma simples comparação ou associação entre dois termos, porque estes entram em interação, e a substituição do termo explícito pelo implícito não manteria a ideia enunciada.

Cabe ressaltar que alguns entrevistados utilizaram momentos ocorridos, quando das observações, para ilustrar seus exemplos e falas. Acredita-se, portanto, que a familiaridade alcançada por meio do período de observação participante permitiu diálogos mais espontâneos, bem como o estabelecimento de relações com aquilo que havia sido observado. Assim, as questões seguiram uma formulação flexível, buscando "evocar" ou "suscitar" a verbalização dos sujeitos, sendo que a sequência e a minuciosidade aconteceram naturalmente, ficando por conta do entrevistado.

Análise dos dados

A análise dos dados desta pesquisa foi fundamentada na *Grounded Theory*, ou, conforme tradução para o português, Teoria Fundamentada nos Dados. Essa metodologia de análise, proposta por Strauss e Corbin (1990), e depois abordada por Cassiani, Caliri e Pelá (1996), Moré (2000) e Yunes e Szymanski (2005), possibilita combinar abordagens indutivas e dedutivas, permitindo que o pesquisador investigue processos de uma mesma cena social sob várias perspectivas e hipóteses, visando à melhor compreensão do fenômeno. Desse modo, o pesquisador pode trabalhar com dados oriundos de diversas fontes, como é o caso da entrevista e dos relatos de observação de campo.

Resultados

Sob a guisa da metodologia qualitativa de pesquisa, a análise dos dados foi realizada com o intuito de aprofundar, horizontalmente, as vivências, concepções e estratégias de enfrentamento psicológico de médicos oncologistas clínicos. Para tal, utilizou-se o conteúdo advindo das falas dos entrevistados, bem como aquele coletado durante o período de observação de campo. Os referidos conteúdos foram subdivididos em sete categorias, que tentam nomear e agrupar núcleos dos discursos dos sujeitos. As categorias, por sua vez, dividem-se em subcategorias, desdobramentos da categoria principal e elementos de análise, que contemplam a minuciosidade e a singularidade da produção de conhecimento na pesquisa qualitativa (González-Rey, 2002).

Conforme Moré (2000), esse sistema de categorias revela a complexidade e a interconexão dos dados, num movimento contínuo de descrição e análise dos processos. Desse modo, salienta-se que as categorias de análise não pretendem ser exclusivas, pois o conjunto de dados encontrados se afeta recursivamente e, sob essa perspectiva, evidencia-se uma trama que interconecta um tema ao outro, revelando-se um processo dinâmico.

Esses diálogos, estabelecidos no campo da pesquisa, revelaram diferentes perspectivas sobre temas e questões cotidianas, ao mesmo tempo que permitiram abrir espaço de escuta, valorização e reconhecimento das vozes que compõem a especialidade. Para tal, a terceira parte deste livro apresenta e discute, em pormenores, nos capítulos seguintes cada uma das categorias de análise, a saber: 1. Experiências e vivências acerca da trajetória profissional; 2. A trajetória profissional sob a ótica da história de vida; 3. Concepções sobre ser e fazer oncologia; 4. Considerações sobre o sistema público de saúde; 5. Estratégias de enfrentamento psicológico; 6. Metáforas sobre a oncologia e o oncologista clínico; 7. Ressonâncias e avaliação sobre a participação no processo da pesquisa (Figura 1).

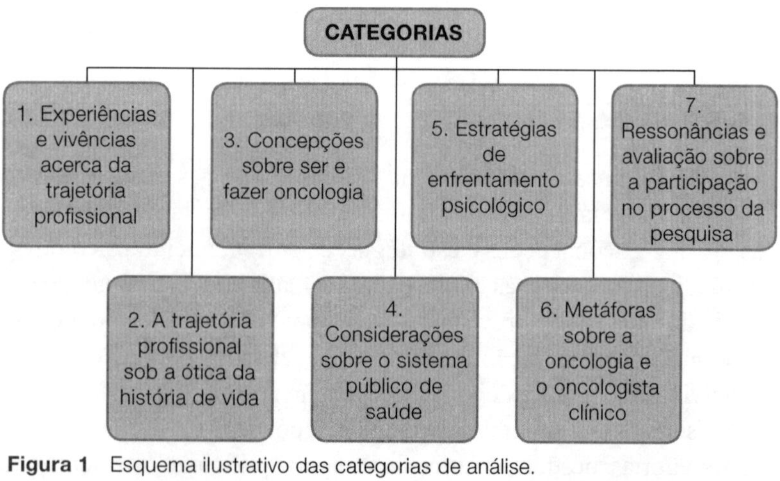

Figura 1 Esquema ilustrativo das categorias de análise.

PARTE III

O SER HUMANO DO MÉDICO: A PRÁTICA E A VIVÊNCIA NA ONCOLOGIA CLÍNICA

1
Experiências e vivências acerca da trajetória profissional

No decorrer da trajetória profissional, o médico, seja estudante, seja residente ou profissional, vai assimilando, impactando-se, vivendo e descobrindo-se nesse papel. Dessa maneira, conhecer os fatores implicados no momento da escolha da profissão e da especialidade favorece o entendimento e a compreensão acerca das vivências desse profissional, que se depara, cotidianamente, com situações e demandas, as quais, acrescidas da mobilização emocional decorrente do contato com os pacientes e seus familiares, exigem-lhe habilidades, muitas vezes não contempladas no período da formação técnica.

Nesse sentido, para que fosse possível compreender melhor de que modo esses profissionais concebem e experienciam suas atividades profissionais, buscou-se explicitar vivências. Assim, a opção pela medicina e pela própria especialidade foi considerada momento importante dessa trajetória. Destarte, a primeira categoria de análise a ser discutida neste capítulo trata, justamente, das experiências desses profissionais e dos sentimentos presentes nesse contexto.

Nessa categoria são agrupadas experiências vividas, como o momento da escolha profissional e o da especialidade da oncologia, que compõem as duas primeiras subcategorias, bem como os sentimentos relacionados à profissão. Estes últimos foram selecionados para a terceira subcategoria desta, pois se entende que os sentimentos tecem e compõem as experiências, aquilo que é vivido, considerado relevante, de acordo com os oncologistas, no fazer da oncologia clínica (Figura 2).

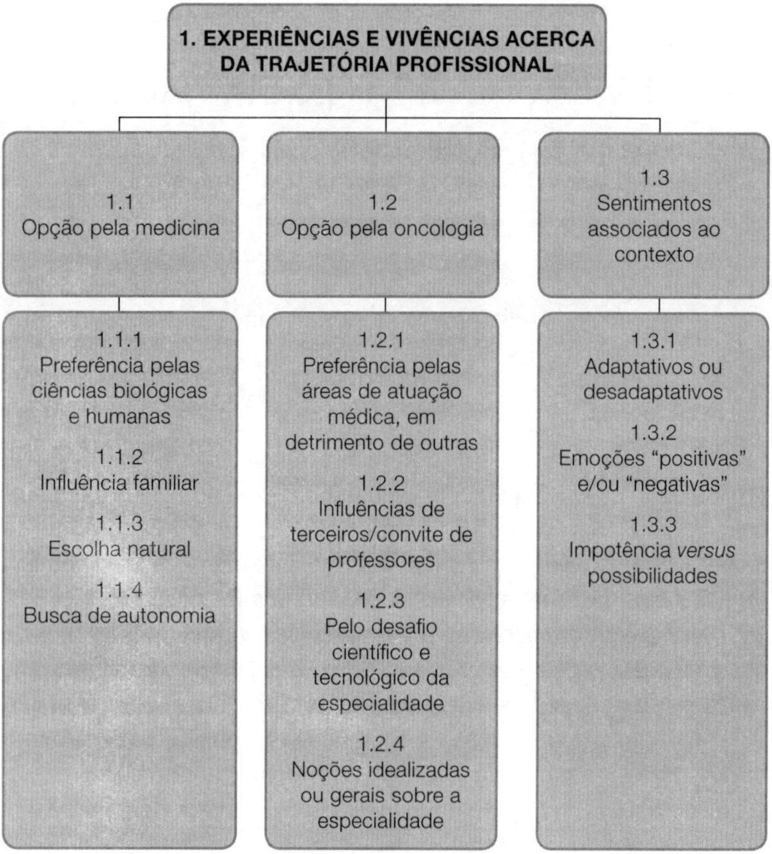

Figura 2 Esquema ilustrativo da categoria, subcategoria(s) e elemento(s) de análise.

Opção pela medicina

Essa subcategoria apresenta os fatores que motivaram a escolha do curso de medicina, as influências e os aspectos relacionados a esse processo, a opção por ser médico.

As entrevistas realizadas apontam uma diversidade de fatores que estão relacionados à escolha do curso de medicina. Alguns entrevistados enfatizaram o gosto e a preferência pelas ciências biológicas e humanas (1.1.1)[1]. Isso pode ser destacado nos depoimentos a seguir:

> "A escolha pela medicina foi assim um tanto... Sim, talvez, inicialmente, eu era muito nova. (...) **Acabei por escolher uma área mais humana.** Porque eu gostava mais de trabalhar com pessoas, com seres humanos e gostava muito de medicina. (...) **Então, realmente, era seres humanos e a parte do corpo humano mesmo**" (Rita)[2].
> "É difícil identificar onde tudo começou... (...) **Eu tinha plena convicção que eu ia me dedicar à área biológica e a medicina foi a primeira opção**" (Tales).

Os dados encontrados nesta pesquisa vão ao encontro do que propõem alguns autores (Millan *et al.*, 1999; Meleiro, 2005; Hoirisch, 2006), quando apontam que a opção pelo curso de medicina é multideterminada, sendo que, entre os fatores encontrados, o interesse pela área das ciências humanas e biológicas é ressaltado por essa literatura.

Entende-se, assim como propõe Lucchiari (1993), que a escolha dos participantes foi perpassada por aspectos pessoais, familiares e sociais. Desse modo, assim como os gostos e preferências por determinadas áreas, os profissionais referiram a influência familiar (1.1.2) como um fator que predispôs e favoreceu a escolha. Essas pessoas, consideradas familiares, aproximavam o entrevistado do meio médico, o que possibilitava uma influência e um contato com a profissão.

> "Não sei. **Talvez influência familiar**. Tem muitos médicos na família" (Moisés).

[1] A numeração entre parênteses, disposta no decorrer do texto, explícita os elementos de análise, propostos para discussão das subcategorias apresentadas em cada capítulo. Os grifos, em alguns trechos dos depoimentos deste trabalho, são de autoria da pesquisadora e visam a facilitar a compreensão da análise proposta.

[2] Para resguardar a identidade dos entrevistados e considerando a Resolução 196/96 (Ministério da Saúde, 1996), que regulamenta pesquisas envolvendo seres humanos, os nomes dos participantes foram substituídos por nomes fictícios.

> "Pela medicina, não sei. Porque a gente escolhe aos dezesseis anos de idade, e não sabe. É bom aluno e acaba entrando na medicina. (...) **Acho que foi um irmão mais velho que influenciou**" (Deise).
>
> "Assim, **uma influência inicial da família, muitos parentes médicos** e sempre tive, assim, uma atração pelo funcionamento da vida como um todo... uma tentativa de descobrir os segredos da vida" (Celso).

Esses relatos apontam na direção do que propõem Millan *et al.* (2005), quando afirmam que o ambiente social exerce influência na opção pela medicina. A influência de terceiros, seja de familiares, pais, pessoas próximas ligadas à família, foi marcante no momento da escolha profissional.

Sobre esse aspecto, torna-se interessante ressaltar que o ambiente familiar, aquele no qual a pessoa convive, acaba sendo experienciado como ambiente natural, como local que representa familiaridade. Assim, muito próximo à questão da influência de terceiros, outro aspecto apontado pelos entrevistados, quando do momento da escolha profissional, refere-se à ideia de que foi uma escolha natural (1.1.3).

Ao considerar, com base no léxico (Houaiss, 2001), a palavra "natural", tem-se que esta designa algo que se refere à natureza, algo que segue a ordem regular das coisas. Cabe apontar, portanto, que a escolha da medicina foi indicada como natural, na medida em que os participantes estavam inseridos em um contexto do qual a medicina fazia parte.

> "Eu sempre quis ser médico. **Foi uma coisa muito natural na minha vida.** O meu pai é médico, mas nunca me influenciou em absolutamente nada... **Foi uma escolha natural.** (...) Eu sempre quis ser médico" (Caio).
>
> "Complexa a pergunta. (...) Eu cresci no ambiente hospitalar... eu não tinha dúvida, com uma outra profissão... **foi uma escolha natural,** já desde pequeno" (Luiz).

Essa proposição, sobre ser uma escolha natural, vai ao encontro dos dados de uma pesquisa realizada no México (Fajardo-Dolci *et al.*, 1995), a qual aponta que, dos estudantes que tinham familiares na área da saúde, mais da metade deles era de médicos, o que corrobora essa questão, de que a escolha foi natural, seguiu a ordem das coisas, no caso, a ordem daquilo que era familiar.

Esse dado pode ser contextualizado, nesta pesquisa, no exemplo de uma profissional, que, quando questionada sobre a existência de outros médicos na família, responde: "Da área da saúde, muitos; da área da medicina, três" (Deise). A resposta dada pela entrevistada reforça a ideia de uma escolha natural e a presença de familiares atuando na área da saúde.

As entrevistas revelaram, ainda, que, entre as razões apontadas para a escolha do curso de medicina, pode estar presente a busca pela autonomia (1.1.4). Nesse sentido, há que se considerar que a medicina é uma profissão que possibilita ao profissional ser autônomo, uma vez que a modalidade clínica pode ser exercida em consultório ou clínica privada.

> "Um dos motivos pelos quais eu escolhi medicina, que eu achava, e só fui comprovar isso depois... **Eu achava que um médico é um cara que ainda é dono do seu nariz não totalmente dono do seu nariz,** mas uma boa parte do seu nariz ainda pertence a ele. Então você está numa estrutura, em que **dificilmente alguém vai vir mandar em você.** Faz isso, faz aquilo. Isso não tem. Muito pelo contrário, você está ali, você dá as respostas. Como eu falei antes, **você é a peça da engrenagem que faz o resto funcionar...**" (Jonas).

A afirmação do entrevistado reflete uma das questões pouco apontadas durante esta pesquisa e que, conforme Hoirisch (2006), é um dos pontos menos abordados e discutidos, mas que pode estar bastante presente entre os motivos de querer ser médico: a busca pelo poder. Isso pode ser percebido no depoimento transcrito, quando o profissional relata que dificilmente alguém vai mandar nele, ou, ainda, quando enfatiza que o médico é a peça principal que faz a estrutura funcionar.

Esse depoimento revela uma questão pertinente na área da saúde e muito discutida atualmente por meio da Lei do Ato Médico[3]. Essa

[3] Lei nº 7703/ 2006, que tramita no Congresso Nacional – Brasil, e que quer instituir a prepon-

lei sustenta a ideia de que a responsabilidade pelas ações de saúde são exclusivas do médico, outorgando-lhe uma posição hierárquica diferenciada perante os outros profissionais da saúde. O que não se discute, comumente, é que, ao instituir-se essa posição diferenciada, e quando os cursos de medicina incentivam a adoção de uma postura dotada de certa onipotência, incute-se no médico a ideia de que ele é um "salvador" (Ramos-Cerqueira & Lima, 2002; Grosseman & Patrício, 2004b). Essa ideia fica bastante clara quando o participante salienta, no depoimento anterior, que ele é "a peça da engrenagem que faz o resto funcionar". De certo modo, isso colabora para o aumento do sentimento de responsabilidade e de cobrança, tanto dele próprio como das pessoas, na tentativa de responder a esse papel. Portanto, a responsabilidade torna-se difícil de escoar, afastando-se, também, a perspectiva de um trabalho interdisciplinar, que teria, como um dos seus objetivos, equalizar a responsabilidade do atendimento nas áreas da saúde.

Há que se considerar, ademais, que, conforme Meleiro (2005), existem razões inconscientes que permeiam a escolha profissional. Essas razões, muitas vezes, não são enunciadas, até mesmo porque o profissional não estabelece nenhuma relação com esse fato e/ou não se dá conta delas. Sobre esses elementos, cabe ressaltar que, no período de observações, alguns profissionais referiram a perda de familiares próximos por motivo de doença e, por "coincidência", câncer, especialidade na qual vieram a se especializar. Assim, entende-se que as razões da escolha profissional estão calcadas na experiência de vida de cada sujeito e ganham substrato nas suas vivências individuais.

Opção pela oncologia

A subcategoria a ser apresentada faz referência aos fatores que motivaram a escolha da especialidade médica e às influências ligadas à experiência de vida que levaram o profissional a optar pela oncologia. A escolha da especialidade, assim como a opção pela medicina, ocorre de maneira multideterminada. A diferença é que, nesse momento, o

derância do médico na chefia e liderança das equipes de saúde, sendo o diagnóstico de qualquer doença responsabilidade única dele.

indivíduo já tem certa experiência em algumas áreas da medicina, ou, pelo menos, algum conhecimento sobre as mais diferentes modalidades de atuação do médico.

A maior ou menor afinidade com alguma dessas áreas (1.2.1), assim como o êxito em algum trabalho ou prova específica, parece ter sido um dos elementos que favoreceram a escolha da especialidade. De certo modo, é como se isso confirmasse a aptidão para atuar em determinada área médica.

> "Continuando o desafio (risos). Na verdade, foram duas coisas que convergiram: eu gostava muito da parte de ginecologia, **mas eu não gosto da parte cirúrgica.** Então, eu tinha muita vontade de fazer a área da fisiologia pra fazer a parte de dor, mas, como eu não gostava de cirurgia, também era difícil. Então, dentro **da oncologia, eu encontrei alguma coisa que convergia, eu podia fazer uma parte de ginecologia, que tanto que até hoje eu gosto muito da parte de mama, e essa parte do tratamento suportivo, que é extremamente importante para qualidade de vida dos pacientes**" (Alice).
>
> "(...) O câncer sempre me perseguiu na faculdade, desde que eu comecei a estudar medicina. (...) **E eu sempre gostei da clínica, e eu sempre achava que iria escolher a profissão relacionada à clínica, e não relacionada à cirurgia**" (Tales).

Nos exemplos selecionados, evidencia-se que a escolha dessa especialidade envolveu a avaliação das disciplinas e áreas preferidas, bem como aquelas consideradas mais aversivas. Percebe-se que a opção pela oncologia afirma-se em detrimento daquelas que eram desconsideradas/preteridas. Isso vai ao encontro do que propõe Meleiro (2005), quando ressalta que a seleção da especialidade médica nem sempre se caracteriza por uma escolha ativa, mas por um evitar passivo, um evitar, diante das especialidades, as consideradas estressantes ou geradoras de ansiedade.

A influência de terceiros (1.2.2), motivada por professores, pessoas próximas, ou também por convites de trabalho, apresentou-se como um importante fator na decisão e escolha da especialidade, principalmente entre os profissionais com mais de vinte anos de prática.

> "**Fui convidada.** (...) Houve a apresentação de um caso clínico num anfiteatro onde tinha quase quinhentos alunos. Era um caso clínico que ninguém conseguia resolver. E eu quase no final apresentei o diagnóstico. (...) **E, no final da apresentação, ele me convidou para trabalhar com ele**[4]" (Deise).
> "Por acaso (risos). (...) Eu apresentei um trabalho sobre o câncer... **ele veio me convidar pra fazer a prova pra oncologia clínica... Quando eu passei, eu fui tão bem recebida. (...) Eu acabei ficando**" (Cleusa).
> "Oncologia, basicamente por uma necessidade. Não existia na época oncologista nessa cidade... fui fazer um trabalho assim com ele, de acompanhar, de aprender medicina, no caso... **E me liguei muito, assim, afetivamente a ele, e comecei a me interessar pela oncologia**" (Celso).

Ao considerar que a residência médica, como modalidade de ensino, foi regulamentada apenas em 1977 (Decreto 80.281/77), pode-se sugerir que a oncologia, há vinte ou trinta anos, não era tão difundida, diferentemente dos dias atuais. E, acrescido a esse fato, há que se lembrar que a oncologia, como especialidade médica, é bastante recente (Silva & Arregi, 2005) e que, ainda hoje, ela não consta em muitos currículos do curso de medicina, conforme apontado pelos entrevistados.

Outro aspecto que merece destaque, quando do período de observação de campo, é a evidência de que a oncologia, entendida como os profissionais que fazem esse trabalho e atuam na área, parece autosselecionar, ou escolher, no sentido de buscar cativar as pessoas que por ela se interessam, como se fosse algo institucionalizado. Nesses termos, durante todo o processo de observação e das entrevistas, a pesquisadora foi questionada sobre o seu interesse na área, ao mesmo tempo que alguns participantes pareciam testá-la quanto à sua

[4] O pronome "ele", nos depoimentos apresentados nesta categoria, faz referência a um médico, mais antigo, que trabalhava na instituição.

capacidade para lidar com o assunto. Ao refletir sobre essa hipótese, torna-se mais fácil compreender as respostas dos entrevistados que se disseram cativados, ou que foram convidados por profissionais mais antigos, uma vez que estes parecem agir de modo semelhante adiante da pesquisadora.

Ainda sobre a influência de terceiros, Meleiro (2005) complementa os dados obtidos, ao explicitar que, algumas vezes, os profissionais deixam-se influenciar por professores, por perspectivas de trabalhos científicos, propostas de trabalho, possibilidade de serem incluídos em alguma equipe de saúde e/ou promessas de ascensão financeira, fatores que se refletem na opção pela especialidade.

Outro motivo apontado para a escolha da oncologia alude ao aspecto desafiador (1.2.3), por ser uma ciência nova que está se desenvolvendo, do ponto de vista tecnológico, do mercado de trabalho e enquanto área de atuação.

> "**Me atraía porque tava com muito avanço, muita tecnologia nova, muito medicamento...** Eu achei que pudesse ter um bom futuro, **do ponto de vista do mercado de trabalho e da especialidade em si.** (...) Mas foi no meu último ano de faculdade que eu decidi" (Luiz).
>
> "Porque na época que eu fiz, **a oncologia era uma especialidade nova, considerava isso um desafio.** Era **uma área a ser desbravada e tinha muita coisa ainda para se fazer em termos de progresso** nessa área. **Cheguei a uma oportunidade de desbravamento, de ser pioneiro em alguma coisa**" (Zeno).

Os depoimentos apontaram que a escolha da especialidade encontra-se relacionada à possibilidade de desbravamento em função de ser a oncologia uma área nova e com significativo avanço tecnológico. Esses dados vão ao encontro do que propõem Soria *et al.* (2006). Os autores referem que, entre os motivos da escolha da medicina, encontram-se razões relacionadas aos desafios próprios da área médica, o que denominaram razões intelectuais, por ser uma área estimulante e desafiadora no aspecto científico.

Por fim, o último elemento de análise dessa subcategoria aponta para o pouco conhecimento da oncologia, como especialidade, no momento da escolha. Os entrevistados parecem apresentar noções muito gerais sobre oncologia (1.2.4), inclusive citando algumas idealizações, que talvez não correspondam à prática oncológica.

> "Olha, **eu não sei te dizer um fator, assim, determinante,** sabe. Eu hoje, ainda hoje, tantos anos depois, eu não sei dizer um fator, assim, determinante, sabe. (...) No curso mesmo, nem me passou pela cabeça... (...) Aí, eu comecei a pensar na ideia... quando eu tava, mais assim, pensei '**ah é uma especialidade diferente, são poucos profissionais**', em certo sentido, utilitarista. (...) Fui me informar como eu faria para fazer oncologia. **Eu achei bem interessante**" (Jonas).

O entrevistado, no depoimento que segue, reflete sobre esse momento, afirmando que, quando da opção pela especialidade, esta foi um tanto precoce, e completa que, quando as pessoas escolhem, não têm real clareza daquilo que será a prática profissional.

> **"Então eu acho que, infelizmente, e eu te digo até por experiência própria, já que eu escolhi oncologia de uma forma assim tão leviana – dá para se dizer**. Eu acho que os médicos, quando escolhem a especialidade, **eles não sabem muito bem o que vai ser**. E é uma pena! **Porque, talvez pessoas certas não estejam trabalhando nessa área, quando elas poderiam estar. E, algumas pessoas, que não deveriam, estão**. Mas agora, o mal tá feito! A decisão tá tomada! Voltar no tempo vai estar marcando tempo, não dá! **Então, a gente deveria ter uma condição de saber o que é oncologia mesmo. O que você vai lidar. E aí, no final do curso de medicina, você iria respirar fundo, ou depois de uma residência de clínica médica, também uma segunda chance de optar. Você poderia dizer assim, 'ahm, isso não é pra mim, né, vou fazer outra coisa', ou então assim, 'olha, eu achei isso muito bacana, muito legal, me sinto capaz, eu vou conseguir superar, o que eu acho de obstáculos e vou seguir em frente'.** Mas isso não acontece. E agora? Né! Como você vai saber que você está preparado?" (Jonas).

Acrescido a esses dados, constata-se o pouco conhecimento a respeito da especialidade. O profissional parece ter consciência de que esta, em algumas vezes, não ocorre baseada em ideias reais sobre a prática da oncologia. A esse respeito, Meleiro (2005) aponta que o tempo insuficiente para refletir sobre o que deseja pode levar a escolhas impensadas, que não consideram as capacidades individuais para lidar com o que a especialidade lhe reserva.

O depoimento na sequência aponta para o fato de que, talvez, o pouco conhecimento sobre o cotidiano dessa especialidade tenha favorecido algumas idealizações no momento da escolha, que podem não condizer com a realidade da prática oncológica.

> "Assim, a oncologia também foi uma situação, quase assim, eu nunca tinha pensado muito (...) eu não estava pensando em fazer oncologia. Na medicina a gente muda muito. (...) Assim, **sempre tive vontade de poder oferecer uma cura, seja em qualquer área.** (...) Comecei a investigar qual era a especialidade que precisava na minha cidade (...) era mais perto o curso de oncologia (...) e aqui estou" (Rita).

O trecho grifado no depoimento apresenta certa incongruência com a prática oncológica, uma vez que os próprios médicos afirmam que, muito provavelmente, a metade dos pacientes está fora da possibilidade de cura e/ou tratamento completo de remissão da doença. Nesse sentido, os resultados vão ao encontro dos achados de Fajardo-Dolci *et al.* (1995), Grosseman e Patrício (2004a), Azevedo *et al.* (2005), pois os motivos apontados como razões para a escolha nem sempre se concretizam na prática e no exercício da medicina. Conforme Meleiro (2005), diante das expectativas não alcançadas, muitos irão se decepcionar mais tarde.

As escolhas, tanto da medicina como da especialidade em oncologia, baseiam-se em diversos fatores, desde preferências, gosto e aptidão individual de cada um, passando por influências de terceiros, perspectivas de trabalho, bem como expectativas, que podem ou não ser alcançadas na prática profissional. O interessante é que todos esses itens, inclusive os não apontados e talvez inconscientes, repercutem na prática da oncologia, nos sentimentos e no modo como o profissional interage, cotidianamente, com este fazer.

Sobre esses sentimentos e emoções, compartilha-se com alguns autores (Pitta, 2003; Nogueira-Martins, 2003; Campos, 2005; Carvalho, 2006), segundo os quais o constante contato com pessoas doentes e as emoções a que os profissionais estão expostos diante de situações que envolvem doença, risco de vida, dor e morte configuram-se elementos importantes a serem considerados quando se trabalha com profissionais de saúde. Isso acontece especialmente quando se pretende conhecer as estratégias de enfrentamento psicológico, uma vez que estas se organizam, também, em função da sobrecarga emocional a que os profissionais estão expostos. Assim, a subcategoria seguinte discorre sobre os sentimentos que compõem as vivências dos entrevistados.

Sentimentos associados ao contexto

A subcategoria em questão congrega os sentimentos, ou seja, o que os profissionais sentem, bem como as emoções, que muito próximas dos sentimentos, são comoções e abalos afetivos que são vivenciados e que os oncologistas clínicos referem diante de situações da prática clínica e ao contexto em que estão inseridos. Leia-se contexto: os pacientes, a instituição e o sistema de saúde em que esta se desenvolve.

Ao iniciar a exposição dos dados encontrados nessa subcategoria, no que diz respeito aos sentimentos, partilha-se com Nogueira-Martins (2003) que a tarefa médica expõe os profissionais a conteúdos emocionais decorrentes do contato próximo com o adoecer. Dessa maneira, para responder às perguntas que focalizavam sentimentos e emoções, cabe colocar que os profissionais necessitaram reportar-se a situações específicas para discernir a resposta.

> Então, muitas vezes, a gente, assim, tem uma emoção, assim, como eu vou te explicar, é um sentimento, **não é só de tristeza.**

Também é um pouquinho de revolta, de tu não ter uma coisa melhor para oferecer. De não ter um tratamento de cura. Porque é diferente. A oncologia, excetuando-se alguns tipos de câncer que conseguimos curar e que nos dão realmente muito prazer, entre aspas, no sentido de voltamos a ver o paciente realmente bem. Depois não é como outra especialidade, de tu dizer, bom, eu dou um medicamento, tá vai melhorar e não vai mais se incomodar com isso. **Então não é igual, e aí dá um pouquinho de revolta, da tristeza por ter perdido um paciente.** Por outro lado, a gente tem que saber, claro, evidentemente não podemos deixar que isso invada a nossa vida pessoal, todo dia. Porque eu não vou estar sentindo, entende?! Toda essa tristeza diariamente, porque aí eu termino com a minha vida. Então, por isso, aquele limite que eu te contava" (Rita).

Percebe-se que esses conteúdos emocionais suscitam sentimentos e emoções que, em algumas vezes, quando detectados a tempo, são controlados, na tentativa de não serem externalizados, exercício que parece ser frequente, conforme pode ser observado no processo da pesquisa. Por outro lado, em algumas situações, esses conteúdos assolam de tal modo, que o profissional parece nem percebê-los, sendo incapaz de evitá-los ou de encontrar um modo de expressão adequado. Para ilustrar como os sentimentos são despertados, selecionaram-se duas descrições do diário de campo[5] que evidenciam a presença de sentimentos mobilizadores, tanto do paciente e do médico, como da pesquisadora.

"O paciente com determinado tipo de câncer entra na sala, trazendo muitos exames. O mesmo nem se acha em tantos papéis que trouxe (fato já observado com outros pacientes). O médico inicia o atendimento e começa a investigar. Percebe que o paciente fez uma cirurgia dois anos antes, em uma localidade do interior. Sem

[5] Todos os trechos selecionados, advindos do diário de campo ou dos Registros do Pesquisador, quando transcritos para este documento, tiveram o sexo dos participantes e a sua identificação omitidos, por questões e cuidados éticos, assim como a data específica da observação, pois o objetivo não era avaliar condutas individuais, mas captar a totalidade das ações desses profissionais.

perguntar nada, ou fazer algum comentário, o profissional fala para o paciente que não entende como ele pôde ter confiado em um médico do interior. E adverte que, quanto maior a cidade, melhor o médico! O paciente explica que pagou particular, numa tentativa de mostrar que fez algo que considerou correto. O profissional, examinando um pouco mais o histórico do paciente, e em conversa com o mesmo, percebe que ele estava aguardando atendimento havia um ano. O médico indaga o porquê de ele ter ficado esperando. O paciente explica que, na cidade dele, no serviço de saúde, faltavam alguns papéis e que tinham dito que era demorado. O profissional assume um tom de bronca e diz para o paciente que ele não poderia ter ficado esperando (cobra dele)... O paciente, pessoa humilde, aparentando pouca escolaridade, diz que não sabia. O oncologista inicia um discurso perguntando em quem ele votou, dizendo que as pessoas têm que cobrar pela saúde, junto aos governantes que elegem. E, ao final, completa dizendo: você deveria ter vindo aqui em julho do ano passado" (Trecho das anotações de campo – Registro de Campo, 2007).

"Fico com um sentimento de pena do paciente. Pois me parece que ele realmente não compreendeu a gravidade do problema. Com relação ao médico oncologista, me parece que o mesmo foi um tanto rude com o paciente, externalizando certa revolta, culpabilizando-o. Parece que em certos momentos o profissional estava muito irritado com a situação, transferindo isso ao paciente, como se a responsabilidade fosse dele. Coloco-me no lugar do paciente e imagino o quanto deve ser difícil entender o que eles (médicos) dizem, até em termos de gravidade, pois o tempo todo se utilizam de termos médicos, algumas vezes até desconhecidos para mim. Por sua vez, entendo a posição do profissional, que parece encontrar-se preso em uma armadilha institucional e do sistema de saúde, que não acolhe seus atores. Nem mesmo disponibiliza algumas condições necessárias para que possam oferecer uma saúde digna às pessoas" (Trecho das anotações de campo – Registros do Pesquisador, 2007).

Os trechos selecionados demonstram o modo como os profissionais são tomados, de maneira sutil, nem percebendo o quanto se mobilizam diante de determinada situação – seja pela gravidade do caso, seja pelo tempo de espera, ou pela humildade com que o paciente aguardou a consulta. Em resposta, acabam por demonstrar sentimentos, de uma forma talvez não adequada, que, por sua vez, podem suscitar implicações na relação médico-paciente.

Cabe ressaltar que essas emoções e sentimentos podem ser reativos/adaptativos, ou seja, configuram-se reações que seriam esperadas, mas que, em função do contexto em que ocorrem, podem ser adaptativas ou desadaptativas (1.3.1). Os trechos selecionados do período de observação exemplificam e demonstram como a exteriorização dessas emoções pode acabar tendo um efeito iatrogênico na relação médico-paciente. Isso, a princípio, parece não ser algo percebido pelo médico no momento de seu atendimento. Nogueira-Martins (2003), a esse respeito, relata que, diante de situações estressantes da prática médica, os profissionais podem apresentar respostas inadequadas e estas podem refletir no trato com os pacientes.

Uma das hipóteses para compreensão dessa não percepção é que, em um curto espaço de tempo, de uma consulta para outra, às vezes em um período de dez minutos, os oncologistas experimentam oscilações: entre emoções positivas, quando de algum êxito alcançado, e emoções negativas, quando diante da não resposta ao tratamento. Assim, os profissionais parecem não se deter no que lhes passa, numa tentativa de evitar essas emoções, conforme proposto pela literatura (Quintana *et al.*, 2004). Sobre tal oscilação de emoções e sentimentos, Kovács (1992) assinala que, em unidades de pacientes com câncer, as emoções que o médico experimenta oscilam entre a sensação de tudo poder e a frustração de nada poder fazer diante da imprevisibilidade dos processos biológicos.

As entrevistas evidenciaram uma gama de emoções e sentimentos que são experimentados na prática do oncologista clínico. Para fins didáticos, optou-se por utilizar a denominação emoção "positiva" e "negativa" (1.3.2), pois assim o fez um dos participantes, como se separasse, atribuindo a elas valoração, as emoções boas e ruins. Entretanto, salienta-se que as emoções consideradas "negativas", muitas vezes, têm importância e apresentam um lado positivo. Nesse sentido, compartilha-se com Carvalho (2006), quando afirma que o profissional não pode negar suas emoções, mas deve estar habilitado a lidar com elas, pois estas se farão presentes ao longo de sua trajetória profissional.

> "Eu acho que são muitas emoções, **emoções positivas e emoções negativas.** Eu acho que todas as emoções. Eu acho que não tem nenhuma forma que eu não tenha sentido. Eu acho que **emoção de alegria, emoção de satisfação, emoção de bem-estar, todas essas emoções podem estar presentes.** Nós exercemos casos leves, médios e gravíssimos, e cada um deles pode despertar alguma forma. E **emoções negativas também. É difícil não ter tristeza, raiva, indignação, revolta, todos esses sentimentos, eu acho que não sobra um**" (Tales).
>
> "Na verdade **eu acho que é um pouco do que a família e o paciente sentem.** Às vezes é... Não é aquele mesmo **desespero**, aquela mesma, mas muito mais a **tristeza, o luto, que a gente sente** que eles deixam transparecer e que... A gente está todo dia, cria esse... Principalmente quando se está mais tempo. (...) Às vezes, a gente vai ver toda a semana, vai ver todo o mês, então cria um vínculo. Não de amizade, mas é um vínculo diferente, mais forte do que um paciente que a gente vê uma vez por ano. **Então fica uma sensação de perda. Não é derrota, entende?! Não é nada assim! Não é ego ferido.** Nada. É uma coisa que... pesada, mesmo. **Dor, dor de tristeza mesmo, assim**" (Luiz).

Percebe-se que as emoções ditas negativas, como o pesar e o luto, são apontadas em função do vínculo que os profissionais estabelecem com os pacientes, uma vez que o acompanhamento médico oncológico exige certa frequência. Isso vai ao encontro dos dados apontado por Ramirez (1995), citado por Nogueira-Martins e Ramalho (2007), quando afirma que os médicos oncologistas clínicos apresentaram maior prevalência de exaustão emocional do que os profissionais dos cuidados paliativos. Exaustão emocional refere-se a uma das dimensões da Síndrome de Burnout, que alude ao esgotamento dos recursos emocionais do indivíduo.

A reflexão que se faz necessária não acena para a não vinculação, ou para a construção de uma barreira emocional, mas para o fato de que se faz imperativo trabalhar os aspectos da personalidade e da subjetividade dos profissionais. Quintana *et al.* (2004) apontam para a fragilidade no que tange à integração dos aspectos profissionais e subjetivos. Carvalho (2006) corrobora o apontado, quando ressalta a necessidade de autoconhecimento, a fim de que os que atuam em saúde possam conhecer os pacientes que mais os mobilizam, sabendo identificar o porquê de alguns os tocarem mais, e outros, menos.

> "**Os positivos... eu gosto quando a gente faz uma coisa e dá certo. A sensação de bem-estar, de dever cumprido, que você ajudou alguém... isso é muito bom, bem bom mesmo.** (...) Os positivos seriam assim, **você saber que conseguiu ajudar uma pessoa que precisava, né? Isso é muito bom, é um sentimento muito bom. Dever cumprido! Fiz minha tarefa, pronto, que bom**" (Jonas).
>
> "Eu sinto que, **às vezes, inexplicavelmente, eu vou muito bem para casa.** Depois do atendimento, depois de sentir que vi coisas pesadas, **mas é que é uma sensação assim de dever cumprido, o prazer de ver alguma coisa realizada, de ter feito, mesmo que seja um pouco, de ter feito alguma coisa.** E, **isso é muito bom e isso é uma coisa positiva que eu levo.** Eu não sinto aqui e vou sentir depois, e **eu considero isso uma emoção muito importante e muito forte, muito gratificante isso**" (Tales).

Entre as emoções e os sentimentos ditos positivos, os profissionais apontam a satisfação de realizar uma tarefa, como a de auxiliar alguém que precisava; a noção de dever cumprido, de que alcançou aquilo para o qual os seus esforços estavam direcionados. Esses dados vão ao encontro de Ramalho e Nogueira-Martins (2007), que, em pesquisa realizada com profissionais da oncologia pediátrica, apontam a necessidade de reconhecimento profissional. Os autores

(Ramalho & Nogueira-Martins, 2007) complementam, utilizando os dados de Rodrigues (1998), que o sentimento de satisfação no trabalho é um importante recurso na proteção com relação aos problemas relacionadas ao estresse.

Um dos elementos que merece destaque, entre os sentimentos apontados e que se configura como item importante desta análise, traz à tona a questão que permeia a formação e a prática médica: a onipotência. Nesse sentido, entre os sentimentos apresentados pelos participantes, alguns trazem a questão da impotência *versus* possibilidades (1.3.3).

> "**Vergonha**, por exemplo, é uma delas. (...) **A vergonha é numa circunstância bem especial. É quando eu chego com o paciente, eu sei que eu não tenho mais o que fazer. O paciente tem demandas. A medicina já não tem mais respostas** (risos) para aquilo. E **eu fico envergonhado de chegar e dizer isso para o paciente e para família dele.** (...) Mas o sentimento que eu tenho mesmo, lá no fundo, no fundo, diante desse paciente é vergonha. **Eu fico envergonhado de não poder ajudar mais aquele cara ali, de sei lá, fazer alguma coisa para que ele não sofra. Eu fico envergonhado,** mas eu acho que a **vergonha é diante de mim mesmo,** da minha própria cobrança. Mas isso aí é um sentimento muito frequente, né?" (Jonas).
>
> "Então, **eu acho que uma das coisas que às vezes me frustra é justamente eu fazer alguma coisa, e a reposta não ser aquela que eu esperava.** (...) Então, assim... **a pior sensação que tem para mim é uma sensação de impotência. De que eu estou limitada que, talvez, eu não vou conseguir fazer, exatamente, o que eu acho que é o mais adequado**" (Alice).
>
> "Às vezes, **essa sensação de que a gente não está fazendo nada, essa cobrança,** até por alguns problemas de comunicação que cercam esta especialidade. Isso às vezes me angustia muito. E, muitas vezes, assim, **a gente acha que um caso que tem tudo para dar certo e dá tudo errado. Isso num primeiro momento te choca, apesar de tantos anos de prática, que eu tenho**" (Leda).

Os exemplos selecionados apontam a vergonha e a frustração que o profissional experimenta diante de situações em que não tem uma resposta, um recurso terapêutico para ser oferecido, ou diante de uma tentativa que não apresentou os resultados esperados. Nessas ocasiões, o profissional parece corporificar a visão que tinha quando do início da profissão médica, mas ainda muito presente no imaginário das pessoas e dos próprios médicos, de que eles são dotados de poderes místicos que lhes outorgam a possibilidade de curar o corpo e tratar as almas (Grosseman & Patrício, 2004b), senhores da vida e da morte (Kóvacs, 1992).

Diante da cobrança pessoal, na tentativa de dar solução às questões que se apresentam e ao corporificar essa ideia de salvador, o profissional pode referir sentimentos de irritação frente às limitações cotidianas:

> "A outra é **irritação**. Assim... eu sei que lidar com os pacientes oncológicos exige também que você lide com a família. (...) Só que, assim, tem um certo limite, entendeu? Que eu acho, para a invasão da família, para a cobrança, para a exigência, para o questionamento, para curiosidade. **Quando aquilo se torna excessivo, entendeu... aí eu me sinto bastante incomodado. Bastante mesmo. (...) Então, aquela mesma sensação de abuso, entendeu?** Você vai falar com o paciente... fala com o acompanhante uma, duas, três, quatro, dez vezes... assim, 'Doutor, o caso do meu marido é grave?'. Aí eu tenho que fazer: 'Ai, é grave sim, senhora, é muito grave'. Pela milésima vez. **Isso aí irrita. (...) Eu tenho que expressar paciência, não que eu a tenha.** Mas, faz parte do meu show, vamos dizer assim" (Jonas).

Ao assumir esse papel, do lugar de alguém que sabe e possui as respostas, o médico também passa, em contrapartida, a ser mais cobrado, pois as pessoas também o colocam nesse lugar. Lugar este incentivado, muitas vezes, nos cursos de medicina, assunto que será desenvolvido na subcategoria "Considerações sobre a profissão, a formação médica e o preparo para a prática da oncologia clínica", do capítulo 3, mais adiante. Assim, percebe-se que, em algumas situações, o sentimento de irritação pode refletir-se no trato com o paciente. Comunga-se com Carvalho (2006), de acordo com o qual, essa preparação do profissional exige conhecimento sobre a comunicação, uma vez que, geralmente, as informações que causam mais impacto emocional necessitam de mais tempo para serem elaboradas. E o profissional deve estar disponível para isso e considerar esse fato.

No exemplo anterior, percebe-se que o médico faz um esforço, como ele mesmo diz, para expressar paciência. Entende-se que, ao fazê-lo dessa forma, mobiliza muita energia e recursos psicológicos para agir com mais disponibilidade. Desse modo, aponta-se novamente a necessidade que clama, entre esses profissionais, por apoio e suporte, não apenas para compreender, mas para trabalhar aquilo que o mobiliza.

Interessante ressaltar ainda que, ao assumir o lugar de alguém que detém o poder da cura, em que a reflexão sobre o poder, implícito na relação médico-paciente, não é um aspecto trabalhado com os profissionais, o oncologista acaba tendo um sentimento de responsabilidade para com o paciente. E essa responsabilidade que o profissional sente pode se traduzir em irritação, raiva e, também, em sentimento de pena diante da piora de um paciente.

> "**Sentimento de responsabilidade pelo paciente.** (...) Eu vejo que a grande maioria dos oncologistas sente isso – **pena, impotência** – eu acho que essas duas coisas... **a tristeza, a alegria,** às vezes, nem sempre, mas, algumas vezes, **raiva também.** Algumas vezes, também. Como em toda profissão, né, uma variedade de coisas, mas eu acho que são essas" (Cleusa).
>
> "Às vezes, em relação aos pacientes, a gente poderia colocar aqueles pacientes mais antigos, que você já conhece há mais tempo. Que você já desenvolveu uma relação médico-paciente muito mais aprofundada e **você acaba nutrindo certo carinho, simpatia pelo paciente.** E, quando esses pacientes têm uma piora da sua doença ou têm uma recidiva da sua doença, **você se sente penalizado também**" (Moisés).

Esses dados também vão ao encontro de Esslinger (2004), que ressalta estarem sentimentos de fracasso, raiva, impotência e frustração presentes em situações em que os profissionais de saúde se colocam como combatentes da doença e da morte. Para finalizar a discussão sobre esse elemento de análise, dos sentimentos e emoções relacionados à impotência *versus* possibilidade, destaca-se um depoimento que talvez explicite a essência do que foi apresentado, haja vista que esses sentimentos são vivenciados em função de um papel que o profissional médico ocupa. Papel este que tanto lhe foi ensinado como, em alguns casos, acaba sendo-lhe imposto pelos pacientes.

> "**Eu sinto e imagino que todos os outros sintam também.** Aí, **o que eu não sei o quanto isso é satisfação ou o quanto isso é peso?** (...) Quando era mais novo, **no começo, isso me dava muita satisfação** – ter poder sobre os outros – não muita satisfação. Mas **eu tinha certa vaidade sobre isso.** Só que não é uma satisfação, porque eu não tinha uma satisfação agradável sobre o sofrimento alheio. **Mas acho que era questão de vaidade. De fazer parte desse grupo de pessoas, tão pequeno, porque os oncologistas são muito poucos que detêm esse poder tremendo nas mãos.** Tem uma certa vaidade. Depois, isso foi muito rápido, depois, **eu vejo que isso é cada vez mais um fardo, que você tem que conviver.** (...) E, também, depois de centenas de atestados de óbitos, depois de centenas de reuniões com as famílias. (...) Depois de centenas de conversas com o pai, o filho, o irmão, esposa, marido, dizendo que o sujeito está piorando, e no dia seguinte que tá piorando, e depois que tá piorando. **Isso aí vai te criando uma outra sensação, que vai substituindo completamente aquela tua vaidade. Que eu acho que é uma coisa muito mais real, e isso vira um peso realmente. Isso é um poder e é um peso. É como eu me sinto**" (Jonas).

Esse último depoimento retrata a sedução que esse papel – o de alguém que possui poderes sobre a vida e a morte (Ramos-Cerqueira & Lima, 2002) – exerce sobre o profissional. No entanto, percebe-se que este deve estar preparado para lidar com essa idealização, tendo em conta que ela configura-se um fardo para o profissional, mas que só será percebido como tal depois de algumas experiências insatisfatórias em relação a isso. Pode-se dizer que, no início da profissão, o oncologista, ao identificar-se com esse papel, busca fazer jus a ele, mas que, diante das situações em que isso não se concretiza, percebe a dificuldade em manter-se nesse lugar.

Talvez esse depoimento reflita o âmago do exercício dos profissionais, tanto que parece ser algo interdito, proibido ou pouco comentado. Até porque, ao destacar essa sensação de poder, talvez responda mais a uma questão de vaidade, trazendo à tona características conflitantes, como aquelas atribuídas ao médico: altruísmo, beneficência e devoção ao próximo.

Diante do exposto, percebe-se que o oncologista clínico depara-se com diversas situações que lhe despertam os mais variados sentimentos. Muitas vezes, estes são geradores de estresse, instabilidade emocional, tensão e angústia. Cabe salientar que esses sentimentos variam de pessoa para pessoa, pois aquilo que toca um e que o faz sofrer pode ser diferente para o outro, justamente porque cada um tem sua história de vida.

2

A TRAJETÓRIA PROFISSIONAL SOB A ÓTICA DA HISTÓRIA DE VIDA

Entende-se que trabalhar em ambientes relacionados à área da saúde exige habilidades específicas, capacidade para lidar com o sofrimento alheio e, também, consciência de que a resposta à doença nem sempre se encontra acessível aos profissionais. Para os oncologistas, lidar com uma doença que, por natureza, apresenta comportamento e evolução instáveis, por si só, os coloca diante do inesperado, do imprevisível.

Nesse contexto, percebe-se um grande envolvimento dos profissionais com o seu trabalho, especialmente por estarem lidando com questões de vida e morte. Esse comprometimento, algumas vezes denominado vocação, no sentido de um "chamamento divino", passa a constituir modos de ser, que repercutem tanto no espaço da profissão como no espaço privado.

Essa complexa interconexão entre o espaço da profissão e o espaço privado é analisada neste capítulo, que leva o nome da segunda categoria de análise, denominada "A trajetória profissional sob a ótica da história de vida", pois discute e apresenta a influência da história pessoal e trajetória de vida na leitura que os profissionais fazem a respeito de sua atividade profissional e as implicações da profissão sobre a vida privada (Figura 3).

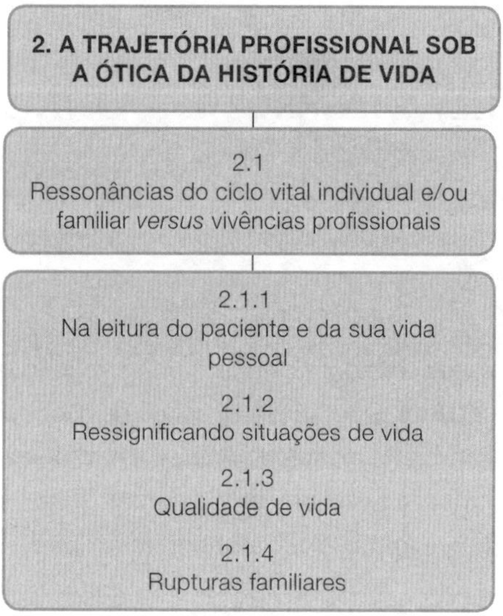

Figura 3 Esquema ilustrativo da categoria, subcategoria(s) e elemento(s) de análise.

Ressonâncias do ciclo vital individual e/ou familiar *versus* vivências profissionais

A subcategoria em questão agrupa concepções pessoais, que são fruto da repercussão da prática profissional sobre o ciclo de vida individual e/ou familiar, e vice-versa. Sobre "ressoar", tem-se que o termo refere-se ao ato de "ecoar, repercutir, propagar algo". Desse modo, entende-se que tal movimento pode se dar nos dois sentidos: tanto a vida pessoal pode ter ressonâncias na esfera profissional quanto a prática da oncologia pode repercutir na vida privada. O depoimento a seguir demonstra como a relação médico-paciente e a prática da medicina não estão isentas dessas ressonâncias:

> "**Talvez algumas situações que os pacientes apresentem eu me identifique com algumas situações que eu também passei na vida,** muitos anos atrás, entendeu? **Tem uma certa identificação**

pessoal com aquele pequeno detalhe ali, e aquilo ali chama minha atenção, aí concentra, entendeu? **E aquela concentração me puxa mais pro lado daquele paciente ali**" (Jonas).

Assim, compartilha-se com Goldner (1985) citado por McGoldrick (1995), no sentido de que não se pode ignorar a complexa interpenetração da vida privada, entendida como vida pessoal e familiar, e a esfera do trabalho. A dicotomização dessas esferas como duas instâncias distintas é uma ficção do século XIX. A ideia de que a família e o ambiente privado configuram-se um refúgio do chamado "mundo do trabalho" ignora e acaba por negar a implicação de um âmbito no outro. Além disso, institui a noção de que a pessoa pode ser diferente nos dois ambientes, como se ela não fosse sempre a mesma, na sua totalidade, apesar de agir ou demonstrar atitudes distintas.

O próximo exemplo selecionado apresenta o quanto esses dois universos, o da família e o do trabalho, estão imbricados. Percebe-se, ainda, o ritmo que a profissão imprime na vida do profissional, sendo que, mesmo quando está no ambiente que seria o refúgio (ou seja, sua vida privada), o médico sente que o trabalho está presente.

"Eu acho que o meu dia a dia, às vezes, é meio maluco (risos). **Eu acho que eu vivo uma pressão, sob uma pressão muito grande.** Eu não minto, não. Eu gosto! **Mas, é realmente sob pressão. Se eu comparar com outras pessoas da minha idade, até de outras profissões, ou até da mesma profissão... Realmente, ela exige muito de mim, é muita ginástica para você ter uma vida legal.** (...) Você atender uma tarde inteira de consulta, uma manhã inteira de consulta, atender muito telefonema, precisa ter uma... **Saber que, se você vai viajar para fora, o que for, o teu telefone vai tocar...** Então esse ponto de vista, isso é proporcional" (Caio).

O primeiro elemento de análise a ser apresentado ilustra justamente o quanto a fase do ciclo vital familiar em que o indivíduo se encontra e o seu ciclo de desenvolvimento individual interferem na leitura que os oncologistas fazem sobre o paciente e, por outro lado, no modo como eles se relacionam consigo mesmos (2.1.1). Afinal, conforme será demonstrado, a maneira como o profissional percebe a sua prática, direcionando maior ou menor atenção a determinados casos, inclusive o que mais o mobiliza, relaciona-se com a sua experiência de vida pessoal.

> "**Mas eu acho que um drama maior é o paciente jovem quando tem filhos pequenos, criança pequena.** A repercussão disso é muito grande, a gente percebe que o paciente tem um problema maior do que ele realmente é, porque existe a preocupação da falta do paciente perante os filhos. **Pacientes com filhos pequenos... eu sinto que isso é um drama muito grande e sinto isso, e sinto que toca muito em mim também, pelo fato de eu ter um filho.** (...) Então eu acho que esse drama é muito maior, muito maior e, **de alguma forma, isso chega até mim**" (Tales).
> "E eu acho que a maioria dos oncologistas que estão na minha faixa de idade... **A gente começa a ver que os pacientes começam a ter a idade da gente.** Então, a gente começa muitas vezes a colocar isso assim: **pô, poderia ser comigo, como tu vai lidar, como eu lidaria com família...** Assim, no meu caso, assim, **principalmente quando tem filhos pequenos... então são situações que acabam me deixando mais abalada**" (Alice).

Os depoimentos demonstram a mobilização emocional diante dos pacientes que possuem filhos pequenos. É interessante ressaltar que os profissionais em questão encontram-se na mesma etapa evolutiva que alguns de seus pacientes, ao que Carter e McGoldrick (1995) denominaram Estágio do Ciclo Vital da Família com Filhos Pequenos. Dessa maneira, não há como deixar de apontar o modo como esse tipo de paciente vai ser observado, olhado, e a diferença na relação que vai se estabelecer com o profissional diante desses casos, diferente da relação com uma pessoa em estado tardio da vida, por exemplo.

Além disso, no que tange à influência na leitura e à abordagem que o médico tem com o paciente em determinada faixa etária e ciclo evolutivo, cabe ressaltar que as questões pessoais do oncologista, como a fase do desenvolvimento individual em que se encontra, trazem interferências no modo como o profissional lida com a sua saúde, no seu autocuidado e na sua vida pessoal, como pode ser observado no trecho do diário de campo:

> "Ao final de um dia de atendimento, o profissional comenta comigo que, na semana passada, havia ido ao seu médico particular para realizar consultas de rotina, do tipo *check-up*. E salienta que, junto, estava levando a solicitação de alguns exames, que julgava necessário serem feitos. Me fala, então, que o seu médico perguntou o que era aquilo tudo, referindo-se às solicitações. O profissional me coloca que, diante da sua prática clínica, percebe que, muitas vezes, pessoas que são consideradas fora da idade de risco, idade na qual não se solicitariam esses exames de rotina, apresentam câncer. Diante disso, o mesmo me justificou o motivo pelo qual fazia isso, e disse que, em resposta à pergunta de seu médico, disse a mesma coisa, acrescentando: eu vejo isso acontecer todo dia, prefiro me resguardar" (Trechos das anotações do Registro de Campo, 2007).

Outro elemento que se fez bastante presente na fala de quase todos os profissionais alude às ressignificações que eles fazem das situações da vida (2.1.2), devido ao contato com o tipo de paciente que atendem. A exposição a pacientes portadores de uma doença considerada grave, o câncer, assim como situações de dor e morte, em que a capacidade dos pacientes se encontra limitada devido à patologia, repercute em uma valorização na vida dos oncologistas:

> "**A oncologia me ensinou a curtir meu dia a dia, nas pequenas coisas.** E isso, como eu estava te falando, isso eu devo talvez a essas emoções que a gente sente de lidar com esses pacientes que vê que têm uma vida com limite, né? Que sabem que, em algum momento, a gente sabe que eles vão morrer em algum momento. E **eu passo para eles isso aí, mas eles me ensinaram isso. Antigamente, eu era uma pessoa assim, de repente, aí que queria tudo perfeito, de repente, até dentro de casa.** (...) Hoje saio e deixo para arrumar depois, e se não arrumo, não

importa. Entende? **Então uma postura que a minha profissão, os meus pacientes, talvez me ensinaram.** Hoje eu não deixo de curtir. (...) E curto desde o café da manhã" (Rita).

"**Então, isso para mim é uma grandeza muito grande, e são coisas que talvez eu não tinha antes, de saber o quanto é bom o normal.** Importante o normal. Tem gente que não sabe que tomar água é uma coisa normal, nem valoriza isso. Eu sei o quanto é difícil isso. Porque eu vejo os pacientes com essa dificuldade, de tudo, de comer, de fazer as coisas mais simples e mais básicas. **Então, isso é uma avaliação que eu tenho, é um aprendizado, um fato positivo que eu aprendi na oncologia, de valorizar as coisas simples e boas da vida, que aparentemente, para qualquer um é uma coisa básica.** Então, eu vejo que o básico é bom, é bom ter o básico. Assim, muita gente, que reclama da rotina, que sua vida, que sua vida é uma rotina. É sem graça. Mas eu vejo como isso é bom. Muita gente não tem isso. Para muita gente, a rotina hoje é fazer cirurgia, fazer quimioterapia, radioterapia. A rotina é outra para muita gente. E são coisas muito simples, coisas muito simples. **Eu, hoje, não tenho necessidade, para ter prazer, de fazer uma coisa altamente complexa. Hoje as coisinhas simples me dão prazer. (...) Eu acho que eu aprendi isso na convivência, no dia a dia com os pacientes. Não sei se com a idade isso foi acontecendo, ou com a prática médica ou com a prática da oncologia.** Só sei que o fato é esse" (Tales).

Apesar de a prática oncológica apontar para uma ressignificação diante dos fatos e experiências cotidianas, percebe-se que ela traz importantes mudanças em termos da qualidade de vida dos profissionais (2.1.3). Paradoxalmente a essa filosofia de vida, de viver o hoje e aproveitar cada simples momento, sem preocupar-se com pequenas coisas, encontram-se intrínsecas preocupações com a prática, com o atendimento dos pacientes. Preocupações estas que refletem na vida dos oncologistas, traduzindo-se em apatia, dificuldades para dormir ou relaxar e problemas de saúde.

"**É muito difícil, porque é difícil de explicar.** É uma situação assim, de sofrimento também. Eu sempre digo que o câncer é uma doença... **deixa o médico numa situação, assim de estresse, a família do paciente, o próprio paciente e a família do médico. Porque eles também participam disso, quer queira quer não, você comenta isso, que está acontecendo um problema no seu dia a dia.** (...) Só que às vezes, **às vezes, é muito difícil você separar a sua atividade profissional da sua atividade, não da sua outra atividade, por exemplo, social no caso, de convivência com outras pessoas.** Às vezes, essas situações que você vive no dia a dia do teu consultório refletem no outro círculo, vamos dizer assim, que você frequenta... **Reflete assim numa maneira de pouca alegria, quando você está envolvido com outras pessoas, num outro ambiente... Você fica sempre com aquilo na cabeça, mesmo em férias.** Mas isso eu acho que não é uma coisa tão incomum, porque tinha um artigo antigo de um professor de medicina, que ele dizia que quem consegue se desligar totalmente é porque nunca esteve ligado. Então, é muito difícil dissociar isso. **Medicina envolve sofrimento, também, para o médico**" (Celso).

"**Desde o início da profissão, se eu não tomar o indutor do sono, eu fico a noite inteira acordada,** posso dormir uma hora, meia hora, acordo, durmo mais meia hora, fico duas horas acordada, e assim vai. **E o tempo inteiro eu fico pensando, realmente, em situações que aconteceram, então eu tomo sempre indutor do sono**" (Cleusa).

"**Meu sono é meio ruim** (risos). **Eu durmo pouco**. Durmo tarde e acordo cedo (risos). Eu durmo pouco, **porque eu não preciso dormir muito,** na verdade. Eu sou um cara meio ativão, assim..." (Caio).

"**Fiquei hipertensa... eu tomo medicamento... há uns três anos**" (Deise).

Alguns desses problemas, ocasionados não somente pela prática profissional, mas também decorrentes dela, aludem a sintomas de estresse. Nesse mesmo sentido, Bevenides-Pereira (2002) aponta que incapacidade para relaxar, desânimo, mudanças bruscas de humor, depressão, distúrbios do sono, transtornos cardiovasculares, bem como cansaço físico e outros sintomas dessa ordem, assinalam indícios de síndromes relacionadas ao esgotamento profissional, como o *Burnout*.

A respeito da sintomatologia decorrente do estresse em médicos oncologistas clínicos, Nogueira-Martins e Ramalho (2007) alertam para o fato de que os prejuízos decorrentes da atividade laboral não se encerram apenas no modo como os profissionais lidam com os pacientes, mas interferem na vida pessoal, afetiva e conjugal.

Como demonstrado anteriormente, a fronteira existente entre a vida privada e o trabalho é bastante tênue. Assim, não seria incomum que os problemas de uma dessas esferas interferisse nos da outra. Os dados encontrados apontam que, atreladas à prática oncológica, as rupturas familiares (2.1.4) na família do oncologista clínico também se fizeram presentes. Ao considerar os casos em que isso foi declarado, no total de participantes do sexo feminino (n = 5), três profissionais haviam passado pelo processo do divórcio. Para iniciar a discussão sobre esse elemento de análise, utilizar-se-ão dois depoimentos:

> "Existe uma síndrome que atinge os oncologistas, que é o *Burnout*. Que é a imagem da vela que ilumina e se consome, e isso é real. E que entre os oncologistas haveria um grande índice de separações, suicídio e drogadição. **Eu acredito que não exista, aqui na instituição, mais nenhum oncologista casado, do primeiro relacionamento, a maioria dos casamentos se desfez ou está muito ruim.** Álcool e droga, aparentemente, não existem que eu saiba. Mas deve haver muitos barbitúricos ou antidepressivos, e suicídio também não tem nenhum" (Deise).
>
> **"Eu acho que eu cheguei a um momento, assim, que ou eu mudaria isso, ou eu perderia as pessoas, né? (...) Veja o tempo que sobra pra mim e pra pessoas com quem eu vivo?** Então, eu tinha muitos atritos. (...) Mas, também, eu não tinha tempo de conversar, de nada. Eu tive, tava tendo, atritos seríssimos com o meu marido, mas eu também não tinha tempo de conversar com

ele. (...) Até a hora que eu percebi isso. Por exemplo, **eu não tinha vida familiar com o restante da minha família**. (...) Isso tudo começou a me chamar muita atenção, precisou acontecer isso tudo. (...) **Pra eu ver que eu tava me tornando cada vez mais sozinha. E, se eu não mudasse as coisas, eu iria ficar completamente sozinha, eu, minha profissão e acabou. Então chegou num momento que v..., que eu cheguei, acho que foi um pouco assim, que me deu, talvez, um insight de que tava tudo errado, e que eu deveria mudar,** eu tava muito cansada, me lembro nessa época, muito cansada, fisicamente cansada, esgotada, fisicamente, como também psicologicamente" (Cleusa).

O depoimento anterior reafirma o quanto a vida profissional do oncologista clínico é atribulada, como dito no início da discussão dessa categoria. Os afazeres e a atuação profissional, muitas vezes, acabam como que espremendo a vida privada em um pequeno canto, como se não houvesse tempo para conciliar as duas esferas. De fato, o que se percebe é que os profissionais, no início da profissão, parecem ser tomados por um ímpeto, no sentido de buscar fazer o máximo algumas vezes, perdendo a noção das possibilidades e das necessidades pessoais. Nesse sentido, Carvalho (2006) aponta que o câncer desperta ansiedade e angústia, tanto nos familiares como nos profissionais. Estes últimos, por sua vez, na tentativa de responder a isso, engajam-se, de modo intenso, nas atividades profissionais. Isso pode ser percebido no depoimento abaixo.

"**Foi uma especialidade que absorveu a minha vida.** Nós conseguimos agora limitar o número de pacientes a dez por dia, mas atendíamos trinta por dia. (...) Durante vinte anos foi assim. **Até um dia que o casamento não aguenta, os filhos não querem saber de medicina, não querem saber de nada, porque dizem que esperaram horas pela mãe na frente de hospitais. Você não tem vida privada, não tem lazer, não tem vida familiar, não tem nada.** Chega ao ponto de você não ir ao banco pagar as suas contas, porque o paciente que está grave é mais importante para você do que o juro e a multa que você vai pagar. E eu passei por isso. E eu reduzi as atividades profissionais oncológicas e corri um risco de abandoná-las. **Porque chega um momento que você vê que não vai salvar todos os pacientes com câncer do mundo. (...) E chega uma hora que você começa a ver que, além de médico, você é uma pessoa que tem outras necessidades.** Eu não tirava férias. (...) Havia uma continuidade, porque os problemas dos pacientes nunca terminavam, os problemas dos pacientes novos, urgentes, nunca terminavam e a gente ia se envolvendo naquilo e ia. (...) **Eu quando me separei...** (...) Comecei um relacionamento novo e **percebi que o relacionamento anterior, não é que o parceiro fosse ruim, mas o meu estilo de vida era ruim.** Era um estilo de vida insuportável para qualquer um" (Deise).

O profissional, como ele mesmo diz, deixou-se absorver pela especialidade, na tentativa de responder às necessidades e à gravidade da doença. A esse respeito, Millan *et al.* (1999), citando Klein (1952), referem que um envolvimento muito intenso com os pacientes, até certo ponto exagerado, em que o profissional deixa de respeitar suas próprias necessidades, pode estar relacionado a sentimentos primitivos de fragilidade e desamparo. Assim, com base no depoimento, percebe-se que, além de rupturas familiares, tanto no casamento como nos conflitos com os filhos, a grande ressignificação diante dessas parece ser a compreensão da limitação, de que não vai poder salvar todos os pacientes com câncer.

Os dois últimos depoimentos apresentam, ainda, questões que merecem atenção. Ambas as profissionais têm mais de vinte anos de experiência profissional, e as duas apresentam indícios de que as rupturas, fortemente influenciadas pelas questões profissionais e pelo ritmo de vida, parecem ter determinado a necessidade de novos modos de vida, uma vez que perceberam que, ou a lógica se invertia, ou as rupturas iriam continuar, apontando para a perda dos vínculos. Diante dessas situações extremas, constataram a possibilidade de uma nova chance: a de redirecionar o modo e a relação com o mundo privado e do trabalho.

Esse redirecionamento acaba funcionando como uma nova possibilidade de resignificação, elemento apresentado anteriormente, pois, diante das rupturas, os profissionais com mais tempo de prática indicaram mudanças nas prioridades diárias da sua vida.

> "Atualmente, eu, hoje em dia, deixo horário para refeição, deixo horário para lazer, não é muito, mas deixo, deixo horário para o relacionamento pessoal, que antes eu não deixava. **Então, atualmente, atender paciente é uma atividade dentro de um dia, não é mais a única atividade do dia. Chegou uma fase da vida que eu descobri que, se eu não parasse, morreria.** Pelo excesso de demanda que havia e toda energia voltada para aquilo, e **que eu não daria conta nunca, pois eu sou uma única pessoa.** Agora eu tenho tempo livre. Agora eu crio e mantenho o tempo livre. **Mas é uma batalha para conseguir manter esse tempo livre, que, quando vê, eu estou novamente ocupada**" (Deise).

É interessante apontar que a entrevista realizada com os médicos oncologistas questionava sobre as prioridades no dia a dia do profissional. Para os que tinham passado por alguma ruptura familiar, estas eram claras: apontavam na direção de priorizar a vida pessoal, como que travando uma batalha para que o lado profissional não invadisse aquilo que estavam buscando resgatar ou cuidar – o espaço privado. Entretanto, os profissionais que não haviam passado por alguma crise nesse sentindo pareciam não saber responder quais eram suas prioridades e, muitas vezes, falavam sobre as normas do serviço, atender primeiro às emergências, depois os pacientes em quimioterapia e assim por diante. Realmente não sabiam apontar as suas prioridades.

Sob o exposto, Shanafelt (2005) refere que, entre as situações com as quais os oncologistas devem aprender a conviver, encontra-se a incapacidade de controlar seus afazeres e compromissos. Desse modo, há que se refletir sobre as ressonâncias do ciclo vital familiar e/ou individual, pois, talvez, se os médicos da oncologia tivessem um espaço de troca e reflexão sobre essas interferências, os profissionais que não tiveram nenhuma ruptura poderiam, de certo modo, estar mais preparados para lidar com essas intersecções, como que aprendendo com os outros. Isso poderia prevenir futuros problemas dessa ordem na vida de alguns, e, ao mesmo tempo, os profissionais teriam mais clareza sobre suas prioridades, entre a realidade possível e as suas limitações.

O desenvolvimento de espaços para reflexão e discussão dessas interferências que se referem às dificuldades e às facilidades da prática profissional, assim como algumas considerações que os médicos fazem a respeito daquilo que concebem sobre sua prática, sobre a forma como se estruturam a formação e os valores que fundamentam e embasam o profissional, são alguns dos temas que serão discutidos e apresentados na próxima categoria de análise, no capítulo que segue.

3
Concepções sobre ser e fazer oncologia

Como é ser oncologista? Como é fazer oncologia? Essas questões suscitam pensar sobre as facilidades e dificuldades dessa especialidade médica, que, na sua prática cotidiana, trava um embate com uma doença cheia de estigmas e que traz consigo a questão da terminalidade – da vida e da morte. Nesse sentido, é preciso refletir sobre a formação médica e a teoria aprendida, pois a teoria é feita de conceitos, e não de pessoas. E, muitas vezes, os pacientes descritos nos livros são diferentes daqueles que estão na frente do médico. Com efeito, comumente, as metodologias de trabalho, propostas e aprendidas, não levam em consideração o contexto em que se desenvolvem as condições de trabalho e as demandas da própria especialidade.

O fazer da oncologia desvela uma trama multidimensional que redimensiona aspectos aprendidos teoricamente e mais: força novos aprendizados, não descritos nos livros e nem mesmo comentados durante o período de formação. Entende-se que isso ocorre, especialmente, devido ao fato de essa especialidade lidar com pacientes que clamam pela vida e que, por sua vez, investem grandes expectativas nessa relação que vai se estabelecer com o profissional. Assim, conhecer aspectos sobre a formação e as concepções desses profissionais auxilia na compreensão dos elementos dinâmicos que compõem essa realidade e que não podem ser descartados nesta análise.

Destarte, a categoria denominada "Concepções sobre ser e fazer oncologia" compreende os aspectos relacionados às concepções, ou seja, àquilo que os profissionais pensam, suas ideias e opiniões sobre o médico oncologista clínico, sua prática e seu fazer profissionais. Desse modo, reúnem-se nessa categoria três subcategorias que apontam as facilidades e dificuldades dos profissionais no exercício da oncologia, bem como as considerações que se fazem a respeito de algumas etapas da formação e da profissão (Figura 4).

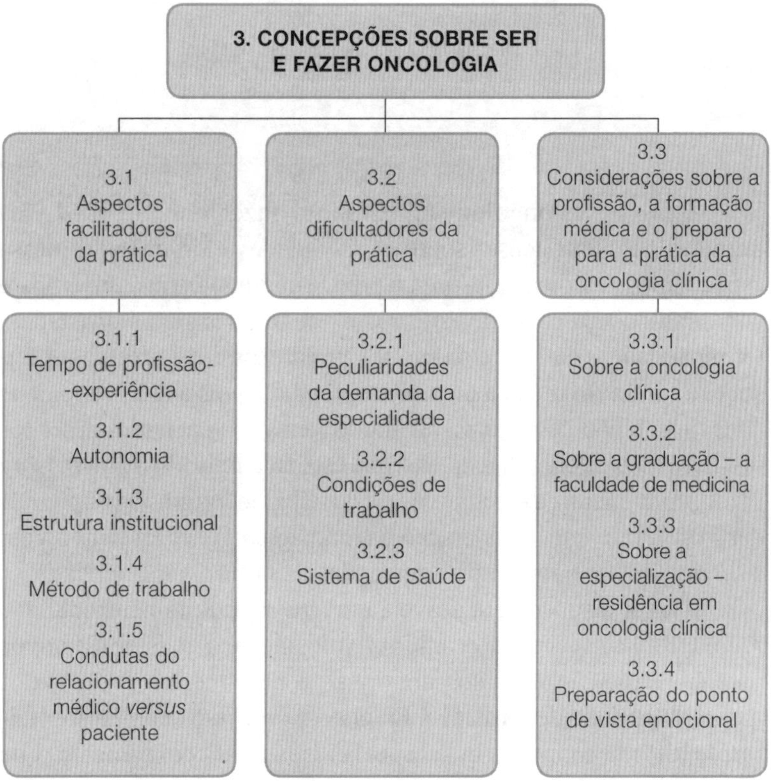

Figura 4 Esquema ilustrativo da categoria, subcategoria(s) e elemento(s) de análise.

Aspectos facilitadores da prática

A primeira subcategoria refere-se aos itens que foram considerados facilitadores do exercício profissional do oncologista clínico. Entre esses, os profissionais salientaram aspectos que vão desde a estrutura institucional até condutas pessoais, como a abordagem e a vinculação presentes na relação médico-paciente.

Os médicos apontam que a experiência profissional favorece no sentido de possibilitar amadurecimento e maior habilidade para lidar com os pacientes oncológicos.

> "**Eu acho que, com o tempo, com a idade que a gente vai tendo, a gente vai sabendo melhor como lidar com essas situações, né?** (...) Então, assim, quando tu consegue criar um bom vínculo com o paciente e com a família, tudo fica mais fácil" (Alice).
>
> "**Pela maturidade e pela tranquilidade que te dá o tempo de profissão, né? A gente se sente muito mais segura, me sentia muito mais segura depois de alguns anos**" (Cleusa).
>
> "**Eu digo, assim, que a minha experiência em lidar com as pessoas, com as quais eu lido, esses pacientes, né, vai me tornando cada vez mais hábil para lidar com eles. E, quanto mais experiência eu tenho, mais hábil eu me torno,** do meu ponto de vista, eu posso estar completamente errado... Mais hábil eu me torno e, **quanto mais hábil eu me torno, mais fácil isso se torna,** entendeu?" (Jonas).

As experiências do dia a dia, tanto de êxito como aquelas em que o resultado talvez não seja o esperado, revelam a oncologia diante do profissional. Assim, o tempo de profissão (3.1.1) parece auxiliar o exercício profissional, uma vez que a experiência resulta em maior segurança nas decisões e condutas a serem tomadas.

> "**Eu acho que o dia a dia é pródigo. Porque, no dia a dia, você tem coisas novas, às vezes tem problemas, você tem vitórias, você tem derrotas... Eu acho que o dia a dia é crucial para o amadurecimento do oncologista,** não só como profissional; como pessoa também. (...) **Que tem que saber separar um pouco o lado profissional do lado...**" (Caio).

A experiência profissional facilita o manejo das duas esferas – a profissional e a pessoal – como se discutia anteriormente. As reavaliações que vão sendo feitas com o amadurecimento profissional serão aprofundadas na categoria cinco, pois configuram estratégias de enfrentamento psicológico.

Porém, ainda sobre o tempo de profissão, cabe salientar que, no decorrer dos anos, foram incrementadas as tecnologias médicas e as possibilidades terapêuticas, disponibilizando novas alternativas para o profissional. Sobre esse aspecto, Penson *et al.* (2000) salientam que os profissionais formados depois da década de 1980 apresentam menor frustração profissional devido à maior credibilidade dos efeitos terapêuticos de suas intervenções. O passar dos anos vem, portanto, facilitando a prática do oncologista clínico, que, além de amadurecimento, agrega a evolução terapêutica, tanto dos medicamentos como das técnicas diagnósticas.

Entre os elementos identificados que facilitam a atuação do oncologista, encontra-se a autonomia (3.1.2), seja no que se refere à liberdade para organizar a rotina das atividades cotidianas, seja como no que diz respeito ao modo de autogovernar-se e gerenciar o dia a dia.

> "**Primeiro, eu não bato ponto em nenhum local... não tenho um horário para cumprir, de chegada e saída, a não ser o compromisso que eu assumo de atender as pessoas. (...) Então, eu posso fazer meu horário. Este é o aspecto mais, é o que mais facilita.** A tarde é da mesma maneira. Posso começar às duas, uma e meia, uma hora, depende de mim. Então, e fora isso, nada, tentar manter sempre esse horário, que daí não atrapalha" (Luiz).
>
> "**As facilidades que eu tenho, eu tenho carro, tenho celular, isso tudo ajuda.** E, sei lá, **a gente tem muita autonomia, assim como médico,** a gente se cobra essas coisas, mas, assim, **a gente tem muita autonomia de poder organizar esse horário, e isso também é ótimo,** porque às vezes, quando as pessoas colocam para mim, o meu *schedule*[1], eu já não consigo, entendeu? **Eu é que tenho que me organizar.** Essa coisa assim, ahm, a partir de agora tem que ser assim... daí já... tem que ser dentro desse meu ritmo, que eu já tenho mesmo" (Leda).
>
> "**Autonomia do médico**. Eu sempre digo, assim, que **o bom**

[1] *Schedule*: horário, planejamento.

de ser médico é que, por mais que, administrativamente, um médico às vezes pode estar sujeito ao outro, do ponto de vista da medicina, todos os médicos são iguais, né?!" (Jonas).

Os depoimentos mostram que a liberdade de organização do horário, a facilidade e a autonomia proporcionadas por alguns bens de consumo, como ter carro e celular, aliadas à não subordinação a nenhum superior ou à outra pessoa, auxiliam esses profissionais no fazer diário. Nesse mesmo sentido, a possibilidade de unificar duas atividades em um mesmo endereço, evitando a locomoção para mais de um lugar, hospital ou clínica, auxilia na autonomia dos profissionais.

"**Eu acho que uma das coisas que me facilita é o fato de que a maioria dos pacientes que eu estou responsável por acompanhar estão internados no hospital X, e eu tenho meu consultório lá dentro.** Então, isso é uma coisa que me facilita. Eu tenho um endereço único, para fazer duas atividades. (...) **Então, assim, tu conseguir unificar o atendimento em um único endereço, facilita**" (Alice).

A estrutura da instituição pública (3.1.3) em que atuam também foi apontada como uma das facilidades, haja vista que a mesma dispõe de recursos humanos e técnicos.

"Acho que a estrutura, **a estrutura onde eu atendo. Nós temos uma estrutura aqui multidisciplinar, em que estes pacientes são atendidos por vários profissionais e isso ajuda muito. Eu ter que me ater a minha área só, de atuação, isso é muito tranquilo e cômodo para mim,** saber que ele vai ser bem atendido em outras áreas, então esse aspecto multidisciplinar me ajuda muito. E **o que facilita o meu atendimento, também, é saber que eu estou num local que eu posso oferecer um tratamento de boa qualidade, também. Eu estou numa instituição que eu tenho a disponibilidade de usar os recursos diagnósticos e terapêuticos e isso me facilita muito**" (Tales).

Um dos pontos que merece destaque no depoimento do profissional, ao ressaltar a estrutura, especialmente a questão da multidisciplinaridade do serviço público, refere-se ao trecho em que este profissional explicita que, em função disso, pode ater-se apenas à sua área de atuação.

Sob esse aspecto, convém salientar que, muitas vezes, conforme observado em campo, os médicos compreendem essa estrutura de um modo, talvez, inapropriado, como se o fato de a instituição contar com outros profissionais o eximisse de trabalhar com os aspectos que não considera de sua alçada. Essa percepção da pesquisadora não deve ser generalizada. Apesar disso, o trecho selecionado do diário de campo ilustra as bases em que ela se fundamenta.

> "Os atendimentos iniciam em torno das dez e meia da manhã. Logo em seguida, entra na sala, que já estava com a porta aberta (comum entre os médicos – pois as portas dão acesso a um mesmo corredor, em que trocam informações, entram e saem secretárias, residentes e pessoas do serviço), uma enfermeira. Ela entra dizendo que chegou um paciente em uma ambulância e que este estava morrendo, e, pelo que lhe tinham dito, não estava mais se mexendo. O profissional pede um estetoscópio e, imediatamente, vai até a recepção, de onde avista uma ambulância estacionada, com uma senhora chorando, em pé, do lado de fora. O médico entra na ambulância junto com a enfermeira, ambos saem e o profissional fala que, realmente, o paciente havia morrido. Mas, quando fala, se dirige a mim e à enfermeira. Muitos pacientes se juntam para olhar e ver a correria que se segue. O médico faz um movimento, dirigindo-se de volta para dentro da instituição, ao passo que a senhora, ao lado da ambulância, lhe questiona: 'Ele morreu? Meu marido morreu?'. O profissional lhe diz que sim e pede que o acompanhe, mas vai andando mais rápido à sua frente. Eu acabo ficando mais para trás, perto da senhora. Ao chegar à sala de espera, o médico vai atrás da assistente social, que possui sala nesse mesmo saguão. E eu resolvo conversar com a senhora, que, muito abalada, senta-se e chora. Em seguida,

muito rapidamente, o profissional me sinaliza para que traga a senhora para sala da assistente social. Apresenta a assistente à senhora, que entra e senta-se, e nós nos retiramos" (Trecho das anotações de campo – Registro de Campo, 2007).

"Nessa situação, mesmo tendo clareza do meu papel como pesquisadora, não consegui me omitir e deixar de acolher e escutar a senhora. Se não o fizesse, ética e pessoalmente, me sentiria mal, principalmente por deixá-la desamparada naquele momento. Questionei-me sobre a breve relação que se estabeleceu entre o médico e o familiar, e, como percebi que a senhora estava sozinha, optei por ficar com ela naquele momento" (Trecho das anotações de campo – Registros do Pesquisador, 2007).

A situação selecionada traz a questão da multidisciplinaridade de um modo muito fragmentado, como se isso significasse uma divisão de tarefas. Assim, o profissional, diante do evento da morte, interpreta que a senhora necessita da assistente social para auxiliar na papelada, julgando que a questão implicada era de cunho social. Entretanto, nem o médico nem a enfermeira, ambos presentes durante o exame que atestou a morte, estabeleceram uma relação de atenção com a esposa do paciente que havia falecido. Era como se o que lhes cabia, auscultar o coração e os sinais vitais, já tivesse sido feito.

Nesses termos, a discussão aponta para o fato de que a facilidade de ater-se apenas à área de atuação médica não exime o médico de ter contato com aspectos subjetivos ou sociais, como se os queira denominar. A relação entre o profissional no momento em que presta o atendimento, mesmo que só para verificar sinais vitais, constitui-se um momento de atendimento do oncologista com o paciente e sua família. Essa divisão disciplinar, tomada dessa forma, vai ao encontro do que propõe Pitta (2003), quando afirma que a divisão das áreas de atenção em saúde em especialidades favorece a não responsabilidade dos profissionais diante de um caso.

Outro elemento de análise dessa subcategoria aponta que a adoção de um método de trabalho (3.1.4), como a organização do número de pacientes que serão atendidos, favorece o desenvolvimento das ações dos oncologistas.

> "**Então, a limitação do número de pacientes, eu acho que facilita muito, a nossa vida, isso é uma coisa que a limitação de agendamentos, a limitação do número de vezes que você vai pra uma instituição pública**" (Cleusa).

A unificação dos dias de atendimento, prática comum entre os participantes, procura condensar os horários, muitas vezes em turnos quase ininterruptos: manhã e tarde, sem intervalos. Além disso, a organização pessoal e a adesão a certas rotinas também são apontadas como facilitadores.

> "**Trabalhar dentro de um método, de um ritmo. E procuro manter sempre tudo bem organizado, em termos de local de trabalho, de atendimento, de organização de prontuário, tudo.** Procuro seguir um método organizacional. (...) **Eu procuro ser bem objetivo naquilo que faço, procuro priorizar aquilo que é necessário, evito perder tempo com atividades desnecessárias**" (Zeno).

Sobre essa metodologia de trabalho, convém salientar que, durante o período de observação, perceberam-se situações em que o profissional, antes de iniciar suas atividades, organizava a sua mesa, minuciosamente, dispondo objetos e papéis (receituários, solicitações de exame etc.) em lugares que pareciam predeterminados. Essa "arrumação" caracterizava-se como uma pré-tarefa, que levava algum tempo. Tais achados vão ao encontro de Pitta (2003), ao afirmar que a eterna procura por modos padronizados e a adesão por rotinas no serviço funcionam como rituais para postergar e controlar decisões.

Ainda com relação à metodologia de trabalho, é interessante ressaltar que os profissionais responsáveis pelos cuidados paliativos na instituição apontam que a facilidade maior refere-se ao trabalho em equipe.

> "O que na minha rotina me facilita, não sei te dizer, não sei te responder isso. (...) **Eu acho que é o fato de trabalharmos em equipe mesmo, de fazermos essas divisões, dividir o trabalho,**

> **tomar as decisões em conjunto. Eu acho que isso realmente é o grande facilitador"** (Moisés).
> **"Ahm, sem dúvida, esse trabalho em equipe, que a gente tem. Isso aí, eu acho que é o principal. Eu não consigo mais trabalhar isoladamente,** se eu fosse uma médica e fosse trabalhar num lugar que não tivesse uma equipe, acho que isso não iria funcionar" (Leda).

A filosofia de trabalho instituída para abordagem dos cuidados paliativos é multidisciplinar (Melo & Figueiredo, 2006), pois a ideia é que se possa oferecer o cuidado de uma forma integral. Nesse sentido, pode-se dizer que a equipe dos cuidados paliativos da instituição pesquisada atua com a noção de multi, ou seja, diversos campos do saber que se propõem atuar simultaneamente, apesar de, como já ilustrado, nem sempre funcionar exatamente assim.

Entretanto, em alguns momentos observados, percebe-se que existem situações de integração e troca entre seus membros. Esse encontro de saberes, por meio daquilo que lhes é comum, algumas vezes parece ampliar-se na direção de interdisciplinaridade (Minayo, 1994). Essas trocas foram evidenciadas quando dos atendimentos ambulatoriais, em que a enfermeira se encontrava dentro do consultório, junto com o oncologista.

Por fim, o último elemento de análise (3.1.5) dessa subcategoria traz à tona algumas questões presentes no relacionamento médico-paciente que foram apontadas como facilitadores. Dentre elas, encontram-se condutas aparentemente controversas: por um lado, observar para além da doença do paciente, por outro, ater-se apenas à doença.

> **"É como se tivessem dois Jonas: um vendo a parte do paciente relacionada aos problemas médicos dele, e o outro acompanhando e analisando todo o comportamento dele, como ele se mexe, o que ele fala, tudo.** Então, aí eu consigo ver o sujeito de pelo menos duas formas diferentes. **E isso é que me facilita. Na realidade é essa segunda coisa que me facilita,** entendeu?" (Jonas).

Para explicar o olhar ampliado, que não focaliza apenas os problemas físicos, o profissional aponta que seria como se ele próprio fosse duas pessoas: uma que se atém ao que é problema de saúde e outra que visa à pessoa à sua frente. Já no depoimento que sinaliza que a facilidade se situa no lado oposto disso, ou seja, em olhar apenas a doença física, o médico se vale dos outros profissionais para explicar o modo como ele pode se organizar, para se restringir apenas ao problema do paciente.

> "**Eu aprendi a delegar. Então, têm funções que pessoalmente eu não me envolvo mais, eu coordeno. (...) Se ater ao problema do paciente, à doença física... à doença física. E encaminhar o psicológico, encaminhar o social, encaminhar os outros aspectos para respectivas áreas**" (Deise).

O depoimento anterior retoma a discussão apresentada antes, de que as outras profissões são utilizadas como meios de escoar as "partes" do paciente que não interessam, ou que, conforme o profissional, não lhes cabe.

Os médicos apontaram, ainda, que a comunicação e a vinculação com o paciente e sua família facilitam a sua abordagem, sendo aspectos importantes da conduta do profissional. Citam, entre outras coisas, a capacidade de escutar o paciente, buscando tranquilizá-lo, e também o exercício de colocar-se no lugar do outro, para compreender melhor suas angústias e apreensão.

> "Então, assim, **quando tu consegue criar um bom vínculo com o paciente e com a família, tudo fica mais fácil.** Então tu conseguir ter esse vínculo bom, **vai ser mais fácil tu conversar que é o momento de parar de tratar, que é o momento de um tratamento paliativo, ou de brindar junto às vitórias conseguidas**" (Alice).
>
> "**Conversar com o paciente facilita muito, escutá-los, escutar as queixas, mas depois escutá-los.** Assim, pelo menos uns cinco a dez minutos, tu escuta, e tenta não interromper. Depois eu peço para eles me escutarem um pouquinho, **e eu tento,**

assim, geralmente como eu te falei, acalmar o paciente, se ele está muito ansioso, falar que tem tratamento. Muitas vezes a doença se torna uma doença crônica e o tratamento é longo, eles precisam saber disso. **E, geralmente assim, passo uma energia positiva para o paciente.** (...) Mesmo assim, **acho fundamental tentar levantar o astral do paciente porque isso favorece mais um ponto do tratamento. (...) É fundamental tentar passar para o paciente, que ele tem uma expectativa, que ele tem um tratamento a ser realizado, que tem uma expectativa.** Se não é de cura, de pelo menos de uma sobrevida livre de doença, de um conforto, de uma qualidade de vida melhor. E, assim, **acho que isso é fundamental, isso realmente faz melhorar a consulta, principalmente as consultas de primeira vez.** Na verdade, **acho fundamental estabelecer, na primeira consulta, aquela confiança entre médico e paciente,** que confia no tratamento que você vai oferecer, **que confia que você vai estar ajudando,** e ele também vai lhe ajudar. (...) **Outra forma, também, que muitas vezes eu falo para o paciente, muitas vezes me coloco no seu lugar. Isso é uma forma de tu entender muitas vezes por que eles estão tão ansiosos, com tanto medo, é se colocar um pouquinho do outro lado.** Que nós amanhã podemos estar perfeitamente nesse outro lugar, ser um paciente, até porque qualquer médico pode ter um câncer hoje. Qualquer pessoa, né?" (Rita).

Os depoimentos demonstram que alguns desses itens estruturam a base para a construção da relação entre o médico, o paciente e a família. Como será demonstrado na subcategoria subsequente, essas características são apontadas como importantes para a construção da empatia e do bom relacionamento, mas podem ser também geradoras de dificuldades. Essa situação pode, de certa forma, ser antevista na última frase do último depoimento, quando a profissional situa a importância de se colocar no lugar do outro e dá-se conta de que a doença poderia acometer a ela própria.

Sob esse aspecto, Meleiro (2005) pondera que os médicos são mestres em ignorar os avisos e as recomendações que dão aos próprios pacientes, o que alude ao mito e à crença de que eles são imunes à doença. Tanto é que, quando a profissional se dá conta da afirmação de que o médico pode ter câncer, acrescenta que qualquer pessoa pode. Assim, as entrevistas demonstram que estar mais próximo do paciente também faz com que o profissional esteja mais próximo da sua "condição humana", e não de alguém que detém poder sobre a vida e a morte.

Aspectos dificultadores da prática

A segunda subcategoria em questão alude às dificuldades apontadas no exercício e no cotidiano do oncologista clínico. São apontados três principais elementos de análise: a) dificuldades relacionadas às demandas e peculiaridades da própria especialidade (o paciente, a comunicação e as emoções presentes no âmbito dos atendimentos); b) dificuldades relacionadas às condições de trabalho; c) dificuldades referentes ao sistema de saúde. No que tange ao primeiro elemento, referente às peculiaridades da demanda da especialidade (3.2.1), os médicos apontam que as crenças e os tabus de alguns pacientes dificultam o exercício profissional, interferindo no tratamento.

> "**Às vezes dificulta, dependendo de qual a igreja, de qual... que o paciente está ligado, às vezes isso traz dificuldade para o nosso trabalho, para a nossa atividade médica.** Por crenças, às vezes, por crenças. Então, existem alguns tabus, em alguns pacientes, algumas crenças, e isso **às vezes dificulta a nossa parte técnica de trabalho,** mesmo" (Moisés).

A proximidade que o médico tem com os pacientes, anteriormente apontada como um facilitador, traz também certa dificuldade, uma vez que o estar próximo, numa posição de empatia, coloca o oncologista numa situação de maior exposição e vulnerabilidade emocional.

> "Geralmente, **quando tem um emocional muito grande, isso eu acho pode dificultar a tomar algumas decisões.** Então, de alguma forma, **você tem que ser amigo, mas sem um vínculo afetivo...** Eu acho que **essa é uma das grandes dificuldades que**

a gente tem na oncologia, tu ser amigo, mas não ser. Porque na hora que os pacientes morrem, se isso acontecer, a gente vai morrer muitas vezes (risos)" (Alice).

"**Conseguir uma relação médico-paciente boa, e muitas vezes tu te colocar, um pouco, no lugar do paciente, também leva o profissional a sofrer um pouquinho mais.** Tem que existir assim um limite, tu não pode também chegar a te envolver emocionalmente com a situação do paciente, até com a situação pessoal, familiar que eles estiverem sofrendo, não só da doença, entende? Muitas vezes, **existem problemas sociais, socioeconômicos, financeiros, com filhos etc. Com relacionamento entre eles, então eles conversam com a gente, agora a gente tem que saber um pouquinho até onde podemos ajudar e até onde não podemos nos envolver.** Porque então, aí, seria o meu final de semana um tormento. **Se eu vou começar a ficar me envolvendo com a situação difícil, que está passando cada paciente meu, eu não teria condições de nem pensar em mim, de repente, no sábado e domingo. Então, a gente tem que fazer um exercício real desse limite, de chegar, pronto, é até aqui eu posso fazer, aprender muitas vezes a dizer esse não, né?** Vai até aqui, a partir daqui eu tenho que dizer que não, ou eu não sou o especialista indicado, você precisa de um psicólogo, você precisa de um nutricionista, eu não sou a melhor pessoa para lhe ajudar nessa área" (Rita).

A dificuldade da vinculação com o paciente parece estar relacionada com a dificuldade de separação que o profissional evidencia entre sua vida e a vida pessoal do paciente. Afinal, este compartilha com o médico seus problemas, tanto de ordem social, financeira, quanto de ordem psicoafetiva, além daqueles inerentes à doença. O oncologista faz, nesse sentido, um exercício real, conforme salienta a entrevistada, para não se envolver. A respeito dessa questão, Wolpin *et al.* (2005) discutem que a distância entre o oncologista e o paciente é, muitas vezes, realmente complicada. De fato, a distância que para ele pode ser, do ponto de vista emocional, mais segura, pode, para o paciente, não ser satisfatória. O paciente pode não se sentir acolhido ou compreendido.

Salienta-se, a esse respeito, que os profissionais deveriam estar preparados do ponto de vista emocional, até mesmo para que tenham certa tolerância e não encaminhem todos os pacientes, na tentativa de resolver e colocar esse limite. Sobre esse aspecto, Wolpin *et al.* (2005) afirmam que conhecer técnicas e estar habilitado para a comunicação médico-paciente facilita lidar e estabelecer a distância necessária, sem relegar as questões subjetivas a segundo plano.

Entre as características da demanda, a idade dos pacientes pode configurar-se uma dificuldade a mais, haja vista que os pacientes mais novos parecem mobilizar os profissionais de um modo diferenciado.

> "**Olha, geralmente me mobiliza muito atender pacientes novos, com um prognóstico ruim. Quando eu não posso curá-los e eles são novos, mobiliza. Não tem como não mobilizar, uma pessoa que tu vê que tem um período curto de vida, que não vai poder curtir, pelo menos as coisas da vida, isso me mobiliza bastante.** Pois é, não sou pediatra, não sei como seria quando tens uma criança, quando morre uma criança, não sei, não gosto nem de pensar (risos). Mas aí, é, **realmente tenho um pouco de dificuldade, com uma pessoa nova,** eu sou... Os jovens são muitos mais revoltados com a doença, eles têm uma revolta, eles não conseguem lidar bem com a ideia de morte. Que é uma coisa, até acho que natural, o jovem não está preparado para morrer. Já o idoso está preparado para morrer e aceita de forma, aceita entre aspas, de uma forma legal quando sabe que tem uma doença crônica, que bom, que pode levá-lo, ou que não tem mais nada para fazer, e tá, aceita. **Agora, o jovem, isso me deixa, muitas vezes, muito triste, assim quando eu não posso oferecer um tratamento de cura**" (Rita).

Isso pode ser também identificado no período de observações, quando, diante de consultas a pacientes jovens, na faixa dos 13 aos 20 anos de idade, os profissionais pareciam, inclusive, demonstrar uma atenção diferenciada. Alguns profissionais, quando atendiam pacientes jovens, faziam questão de fechar a porta, falavam com um tom de voz diferenciado e pareciam mais solícitos a perguntas por parte do paciente. Não que os pacientes idosos não recebam essa atenção, mas justamente a sensação passada é diferente.

Esse indicativo aponta na direção do que propõem Krebs, Garrett e Konrad (2006), quando afirmam que níveis mais altos de frustração na prática médica estão relacionados ao atendimento de pacientes jovens e com problemas psicossociais. Assim, talvez o âmago dessa frustração se encontre na dificuldade de lidar com a possibilidade da morte em pessoas jovens. A esse respeito, Kovács (1992) destaca que trabalhar com a perda, com a morte do paciente, coloca o profissional diante do incompleto, o que fere sua onipotência.

Entre as peculiaridades advindas da demanda da especialidade, o investimento dos pacientes, muitas vezes, com poucas condições, e as expectativas colocadas no profissional foram também apontados como dificuldades.

> "**O principal aspecto, acho que é a demanda que essa especialidade tem para gente, a demanda da família, do próprio paciente. Às vezes, essa sensação que a gente não está fazendo nada, essa cobrança,** até por alguns problemas de comunicação que cercam esta especialidade. (...) Principalmente assim quando essa questão do relacionamento, numa situação tão de estresse dos pacientes (...) principalmente aquelas famílias superprotetoras que tu não consegue ter uma comunicação clara com o paciente. (...) **Então essa coisa dessa mentira caridosa, isso, às vezes, eu tenho dificuldade**" (Leda).
> "Eu, **o que me dificulta muito, por exemplo, o fato de ter uma instituição pública e relacionar principalmente a instituição pública ao paciente carente. Paciente que não tem, não é carente, um paciente que não tem condições de decidir as coisas... então eu assumo a responsabilidade, eu assumo o tratamento, eu assumo tudo.** (...) A grande maioria, acho que 80% dos pacientes vêm sozinhos, quer dizer, não têm nem familiares que possam

te ajudar a assumir essa responsabilidade. **Então, isso tudo é uma coisa que estressa muito, é como eu te disse, você passa a se culpar, até de forma inconsciente pelo que tá acontecendo ao paciente, afinal você decidiu.** (...) Então, o que que acontece? O paciente se vira pra quem? Pro médico. Pra quem... quem ele tem. Quem ele tem pra conversar, quem ele tem pra reclamar, quem ele tem pra dizer o que tá sentindo, quem ele tem pra tudo. (...) **Fica um referencial mesmo. E isso pra gente é um peso. Porque você não quer ser referencial de ninguém, você está ali apenas para tratá-lo, isso é o que nos ensinaram, só que a vida no dia a dia te mostra que não é bem assim**" (Cleusa).

A carência dos pacientes para tomar decisões e responsabilizar-se pelo tratamento é agravada pelas condições financeiras, de modo que essa condição se configura mais um aspecto de interferência na atuação do médico.

"**Mais é a carência econômica do paciente.** É aviltante ver uma pessoa que teoricamente trabalhou trinta anos, que chega e diz que não fez o exame porque não tinha dinheiro para pagar o passe do ônibus. (...) Isso é aviltante para um ser humano, porque a pessoa trabalhou durante trinta anos" (Deise).

Esses dados vão ao encontro do que propõe Nogueira-Martins (2001), quando observa que os pacientes investem, com propriedades poderosas e onipotentes sobre o profissional, desejos de cura e reabilitação. Desejos estes que, se não satisfeitos, desestruturam até mesmo o profissional, uma vez que, por vezes, o médico assume esse lugar idealizado.

Conforme se pode observar nos depoimentos, o médico torna-se um referencial para o paciente, alguém a quem ele tem para recorrer, diante não apenas das dificuldades da doença, mas também dos problemas sociais e emocionais. Sobre a dificuldade de lidar com esse papel – o de ser referência para o outro – um dos profissionais refere uma situação em que o paciente, diante da melhora do tratamento, se ajoelha à sua frente.

"Alguns pacientes assim, que, que... que **são extremamente ligados ao médico. E que você vê que a esperança que ele tem em cima de você é muito grande. (...) É quase uma referência divina,** como se ele estivesse rezando a Deus e rezando a mim ao mesmo tempo. Eu senti isso na hora, entendeu. E isso me deu um constrangimento fabuloso, pena que você não estava lá no dia. (...) Porque eu fiquei constrangido, porque eu sei que ele vai morrer. Aquilo não vai salvar a vida dele. **Tudo o que ele está fazendo, todo o sacrifício que ele faz, é transitório, ele vai morrer, isso que é terrível, entendeu?**" (Jonas).

Essas situações e investimentos a que o profissional está sujeito trazem à tona um rol de sentimentos e perturbações emocionais, com o qual o oncologista se encontra envolto. São situações em que este é colocado num pedestal, mas que, talvez, em um ou dois meses, os olhares antes dirigidos a ele com muita esperança e gratidão não passem de olhares vazios e desesperançados. Assim, comunicar más notícias, como a hora de parar o tratamento, ou comunicar que os esforços terapêuticos não estão tendo resultados, configura-se um evento difícil.

"Eu acho que **uma das grandes dificuldades que a gente enfrenta** na nossa especialidade, às vezes, a gente mesmo, os pacientes e os familiares, **é saber parar o tratamento. Algo assim, quando parar é uma dificuldade que todos nós passamos**" (Alice).

"**O que mais mexe com a gente,** se for pegar, do que a gente faz, do paciente que a gente atende, **é o óbito, a tristeza, e a falta de esperança, então é isso. Não só o óbito no momento que morre, a família fica triste, mas no momento da notícia de que o tratamento não está funcionando, agora a gente vai, vou suspender o tratamento, vou te dar um remédio para dor, é difícil aceitar isso, e é difícil que a pessoa aceite. Isso aí excede qualquer 'noia'...** Tecnicamente, eu sei que devo parar, e que não vai adiantar mais eu fazer. **Só que esta notícia não**

> **é fácil de dar de uma maneira, vamos dizer assim, o menos agressiva possível, o menos drástica possível.** Então, até hoje, pelo menos eu tenho, considero ainda, pouco tempo de profissão, mas isto é o mais difícil, com certeza. É o que mais desgasta. **Certamente é o que mais me desgasta.** Atender intercorrência, atender dor ou problema de quimioterapia, não tem problema. **Agora, dizer que não adianta mais tratar e que agora, quem sabe, a senhora vai viajar e vai ver a sua família, isto aí é muito mais difícil. Muito mais fácil ver em filme do que falar, do que falar ao vivo**" (Luiz).

A dificuldade de comunicação evidencia-se não apenas devido ao conteúdo do que vai ser falado, mas também pelo fato de que comunicar que os recursos disponíveis encontram-se limitados faz com que o profissional deixe de ocupar esse lugar idealizado. Essa dificuldade foi também apontada por Valle *et al.* (2004) quando referem que a situação de comunicação é, de antemão, um evento considerado estressante para os oncologistas.

As dificuldades com relação às demandas da especialidade estão entre as primeiras coisas citadas pelos entrevistados. Entretanto, o segundo elemento de análise assinala que as condições de trabalho (3.2.2), diante dessas demandas, são percebidas como insatisfatórias. Assim, os oncologistas apontam o excesso do número de pacientes, o deslocamento para lugares diferentes, alguns problemas de ordem institucional/organizacional (falta de funcionários, questão salarial e burocracia) e o estresse.

> "**O número de pacientes que a gente atende,** muitas vezes, assim, passa dos doze pacientes, que a gente gostaria de atender. Na verdade, **mais que dez pacientes a gente já perde muito da qualidade da atenção** que a gente dá para eles" (Alice).
>
> "Quando chega o período do atendimento na parte pública, é um atendimento também agendado, **mas geralmente têm esses pacientes fora de agenda.** Que a gente termina atendendo, que são intercorrências, fora da agenda. E que termina, assim, um pouco atrapalhando. **Atrapalha, tumultua, ou então, a gente**

fica depois do horário, ao invés de trabalhar três, quatro horas, trabalha cinco ou seis. Isso acontece" (Rita).
"**Eu me desloco para três lugares diferentes no mesmo dia. Isso atrapalha, eu perco tempo** nisso aí. Seria o que mais me atrapalha" (Luiz).
"**Outro fator que atrapalha no atendimento é o excesso de pacientes que a gente atende.** Eventualmente, **existe uma sobrecarga no número de pacientes que a gente atende. E isso eu considero um fator negativo.** Eu falei sobre uma eventual dificuldade do sistema, um eventual excesso de pacientes, e **eu acho que o estresse... o estresse realmente é um fator que pode atrapalhar a qualidade do meu atendimento**" (Tales).

A respeito da sobrecarga de trabalho, Congrains (1998) ressalta que o excesso de pacientes em uma instituição de saúde pode ser percebido não como uma necessidade de atenção humanitária, mas como uma situação da qual os profissionais devem se livrar. Este indicativo vem ao encontro dos dados desta pesquisa, pois, em diversos momentos do período de observação, os profissionais faziam brincadeiras ("Nossa, tudo isso pra mim?") ou até mesmo ficavam chateados ("Se você vier aqui mais uma vez..."), quando a secretária da instituição vinha até as salas de atendimento para agendar ou encaixar algum paciente que havia chegado. Algumas vezes, sinalizavam para que não marcasse mais, senão não iam dar conta de resolver.

O excesso do número de pacientes no serviço público, apesar de o número de atendimentos estar limitado a dez por dia, extrapola a agenda dos profissionais com encaixes e intercorrências. Muitas vezes, conforme observado, chega-se a mais de vinte pacientes por dia (turno de trabalho). Isso pode estar relacionado com os dados da pesquisa de Silva e Arregi (2005), quando referem que a oncologia é uma especialidade pouco procurada no Brasil, sendo que, do total de médicos brasileiros, os oncologistas representam uma pequena parcela. Em levantamento realizado em 2002 por Caneiro e Gouveia (2004) citados por Silva e Arregi (2005), os médicos que se declaravam oncologistas representavam 1% entre todas as outras especialidades.

A quantidade de médicos oncologistas pode ser um dos motivos pelos quais os profissionais estão sobrecarregados – problema este que se agrava quando um profissional falta à instituição e os outros médicos presentes, além dos seus pacientes, dividem-se para atender os do colega. A carência de outros profissionais também se configura uma das dificuldades relacionadas às condições de trabalho.

> "Na verdade, existem algumas coisas que são pontuais, que são inerentes à estrutura organizacional da própria instituição. **Carência de funcionários.** Funcionários, assim, principalmente assim da área da enfermagem, técnicos de enfermagem. **Falta psicólogo, falta fisioterapeuta, falta psiquiatra, falta fonoaudiólogo.** Nós nos esforçamos, mas, mesmo assim, tem muita deficiência. (...) **Às vezes, falta funcionário e os que estão algumas vezes são demitidos, porque encerra o contrato e é demitido. E você vê que uma parte do teu serviço vai deixar de funcionar ou vai passar a funcionar mal**" (Moisés).

A burocracia à qual os entrevistados se referem faz alusão à quantidade de papéis que devem ser preenchidos durante o atendimento. Conforme observado no período de campo, o preenchimento de documentos relacionados à consulta, à liberação de medicação e à solicitação de quimioterapia, entre outros, ocupa boa parte do tempo do atendimento. Muitas vezes, o profissional começa a preenchê-los antes mesmo de os pacientes entrarem na sala. Acrescido da grande quantidade de pacientes, isso configura-se um entrave no relacionamento médico-paciente. Frequentemente, ao ficar preenchendo os papéis, o médico estabelece pouco contato visual com o paciente. E, ao fazer atividades simultâneas, pode também comprometer sua capacidade de escuta e atenção.

> "**Muita burocracia. A quantidade de papéis que se tem que preencher é um absurdo.** Toma todo o seu tempo. E **são papéis que você preenche inúmeras vezes.** Eu cheguei a contar o número de papéis que se preenche numa consulta. Nós **preenchemos o papel que a prefeitura manda,** para confirmar que o paciente

veio. Nós **preenchemos a RAAC para pedir o remédio.** Nós **preenchemos a receita para pegar o remédio na farmácia.** Nós **preenchemos a receita para o paciente levar**. Nós **preenchemos o papel de pedido de exames.** Nós **preenchemos o prontuário.** Nós **preenchemos atestados para médicos**, para perícia e para tudo que você possa imaginar. **E o prontuário... tem que preencher toda estrutura do prontuário**" (Deise).

Para adentrar o campo de práticas dos oncologistas e compreender como essa questão se passa no cotidiano, selecionaram-se os trechos abaixo, das anotações de diário de campo:

> "Passados alguns atendimentos da parte da manhã, o profissional me diz que a oncologia é assim: alguns pacientes demandam mais atenção do que outros. E ele tem de se acostumar com isso. Explica-me que, em oncologia, muitas vezes, não é necessário que o médico veja o paciente (com exceção daqueles que necessita examinar). Porque o oncologista precisa de exames bem feitos. Diz o profissional: 'Sem exames e imagens, o oncologista não é nada'. Continua falando que, muitas vezes, ou pelo menos na maioria das vezes, ele poderia ver somente os exames. Controlar a doença e medicar, receitar tratamento, e me diz olhando para todos os documentos que tem para preenchimento que o oncologista é um médico do tipo despachante" (Trecho das anotações de campo – Registro de Campo, 2007).

O Registro de Campo aponta que a questão burocrática traz, no imaginário do profissional, a ideia de um despachante que alude a uma pessoa que encaminha papéis e documentos. A ideia de que o profissional possa trabalhar apenas com documentos (exames e imagens) será desenvolvida na subcategoria subsequente a seguir ("Considerações sobre a profissão, a formação médica e o preparo para a prática da oncologia clínica"), que aborda aspectos da formação.

Diante dessa sobrecarga, tanto do número de pacientes, das atividades que devem ser realizadas, da responsabilidade destas e das expectativas que são colocadas para o profissional, o aspecto da questão salarial figura como uma das dificuldades apontadas.

> "**Olha, um trabalho excessivo e um salário baixo.** Principalmente, o salário baixo. (...) Só **o que me atrapalha é o dinheiro. Na minha profissão, nada me desagrada**" (Jonas).
>
> "Entrave financeiro, que **a gente se acha muito mal pago em relação ao que a gente faz.** (...) É porque **a gente acha que aquilo que recebe não é o justo pelo trabalho que faz. Esse é um fator desestimulante**" (Zeno).

Ainda com relação às condições de trabalho, paradoxalmente, a primeira facilidade discutida na subcategoria "Aspectos facilitadores da prática" (tempo de profissão – experiência) (3.1.1), os profissionais mais novos, com menos tempo de profissão, reportam que agir sozinhos, ou seja, sem a mediação de professor/médico responsável, como tinham na residência, é um pouco mais difícil.

> "**Durante a residência, era bem mais fácil. Porque, na verdade, eu era, fazia o papel, na verdade, de um intermediador da situação.** Eu era o médico residente, eu estava dizendo para o paciente do meu chefe, o que o meu chefe tava dizendo... **Então, na verdade, eu ficava meio atrás do vidro. E agora eu que sou a palavra final.** Eu que estou falando, eu que estou dizendo que é isso, assim. Então, agora, é mais difícil. Mas eu sei como fazer. **Está sendo mais difícil para mim, mas eu sei como é que tem que fazer, eu sei como é que... Tanto que tenho ido, agora... Eu tenho, acho que manejado bem as situações do outro lado**" (Luiz).

Esta última dificuldade, reportada com relação às condições de trabalho, talvez aponte para a necessidade de essa formação proporcionar maior autonomia ao profissional, criando situações em que ele possa se experimentar, para que, quando conclua a especialização, possa sentir-se mais preparado para assumir a responsabilidade.

Por fim, o último elemento de análise (3.2.3) apresenta dados das entrevistas que indicam o sistema público de saúde como um dificultador na prática da oncologia.

> "**O fato de a gente não conseguir ter os exames na velocidade que a gente precisaria, de às vezes a gente não dispor de todos os medicamentos que a gente gostaria.** Acho que **as limitações, principalmente financeiras,** geradas pelo SUS, e não só pelo SUS, porque os convênios também às vezes glosam porque é via oral, ou porque não está no contrato do paciente. (...) **Então, eu acho assim, essas dificuldades que você tem para realizar o teu trabalho atrapalham e não dependem de você para resolver isso aí**" (Alice).
>
> "Um aspecto é, ao mesmo tempo, que eu tenho boas condições de atendimento, **essas condições não são ideais.** Eventualmente, numa situação ou outra, elas podem ser insuficientes. Pelo fato de **ter dificuldade de fazer exame, ou no tratamento, ou no tempo de atendimento.** (...) **Essa dificuldade atrapalha muito.** Eventualmente esse paciente vai ter uma **dificuldade de marcar uma cirurgia. Seja pela dificuldade do cirurgião. Seja pela dificuldade do centro cirúrgico. Seja pela dificuldade do sistema. E esse paciente vai ficar na fila, e isso vai me atrapalhar bastante. Esse é um fator dificultador**" (Tales).
>
> "**Incompetência de dirigentes, a falta de humanismo de dirigentes,** a urgência das pessoas que comandam na frente de atendimento, **no caso pra conhecer a realidade dos problemas.** Porque eles ficam assim, empoleirados nos gabinetes, esse é o termo, sem ter uma ideia e noção do que se passa. Basicamente isso" (Celso).

As dificuldades inerentes ao sistema público de saúde passam pela impossibilidade de acesso aos recursos e pela demora em conseguir alguns procedimentos, como exames, cirurgias e radioterapia. Ao considerar a gravidade de uma doença como o câncer, que, muitas vezes, apresenta rápida progressão, a não possibilidade de acessar algum desses recursos pode representar um agravamento, talvez incontornável.

A esse respeito, Carvalho (2006) salienta que a impossibilidade de acesso a procedimentos, exames e cirurgias pode estabelecer a diferença entre a vida e a morte. E que, como consequência dessa impossibilidade de atendimento adequado, as equipes de saúde, diante de sua impotência, ficam expostas ao estresse desse evento.

Sob esse aspecto, cabe salientar que tal dificuldade se configura um fator de estresse, conforme percebido nas observações. O profissional tenta driblar os entraves do sistema, na tentativa de dar vazão às necessidades dos pacientes, e também às suas necessidades, ou seja, de alcançar o melhor, fazer aquilo que sabe.

Nos Registros de Campo (2007), a pesquisadora pôde presenciar uma situação em que o oncologista precisava de uma ressonância magnética, e a secretária responsável pela marcação lhe informou que o serviço dispunha de dezesseis exames desse tipo por mês e que essa cota já havia se esgotado. O médico, diante da negativa, e diante de um paciente que precisava do exame para poder realizar uma cirurgia, fala para atendente: "Olha lá se não tem ninguém para morrer, pra gente encaixar esta paciente".

O exemplo, que choca pelo modo como o profissional se refere aos outros pacientes da lista, e, também, pelo tom de descartabilidade, evidencia o quanto os entraves do sistema, muita vezes, colocam os profissionais em situações de "sinuca" – situações de difícil manejo, quase impossíveis de serem contornadas. Essas situações retomam a discussão sobre impotência *versus* possibilidade, uma vez que os médicos, diante da impossibilidade real, valem-se de avaliações que envolvem a gravidade e a emergência do caso para tentar dar vazão àquilo que, no momento, parece importante. Diante do exposto, e tendo em vista que as discussões que envolvem o sistema de saúde não se encerram na exposição de suas dificuldades, o capítulo "Considerações sobre o sistema público de saúde" abordará o tema em separado.

Cabe salientar que as dificuldades elencadas no capítulo em questão trazem à tona uma gama de aspectos que tecem o pano de fundo em que se desenvolve a oncologia. E também desvelam o profissional diante dessas situações, que lhe causam desgaste, algumas vezes, estresse e diversos sentimentos que vêm associados. Porém, muitos desses sentimentos, relacionados às dificuldades advindas das peculiaridades da especialidade, são fruto do modo como esses profissionais se colocam diante do paciente. Essas posturas, algumas vezes, são incentivadas e ensinadas na formação médica.

Considerações sobre a profissão, a formação médica e o preparo para prática da oncologia clínica

A última subcategoria deste capítulo agrupa as considerações que os profissionais fazem a respeito da oncologia clínica, como especialidade e profissão, bem como o olhar que têm sobre a formação da medicina, da especialização em oncologia e sobre o preparo para esse exercício.

O primeiro elemento de análise a ser apresentado (3.3.1) aborda as considerações que os médicos fazem sobre a oncologia clínica. São apontadas algumas concepções que permeiam o oncologista, sobre como eles acham que são vistos e como acham que deve ser esse médico.

> "Ahm, é que, o que acontece hoje, a gente... **a oncologia é um pouco discriminada dentro da medicina.** Dentro dos próprios, alguns médicos, entende? Não sei exatamente por que isso acontece, porque é uma... Não sei, mas... E, na verdade, o que acontece. O que a gente faz não é diferente do que qualquer outra pessoa faria. **Só que a gente está lidando com um problema que é muito mais... Muito maior, e geralmente muito mais potente, muito mais forte do que o que a gente pode oferecer.** Só que, como eu te falei, a quimioterapia, o nosso tratamento, não é o melhor. Não é o ideal, mas é o que a gente pode oferecer. E é o que a gente faz, sempre com a melhor intenção possível. Às vezes, não dá certo, a gente prejudica. A gente tem que... Isso é uma coisa muito complicada, às vezes eu faço um tratamento... e posso prejudicar, posso piorar uma situação que já estava ruim.

> (...) Mas a gente tem que conviver com isso. **Olha, eu não sei por que, mas eu já via isso, antes mesmo, antes de ser, de fazer a residência, e às vezes não é... Olha, você vai, o oncologista vai tratar, mas não adianta nada mesmo, não sei por que que eles fazem isso, que a quimioterapia é só para ganhar dinheiro, é só para... É descrença, desconhecimento, até uma certa ignorância de...** De que, se o tratamento não adianta, é só uma maneira de se manter, de ganhar dinheiro, mas... **E, na verdade, não é nada disso, não é o dia a dia, não é o que a gente vê, mas isso às vezes acontece. Cada vez menos, mas ainda hoje acontece**" (Luiz).

O depoimento demonstra que os profissionais percebem que a oncologia é vista com certa descrença pela própria medicina. A imagem de que o profissional não vai fazer nada, de que o tratamento que será realizado não vai adiantar, permeia o imaginário dessa especialidade, uma vez que, diante do câncer, doença que pode se tornar crônica, as condutas terapêuticas nem sempre estão voltadas à cura, mas, sim, à possibilidade de cuidado e melhor qualidade de vida. Isso vai ao encontro do que propõe Carvalho (2006), quando afirma que há uma hierarquia de valores entre as especialidades médicas. E aquelas nas quais a possibilidade e o foco da intervenção nem sempre são a cura são vistas como de menor importância.

Sobre a profissão de oncologista, os profissionais referem, ainda, que são cobrados pelas pessoas, de um modo geral, sobre o porquê de escolher a oncologia. Lidam como se esta não fosse uma área interessante, pois pode trazer, embutida, a possibilidade do sofrimento e da morte. Assim, além da desvalorização entre a classe médica, a especialidade ou a opção pela oncologia parece ser incompreendida pelas pessoas de um modo geral.

> "Mas, talvez, eu deva falar alguma coisa, no sentido de que **eu sou muito cobrado entre os pacientes e mais ainda pela sociedade. Uma coisa que me chama muita atenção, eles me cobram e me questionam, não por que eu escolhi a oncologia.**

Eles me questionam como sendo a oncologia uma prática muito difícil de tratar, de lidar com os pacientes oncológicos. Eu já estou acostumado com esse questionamento. Mas eu vejo que eu não entendo muito isso. Eu não entendo isso. **Eu não vejo por que é tão difícil isso. Eu vejo que é difícil tratar de uma doença. Eu acho que todas as doenças têm a sua gravidade, têm a sua repercussão. Eu não vejo a minha como muito mais séria do que as outras.** Então, eu fico um pouco assim, porque para mim é muito tranquilo isso. **E, eles perguntam assim: 'Nossa, como é para você? Não é tão difícil para você, você não volta deprimido para casa?'**. A sociedade, assim, as pessoas, os lugares que eu vou, que me perguntam o que eu faço, que eu sou oncologista, as pessoas fora do meio de trabalho" (Tales).

O depoimento demonstra que, por ser o câncer uma doença portadora de um estigma social, muitas vezes a opção de trabalhar nessa área é percebida, aos olhos dos outros, com certa incompreensão. Até certo ponto, pode-se supor certa normalidade nessa reação, uma vez que a opção por trabalhar perto daquilo que é rechaçado socialmente, digno de medo e angústia, pode demonstrar incoerência para as pessoas, que desconhecem os motivos da escolha e os fatores implicados nela.

Ao considerar o imaginário social e o estigma do câncer, acrescidos da possibilidade de ser uma doença incurável, que pode levar à morte, constata-se que essa profissão acaba sendo depositária de expectativas que possibilitam ao profissional oncologista perceber-se diferente dos outros médicos das outras especialidades. E essa diferença alude à ideia de alguém que é investido de certo poder.

"**O poder do oncologista é o poder de vida e de morte.** (...) As pessoas, os seres humanos em qualquer lugar do mundo, eles sabem muito bem o que significa a palavra 'câncer', e eles sabem que o câncer em você tem uma chance enorme de te matar. Por quê? Porque câncer é uma doença que mata. (...) O câncer ameaça a sua vida, **e você chegou na frente de um sujeito, que pode te salvar ou não. Mas que você acha que vai te salvar. (...) E aí que tá o poder do oncologista.** Porque o paciente, a grande maioria deles, e olha que tem muitos pacientes muito bem preparados intelectualmente, gente que não é burra, que não é ignorante, chega ali na tua frente, se desfaz, tudo aquilo se desmonta. Porque ele nunca teve um ameaça daquele tamanho, nada ameaçou a vida dele. É muito fácil você viver sua vida como quer, quando está tudo bem com a tua saúde. E você não vê a sua finitude à vista. Você não se vê como um ser humano finito, limitado no tempo. Isso aí sendo balançado todo dia na sua frente como uma bandeira. Você sabe que está lá, em algum momento do teu futuro, mas ninguém fica pensando nisso. **Agora, com o câncer, é diferente, você começa a ver a coisa mais ou menos na ótica mensurável. E isso faz com que o sujeito caia na mão do oncologista de tal forma, que te parece, e para a maioria dos pacientes parece, que aquele cara ali é a solução para o teu problema. Então, aquele ali não é um médico comum. Aquele ali é o médico que pode salvar a tua vida.** (...) Então, por que é tão importante? Porque o que você vai perder é muita coisa, é tudo. (...) Porque, se tiver qualquer ameaça na tua vida, todo esse tudo que você vai perder, ele vem na mesma hora, na tua frente, e agora você sabe exatamente o que vai perder. (...) E isso faz um efeito enorme. **Agora, pensa bem, tu tem um câncer, tais louco para se livrar dele, e tu sabe o tamanho do prejuízo que isso vai ser. E tem um cara ali, um sujeito que é o eixo ali, em torno do qual tudo gira. Tua vida ou a tua morte na mão dele. Que poder esse cara tem? É um poder enorme. É um poder gigantesco, é um poder de vida ou morte do paciente, e isso não é falado, é implícito.** Isso não é tocado. Nunca até hoje em minha vida, jamais um paciente me questionou sobre isso. Até hoje em todos esses anos, nunca nenhum paciente me colocou isso: **'Olha o poder que você tem, puxa vida, a tua influência na minha vida é gigantesca'. (...) Isso faz parte da oncologia. Faz parte da oncologia**" (Jonas).

O fato de o oncologista ser um médico que detém a possibilidade de intervir adiante da vida do paciente determina uma diferença que se encontra presente na especialidade e que, conforme o profissional, faz parte dela. Essa concepção, de ser esse médico alguém que ocupa tal lugar e que pode devolver a vida e tudo que é mais importante para o paciente, acaba influenciando modos de ser e também de fazer oncologia. O depoimento revela, ainda, que, implícito nessa fala, pode estar o medo de romper com esse ideal, ou seja, da fantasia onipotente, que, de certo modo, expõe a fragilidade do profissional.

Dentro dessa perspectiva, a relação médico-paciente parece ganhar outro tom, uma vez que o profissional percebe uma diferença de poder significativa em relação ao seu paciente. Assim, o oncologista clínico se concebe um profissional mais apto a lidar com as questões que envolvem a terminalidade e a morte.

> "**Talvez o oncologista consiga lidar melhor com a morte.** (...) E, como eu te falei, **é um profissional que precisa saber lidar com isso, tanto para passar para o paciente a expectativa que ele tem de vida, essa energia positiva, de ele tentar viver o melhor possível cada momento da sua vida.** E, fazer isso consigo próprio, consigo mesmo. Entendes? **Talvez seja o oncologista uma pessoa, ou um médico um pouquinho mais humano, talvez. Está mais pertinho, aparentemente. Não sei!** Eu me coloco assim. Não quero falar de outras profissões, de outras especialidades. (...) **Talvez, como a gente está mais perto de uma doença, que a gente sabe que vai levar à morte, a gente é um pouquinho assim, diferente. Mas não sei.** (...) O que eu estou dizendo, assim, que como é uma profissão, que como lidamos muito com doença que ainda não tem cura totalmente, e isso nos cria uma... assim, **é uma batalha realmente, contra uma doença, é uma batalha contra a morte também. Então, nos leva a ser assim bastante forte nesse sentido**" (Rita).

Um dos aspectos interessantes apontados no depoimento anterior refere-se à ideia de que o profissional da oncologia é um combatente da morte, travando com esta uma batalha diária. Sobre esses aspectos, diversos autores (Pitta, 2003; Esslinger, 2004; Nogueira-Martins & Ramalho, 2007) destacam que a adoção de termos militares, como se o profissional estivesse em uma guerra, sendo a morte o seu inimigo, não favorece a prática de seu trabalho.

A esse respeito, e considerando o depoimento, cabe salientar que tal fato é controverso. Com efeito, se os profissionais fazem uso de metáforas como "batalha", estes não parecem estar tão aptos assim a lidar com a presença da morte em seu cotidiano. E o lidar, aqui, refere-se a aceitar que a morte faz parte do processo natural e normal da vida, não devendo ser negada ou evitada a qualquer custo. A ideia que se faz presente aponta, assim, para um perfil diferenciado, em função das demandas da especialidade, que exigem atualização constante e preparo emocional. Isso pode ser também demonstrado no depoimento a seguir:

> "**Eu acho que o oncologista clínico é um médico que tem que ter um perfil diferenciado.** Ele tem que ser um indivíduo assim... que, **além de ser muito bem preparado tecnicamente e cientificamente, porque é uma especialidade difícil,** e que demanda uma atualização muito constante, porque as coisas mudam muito. (...) **A oncologia é muito dinâmica. E a pessoa precisa ser muito estudiosa e tem que ter um perfil emocional diferenciado, não é qualquer um que pode ser oncologista. (...) Nós temos que lidar com emoções muito fortes, entende? Então, isso aí, se a pessoa não tiver perfil e equilíbrio emocional para isso, ela não aguenta, tanto que dentro da residência de oncologia muitos já desistiram, porque não aguentaram**" (Zeno).

Ao falar da dificuldade e das exigências profissionais e que essa não é uma profissão para qualquer pessoa, até porque muitos não aguentam, o entrevistado indica a necessidade de uma provação, que parece diferenciar o oncologista dos outros médicos. Cabe salientar que, como apontado pela literatura (Nogueira-Martins & Ramalho,

2007), essa é uma especialidade que exige muito do médico, ao passo que a colocação do entrevistado, de que muitos desistem, é pertinente em termos de pesquisa (Silva & Arregi, 2005).

A respeito da desistência, de que muitos profissionais não aguentam trabalhar em oncologia, cabe ressaltar que, durante o período de observação, alguns dados apontavam para essa dificuldade. Assim, em contato com médicos responsáveis pelos alunos da residência, estes me indicaram que, no início, a residência estava organizada de modo que, no primeiro ano, o aluno permanecia no hospital da instituição e, no segundo ano, no ambulatório. Contudo, em decorrência das desistências daqueles que estavam apenas no hospital, essa divisão estava sendo revista para que os alunos se revezassem, ora no hospital, ora no ambulatório.

As concepções que os profissionais apresentam sobre a oncologia e sua profissão parecem demonstrar que essa especialidade é discriminada, tanto pelos profissionais de outras áreas da medicina como pelas pessoas que não compreendem o motivo de a pessoa querer trabalhar nessa área. Sendo esta também uma especialidade que exige habilidades diferenciadas do médico, para conhecer o modo como os médicos oncologistas clínicos foram preparados para o desempenho de suas atividades, os elementos de análise que seguem dispõem sobre a formação do oncologista.

O segundo elemento de análise (3.3.2) apresenta as considerações e a avaliação que os profissionais fazem a respeito do curso de medicina e da instrumentalização deste para o exercício da oncologia clínica. Os entrevistados apontam que, no período de graduação da faculdade de medicina, a oncologia não foi um dos temas satisfatoriamente desenvolvidos, inclusive, parecendo não fazer parte do currículo, mesmo sendo o câncer uma importante causa de mortalidade.

> "**Porque a oncologia é uma especialidade que não tem na cadeira de graduação, então, o médico, ele é formado sem o conhecimento oncológico**". (Deise)
> "**Na minha faculdade, não existia cancerologia**, só uma disciplina optativa patética. E o câncer, se você for olhar no currículo,

câncer é uma coisa que não existe. Quando é que é ensinado o câncer na universidade? Não tem. **Então, não existe. Poderia se supor alguém vindo de Marte ontem**" (Jonas).

"**Não, propriamente, pra oncologia, não. Nós nem ouvíamos falar da palavra, praticamente, sobre câncer durante a faculdade.** E continua isso hoje ainda. Por mais incrível que pareça, a segunda causa de mortalidade e a faculdade de medicina não tem nada sobre câncer. (...) Eu fui aprender fora, no meu estágio, depois na residência médica, tudo isso. **Agora, a faculdade, e mais, a faculdade não te dá, não te ensina princípios de ética, de... é como eu te disse, eles te dão uma visão de que o médico tem que... tem que ser prepotente, arrogante, 'ele sabe'. Tudo que não é verdadeiro a faculdade de medicina te dá, e praticamente impõe que você tem que ser o melhor, que você tem que ser, sabe? Te valorizam por uma prática arrogante**, né? (...) Sim, porque, **na hora que você pergunta alguma coisa, você está sendo uma pessoa muito frágil.** (...) Um questionamento qualquer, sobre coisas que imagine, são coisas do dia a dia, e que sabe... e se o paciente não sei o quê, não sei o quê.... Não, não tem isso. O paciente não tem nada a ver. Isso eu me lembro de muitos questionamentos, assim feitos, não por mim, só, mas por colegas, que foram, e que foi dito, mais ou menos, eram essas as respostas" (Cleusa).

O último depoimento apresenta uma reflexão sobre como o estudante de medicina é ensinado na graduação. Percebe-se que a adoção de uma postura arrogante, de alguém que sabe tudo e detém o conhecimento, é instigada durante a formação acadêmica. Assim, os questionamentos feitos pelos alunos parecem ser ignorados, e aqueles que questionam são tidos como frágeis. Este dado vai ao encontro do que propõe Ramos-Cerqueira e Lima (2002), quando ressaltam que a formação médica não deixa espaço para dúvidas ou questionamentos, sendo que, diante destes, o futuro médico será acusado de sensível ou frágil. Desse modo, os estudantes são incentivados a esconder tanto as dúvidas como as emoções, sob o medo de que possam parecer incapazes.

Outro aspecto apontado, ainda relacionado a essa postura, ensinada desde a faculdade, alude ao fato de que, diante da não possibilidade de exposição das dúvidas, o profissional busca um modo de aprender com base em exemplos, na tentativa, por ensaio e erro, ou seja, com a própria prática profissional, como ilustra o exemplo a seguir:

> "**A faculdade não prepara para lidar com o paciente da forma como é necessária, ela não dá o conhecimento clínico suficiente, o próprio conhecimento técnico-científico que eles dão é também, não é cem por cento eficaz.** A gente tem que complementar a nossa formação de múltiplas formas. **Do ponto de vista de abordagem, mesmo do paciente, foi muito pobre. A gente tem que aprender com os próprios erros, aprender com os outros e aprender com a prática, só com o tempo...** Muita coisa ficou facilitada pela minha formação espiritual e moral que, digamos assim, me trouxe um *background* de bênção para resolver isso. **Mas a faculdade não ensina isso, de jeito nenhum**" (Zeno).

A ênfase dada ao conhecimento técnico na faculdade de medicina parece sobrepor-se a outras habilidades tão necessárias e igualmente importantes, como saber lidar, tratar e se relacionar com o paciente. O próximo excerto de texto é ilustrativo dessa condição:

> "**Na faculdade, você não tem uma visão real do mundo, na faculdade, não se tem uma visão real do mundo, real da medicina.** (...) E, na verdade, **a faculdade realmente não nos prepara para isso, dá conhecimento técnico? Dá! Agora, eu conheço muita gente que tem bastante conhecimento técnico, mas não consegue atender um paciente de forma correta, às vezes não consegue nem olhar para o paciente.** (...) Eu já vi loucos, loucos mesmo, dentro da faculdade de medicina. E alguns loucos perigosos, enquanto eu era estudante, colegas meus. Gente para quem, hoje em dia, eu não mandaria paciente, nem se o paciente fosse inimigo meu. **E essas pessoas acabam se formando médicos e vão trabalhar por aí...**" (Moisés).

Um dos pontos que merece destaque nessa análise aponta para o fato de que o não privilegiar os aspectos subjetivos, tanto do aluno como da abordagem do paciente, colaboram para a desumanização da medicina e do próprio médico. A esse respeito, Sá (2000) salienta que o modelo de formação médica, fortemente influenciado pelas heranças do Iluminismo, baseado em ideias positivistas, resultou em cursos e escolas médicas tecnicistas. Desse modo, a formação privilegia médicos organicistas – tecnocratas, excluindo a subjetividade humana, tanto do profissional como do paciente.

Outros autores (Millan *et al.*, 2005; Soria *et al.*, 2006) indicam ainda que a própria estrutura do processo seletivo para ingressar em um curso de medicina, na maioria das vezes, não avalia as habilidades pessoais para lidar com pessoas e atender pacientes. Este focaliza apenas os aspectos cognitivos, relacionados ao conhecimento técnico. A esse respeito, cabe salientar a última frase do depoimento anterior, em que o profissional alude à incapacidade de alguns profissionais para o exercício da medicina, profissionais que, conforme ele, não sabem nem olhar para um paciente.

A discussão que se faz necessária é a de que, por meio das entrevistas, os próprios médicos, produto final desse modelo de formação, evidenciam as falhas desse processo, apontando suas incoerências, uma vez que a prática não se reduz aos aspectos técnicos, ou à doença, seu objeto de estudo.

Outro exemplo que expressa o modelo de formação recebida pode ser visualizado no depoimento a seguir. O profissional em questão, também responsável pela parte de cuidados paliativos, refere que sua formação nem chegou perto de trabalhar, prepará-lo para sua prática cotidiana. Quando questionado a respeito da sua formação para exercer a prática da oncologia, o profissional responde:

> "Não. Não o que eu faço hoje. **A minha formação nem mais raspou nisso aí. Primeiro, assim, o médico é um cara treinado para resolver os problemas.** Ele acha que ele vai chegar nos pacientes e resolver os problemas, e pronto. O paciente vai embora e está resolvido. Vem o próximo. **Segundo, ele acha que nunca vai falhar com aquele paciente, no sentido de**

preservar a vida dele, ele sempre salva o paciente, então ele é treinado, a mente dele, na faculdade, é incutida na cabeça dele, para ser dessa forma. Depois, **a formação do médico, ela está mais voltada para a doença, para a doença, doença, doença.** (...) A doença faz parte da pessoa, e não a pessoa que faz parte da doença, aquele incômodo que está ali junto, reclamando (risos). Outra coisa que é na mesma linha, **se você está preocupado com a doença, e você esquece do indivíduo, o sofrimento daquele indivíduo já não é mais um item tão importante.** (...) Então, isso também tem, **o sofrimento também fica à parte.** E, **por último, a morte. Se não faz parte do teu plano o paciente morrer, é obvio que você não está preparado para o teu paciente morrer.** Então, como aqui na oncologia os pacientes morrem. E, nos cuidados paliativos, os pacientes morrem bastante. **Qualquer médico comum não estará preparado de forma alguma para esse dia a dia.** Pega um estudante de medicina, forma ele, e coloca numa enfermaria como essa aqui, morre um, morre outro, morre três, morre quatro, o cara vai ficar abalado. Eu não me espantaria com isso, eu acharia até normal ele estar abalado. Se fosse uma pessoa de bom senso, com autoanálise: **'Peraí, tem alguma coisa errada, isso não bate com aquilo que eu acredito'. 'As coisas não estão acontecendo conforme os meus planos. O que é isso, o que está acontecendo? Por que assim? O que deu errado?'.** E isso que teria um monte de gente vomitando, passando mal, berrando de dor, que ele também não teria resposta para isso. Teria um monte de famílias em cima dele, bombardeando com perguntas, cobrando soluções, ou cobrando perspectivas ou só cobrando uma conversa mesmo. **E o cara voltado para a doença, não voltado para o paciente, ele também não vai saber o que fazer diante dessa situação**" (Jonas).

Os dados indicam que o estudante de medicina é treinado para lidar com o ser humano como se ele fosse uma estrutura mecânica. Entretanto, na prática médica, os profissionais percebem que a doença não vem andando sozinha até o consultório médico, nem mesmo é algo separado do indivíduo. Assim, os aspectos antes relegados, durante a formação, se fazem presentes no dia a dia da oncologia, bem como a subjetividade do paciente apresenta uma complexidade que extrapola o funcionamento do corpo físico.

Na direção do apontado, Caprara e Franco (1999) destacam que a doença, ao ser considerada resultado do desvio de variáveis biológicas, como se o corpo fosse uma máquina, impossibilita os profissionais, por essa vertente formada, de considerarem a dimensão humana como parte integrante da prática médica.

Com base no exposto, há que se analisar, também, as considerações que os profissionais fazem sobre a especialização. Assim, já que parece ser consenso a ideia de que a graduação foi insuficiente no preparo para o exercício da oncologia, na sequência, serão apresentadas algumas concepções sobre a escolha da especialidade e sobre a residência em oncologia clínica (3.3.3). Os profissionais apontam que a formação recebida durante a especialização foi satisfatória:

> "Eu **acho que a minha residência, a minha especialização foi boa,** eu contei com bons profissionais, bons instrutores, que, na verdade, me fizeram ver essa parte do relacionamento médico-paciente. Agora, obviamente, não é todo mundo que consegue captar e aprender isso. (...) Mas aqui, sim, aqui teve e nós tentamos manter isso" (Moisés).
>
> "**A oncologia que eu recebi aqui, a pós-graduação, foi muito bem direcionada nesse aspecto multidisciplinar.** Porque eu me formei num centro que trata dessa maneira os pacientes" (Rita).
>
> "**Foi muito melhor! Pra mim, foi uma grata surpresa a formação da oncologia, porque eu vi um outro tipo de relacionamento médico-paciente** (...) que eu não imaginava que se pudesse ter. **Era excelente, e eu aprendi muito...** então isso me trouxe, foi assim, muito boa. **Talvez a gente não consiga hoje passar pros residentes o que nós tivemos lá no início da, da... porque, hoje, a gente passa muito a parte técnica, e pouco o de relacionamento médico-paciente, ainda, eu acho. E, naquela época, eu tive isso**" (Cleusa).

Os depoimentos demonstram que a residência esteve mais perto das exigências da prática cotidiana. A relação médico-paciente parece ter sido abordada de modo distinto da graduação, ao passo que a preparação multidisciplinar também foi abordada. Os profissionais, por estarem envolvidos na residência e na formação dos futuros oncologistas da instituição, aludem, no discurso, à preocupação de abordar além da parte dita técnica.

Entretanto, diante das observações de campo, a pesquisadora questiona o modo como esses profissionais entendem a sua formação. De fato, em algumas vezes, a impressão que passam é a de que o fato de estarem convivendo com pacientes oncológicos, por si só, constitui a formação, como se a exposição a esse tipo de paciente os capacitasse a lidar com eles. Os trechos selecionados a seguir, quando das observações de campo, ilustram a hipótese.

> "Após acompanhar a discussão de casos com os residentes, o profissional fala a respeito de um paciente jovem, em torno de 20 anos de idade, que está internado, em estado grave, não respondendo à medicação. O profissional diz para os residentes que sabe o que eles estão sentindo, mas que não vai adiantar solicitar um leito na UTI – Unidade de Tratamento Intensivo, uma vez que, se o paciente não responder à medicação agora, não vai mais responder. Os residentes ficam em silêncio. O médico responsável pede, então, que eles passem mais tarde no quarto do paciente e comuniquem à mãe do rapaz que será a última tentativa, que essa intervenção não é mágica e que a doença pode não ter cura. Os residentes parecem confusos, sem saber o que falar ou fazer, mas permanecem sem perguntar nada. Quando o médico responsável, o qual estou acompanhando, sai da sala comigo comenta que eles estão nervosos, que não sabem o que fazer, que não têm preparo para isso, muito menos preparo para falar com a mãe do paciente e sua família" (Trecho das anotações de campo – Registro de Campo, 2007).
>
> "Após o acontecido, questionando-me, percebi que, mesmo que o profissional tenha dito que sabia o que eles (residentes) estavam

sentindo, ele não falou sobre estes, nem mesmo compartilhou esses sentimentos. De modo que, mesmo sendo uma tentativa de indicar o que devia ser feito, os residentes não pareceram se sentir acolhidos ou compreendidos. Outro aspecto a ser questionado refere-se à afirmação do médico de que os residentes não tinham preparo para o que estava sendo solicitado – comunicar à família a gravidade da doença, a situação do rapaz. Naquele momento me perguntei: se o profissional se deu conta de que os residentes não tinham condições de realizar tal tarefa, quem poderia, então, ensiná-los/instrumentalizá-los? Até mesmo porque, naquele momento, o profissional não explicou como fazer ou agir. Fica a impressão de que a filosofia do aprendizado é aprender fazendo, e ao que me parece, os médicos têm de aprender com suas limitações na prática" (Trecho das anotações de campo – Registros do Pesquisador, 2007).

Os dados revelam que a ideia de "aprender fazendo" é uma prática comum na oncologia. Esta não seria um problema se os residentes fossem ensinados, e não apenas instruídos. Com efeito, do modo como muitas vezes ocorre, é como se os médicos dissessem o que deve ser realizado, mas desconsiderassem como será feito. A esse respeito, Bentata *et al.* (2007) apontam que a preparação para lidar com pacientes terminais e com a morte requer formação, conhecimento e maturidade. Ressaltam, também, que esses aspectos não podem depender da disponibilidade e dos recursos inatos da pessoa, nem mesmo de ações isoladas de alguns professores.

Esses comentários e a discussão não negam a afirmação dos entrevistados, quando referem a satisfação com a formação recebida na residência. E evocam, porém, a necessidade de que essa capacitação referida seja, então, avaliada sob outros aspectos. Nesse sentido, a entrevista realizada com os médicos focalizou, também, a preparação no que diz respeito aos aspectos emocionais. Assim, o quarto elemento de análise (3.3.4) aborda a opinião dos profissionais sobre o preparo emocional para lidar com as situações que eles consideram mais difíceis e mobilizadoras na prática oncológica.

O termo "mobilizadora" refere-se aos casos que os profissionais consideraram situações mais difíceis, que envolvem as peculiaridades da demanda (subcategoria "Aspectos dificultadores da prática", elemento de análise, 3.2.1), como: comunicação de diagnóstico, pacientes mais jovens diante de uma doença bastante agressiva, pessoas com história de vida parecidas com a do profissional ou em fase do ciclo vital semelhante, ou ainda, pacientes com os quais o profissional estabeleceu um vínculo mais próximo. É interessante ressaltar que, nessa mesma questão, solicitava-se ao profissional apontar aquilo que, para ele, era mais difícil de lidar em sua prática. E, a partir da sua resposta, questionava-se sobre a preparação emocional.

As respostas demonstram que a formação se centralizou apenas nos aspectos orgânicos da doença e que não houve um preparo, do ponto de vista subjetivo, para manejar esses eventos.

> "Pouco, **isso eu aprendi na marra, assim, com a vida. Porque a nossa formação é em cima do tumor. O tumor, e só.** Porque, assim, não é nem o paciente, é o tumor do paciente. Então, tudo aquilo, **o resto, a gente tem que aprender errando mesmo, aprender sofrendo,** porque **tanto a faculdade de medicina quanto a especialização não focam isso, isso a gente vai procurar depois, não tem isso**" (Leda).
> "**A formação da oncologia não tem essa parte. (...) Não tive uma cadeira na faculdade, nem na pós-graduação, que fosse a relação médico-paciente. Realmente não tive. Talvez é uma questão que eu adquiri, com a experiência que eu consegui adquirir pessoalmente, sozinha. Ou vendo, também, como outros colegas nos fizeram ver o paciente, tudo mais.** Agora, não foi direcionado, um psicólogo nos deu palestra, ou nos deu um curso. São coisas assim, do dia a dia, do contato. **Me lembro, muitos professores nossos nos falavam, quando a gente passava na área de cuidados paliativos... escutar... não, que é importante ter um contato, até com o paciente, não só de palavras.** Muitas vezes, o paciente precisa de um aperto

de mão, de tu dar um abraço, desse tipo de coisa. **Mas eram colegas médicos mesmo que faziam parte da nossa formação. Colegas oncologistas**" (Rita).

"**A formação visa você ter conhecimento técnico,** tanto no nível da faculdade, no nível de formação para a prática médica, quanto a formação de especialista, da especialidade da residência médica. **Ambos visam a formar tecnicamente o profissional, ter conhecimento técnico e teórico acerca da profissão. Mas não nos preparam do ponto de vista prático, do ponto de vista do dia a dia, do ponto de vista das ações, não técnicas. (...) O do relacionamento médico-paciente, por exemplo, e os problemas que a gente vai ter de convivência, de relacionamento, de, enfim, algo que não se resolve abrindo o livro**" (Tales).

"**Eu acho que tanto a faculdade, muitas vezes, a gente na residência, deixa muito a desejar nessa formação assim. Muitas vezes a gente fica cobrando a leitura do último artigo,** que deu dois meses a mais de sobrevida, na quarta linha de quimioterapia, **do que ler o *Journal Clinic Oncology*, que sempre tem um artigo, que é a arte de tratar.** E que fala de situações de estresse, como lidar, quando você parar de tratar com as sensações do paciente, não que eu leia todos, tá (risos). Mas eu acho bastante interessante" (Alice).

Os entrevistados salientam que a formação, tanto no âmbito da graduação como da especialidade, não enfocaram aspectos do relacionamento, da parte interpessoal e subjetiva da abordagem ao paciente. E apontam, também, a aprendizagem por modelo de identificação, olhando professores ou, ainda, com a própria prática médica.

Interessante ressaltar que, no último depoimento, em que a oncologista fala sobre os artigos de uma revista que abordam a arte de tratar, bem como a importância destes para a prática oncológica, a médica faz questão de dizer que não lê todos. A essa ênfase, pode-se, novamente, trazer as ideias de Ramos-Cerqueira e Lima (2002), quando apontam que demonstrar interesse por essas questões pode representar fragilidade, o que, talvez, justifique a ressalva da entrevistada –"não que eu leia todos". Essa hipótese não descarta a humildade da entrevistada em reconhecê-lo, bem como o fato de que, talvez, em função da falta de reconhecimento da importância da dimensão subjetiva na relação médico-paciente, somada à sobrecarga de trabalho, não lhe sobra tempo nem motivação para investir nesse campo de estudo.

A ideia de que a exposição às situações capacita os profissionais a lidarem com determinados eventos pôde ser vivenciada pela pesquisadora em determinada situação da inserção em campo. Um dos profissionais a convidou para acompanhar procedimentos médicos, como curativos cirúrgicos. Após essas situações, decorridos os primeiros dias de observação junto ao profissional, este a convidou novamente a acompanhar um procedimento e fez a ressalva de que ela poderia ficar tranquila, pois, depois do que tinha visto no primeiro dia de observação, tudo que viria pela frente seria "fichinha" (no sentido de tornar-se mais fácil). Esse aspecto vai ao encontro das proposições de Quintana *et al.* (2004), quando se referem à dessensibilização, como se a exposição, repetidas vezes, a alguns eventos preparasse o profissional. Por outro lado, um dos profissionais, formado mais recentemente, destaca que sua formação o preparou do ponto de vista da comunicação médico-paciente, por meio de técnicas:

> "Ah, sempre teve, teve uma... Não só, por exemplo, mas como, mas **até técnicas de como dar notícias... Isso foi feito, mais de uma vez, maneiras de se... é, de se... contar de uma maneira, contar de uma maneira menos ruim**" (Luiz).

Os depoimentos indicam o quanto a formação médica, no sentido amplo, tanto na graduação como na residência, enfatiza os aspectos técnicos, em detrimento daquilo que é humano, das relações, da interação com o paciente. Entretanto, esse último entrevistado parece ter vivenciado certa mudança nas características constitutivas de sua formação em relação àquelas descritas pela maioria, o que pode sinalizar no sentido de uma formação mais ampla, não apenas calcada em bases orgânicas e físicas.

Uma das ideias presentes, e que merece reflexão nessa discussão sobre a preparação do ponto de vista emocional, assinala que as capacidades exigidas, em nível emocional e subjetivo, são inerentes à própria pessoa ou que fazem parte da sua formação, enquanto indivíduo. Os entrevistados mencionam que essas habilidades dependem da personalidade, do caráter de cada um, e que elas são resultantes do desenvolvimento pessoal e da cultura. Dessa maneira, uma das ideias que permeia os profissionais encontra-se ligada ao autodidatismo.

> "**É uma bagagem própria, não tem como se ensinar isso.** Não é questão de, como eu te disse, **não é questão de aprendizado, depende de cada um,** o que é por si mesmo, **depende da personalidade e do caráter de cada um, não há o que se ensine**" (Zeno).
>
> "Acho que sim. Não pela formação retilínea, mas porque eu também busquei por conta, vamos dizer assim. (...) Então, essas coisas, **eu acho muito importante a pessoa desenvolver como pessoa, não só o lado puramente cientificista, técnico... Você desenvolver como pessoa. (...) Eu acho que é da pessoa, da minha, eu como pessoa**" (Caio).
>
> "Tecnicamente, a gente se atualiza anualmente em muitos congressos, se estuda todo dia. Na oncologia tem que estudar todo dia. **Agora, nunca se está preparado para enfrentar a complexidade que um caso de câncer envolve.** Ele ainda tem um estigma muito grande, ele traz o paciente, a família e toda a problemática que essa estrutura familiar tem. **Eu acho que depende muito da cultura individual do profissional.** Um profissional que lê fora da medicina, que assiste filmes, que conheça filosofia, que conheça psicologia, ele tem a melhor estrutura. Senão, **se ele ficar só na parte técnica, talvez ele nem perceba a problemática que se apresenta para ele**" (Deise).

Diante do exposto, desvela-se o paradoxo proposto por Rosselot (2006), ao afirmar que talvez as principais competências e valores solicitados ao médico não lhe tenham sido ensinados durante a formação. Assim, frente à delas, percebe-se que os médicos buscam outras formas de responder a isso, seja por meio da observação do colega, seja lendo outro tipo de material, que não apenas os livros da medicina e, como será demonstrado a seguir (No capítulo "Estratégias de enfrentamento psicológico"), também por meio de psicoterapia. Desse modo, não seria de se estranhar que os médicos apontassem que a formação em nível emocional é inerente a eles e faz parte da cultura individual de cada um, uma vez que a preparação do ponto de vista emocional fica por conta de cada profissional.

A formação desses aspectos, ao se estabelecer desse modo, colabora para o sentimento de onipotência do médico, pois é como se isso reafirmasse, para ele próprio, que essas características e habilidades foram apreendidas por conta própria, ou seja, reforçando a ideia de que o profissional se basta. Assim, há que se considerar que, se os profissionais são instigados a não demonstrar suas dificuldades, nem expressar sentimentos e emoções (Ramos-Cerqueira e Lima, 2002; Quintana *et al.*, 2004), isso não significa que esses aspectos deixam de existir. Mas, pelo que parece, acabam sendo "sanados" de outra forma, que não na formação retilínea da medicina, o que, por sua vez, retroalimenta a idealização de que o médico é um ser poderoso e onipotente.

Ao finalizar a apresentação e discussão deste capítulo, que abordou aspectos que facilitam e, por outro lado, dificultam a prática dos oncologistas, bem como as considerações que estes fazem sobre a profissão e a formação, cabe ressaltar que todas essas concepções estão implicadas no modo como os profissionais agem cotidianamente e compõem a trama multidimensional em que os fenômenos se desenvolvem. Assim, como dito anteriormente em um dos depoimentos, que abordava as dificuldades inerentes ao sistema de saúde, as discussões sobre este não se encerraram aqui, mas, em função da importância que suscitaram, inauguram o próximo capítulo.

4
Considerações sobre o sistema público de saúde

Toda a prática médica se desenvolve em um contexto, em um cenário que configura a relação médico-paciente e que, muitas vezes, acaba dando o tom dos arranjos e manejos possíveis. Assim, entende-se que Sistema Único de Saúde (SUS) brasileiro compõe o pano de fundo em que essa prática foi analisada, portanto há que se conhecer os detalhes e os aspectos que desenham a intervenção cotidiana nesse espaço de práticas.

A palavra "sistema" designa um modo de organização, um conjunto de princípios que forma uma doutrina, um método, uma forma, uma maneira. Desse modo, o sistema de saúde brasileiro propõe uma lógica de ação e intervenção, por níveis de complexidade, em que se possa trabalhar desde a promoção e a prevenção – em nível primário – até o desenvolvimento de um trabalho especializado de intervenção e reabilitação – em nível terciário.

Por esse motivo, este capítulo discute, detalhadamente, a categoria que alude às ideias e opiniões dos oncologistas sobre o sistema público de saúde no âmbito da oncologia clínica. Esta se encontra dividida em duas subcategorias: a primeira, que aborda algumas considerações sobre a oncologia e o sistema público, e a segunda, que agrupa as prioridades apontadas pelos profissionais (Figura 5).

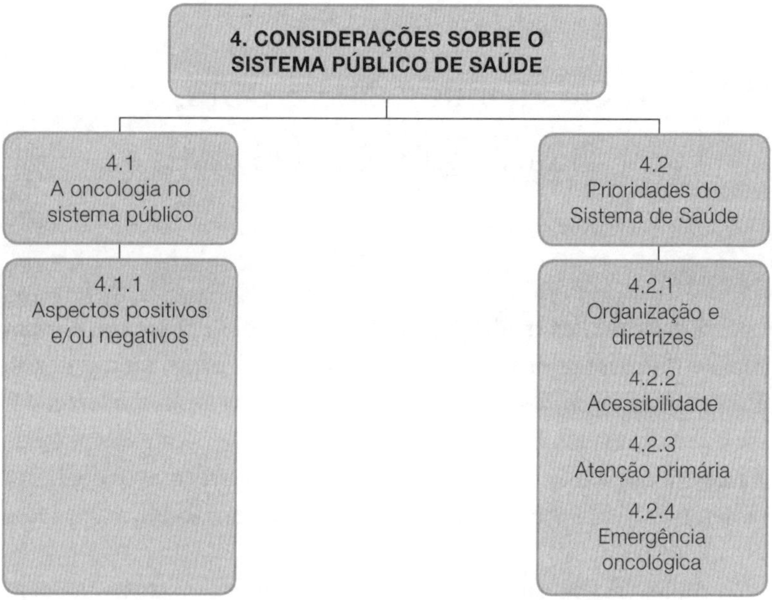

Figura 5 Esquema ilustrativo da categoria, subcategoria(s) e elemento(s) de análise.

A ONCOLOGIA NO SISTEMA PÚBLICO

A primeira subcategoria agrupa as considerações sobre o sistema de saúde brasileiro, no que se refere aos aspectos positivos e negativos (4.1.1), tanto do trabalho como da estrutura disponível para o serviço público e das condições para fazer oncologia. Dentre os aspectos positivos, os entrevistados mencionam que o sistema de saúde público oferece condições aceitáveis para a realização do trabalho deles, pois possibilita o acesso ao mínimo necessário para a realização da prática oncológica.

> "**Do ponto de vista de medicações, a oncologia está assim, o sistema da saúde pública está bastante aceitável, no que é tratamento *standard*.** O que são tratamentos novos, aí complica um pouco, sim, porque o sistema de saúde público não aceita. Muitas vezes até mutualistas não te liberam o medicamento.

Mas nós, aí, o paciente tem que entrar naquele processo administrativo, judicial para conseguir a medicação. Isso complica um pouco, incomoda um pouco, tem que fazer, ir atrás disso. Mas nada que não possa ser resolvido. (...) **O sistema de saúde que é deficitário, em muitas áreas. Acredito que justamente na parte da oncologia, de Aids, de renal crônica, ele dá uma cobertura bastante aceitável para o paciente.** Não é assim em outras áreas. Sabemos bem que é muito, é deficitário em outras áreas. **Não estou dizendo que seja dez em oncologia, também é deficitário, mas bem menos que em outras áreas.** Conseguimos facilmente, hoje, até nas cidades do interior, que antigamente não se conseguia. **Hoje se consegue fazer uma oncologia aceitável**" (Rita).

"Afeta diretamente. Um sistema bem estruturado vai proporcionar um tratamento adequado, o inverso não. Eu acho que influi diretamente. A nível de diagnóstico, quando eu te falo de diagnóstico, eu estou falando de recursos, de exames de métodos. E, a nível de tratamento também, quando tem que dispor de técnicas, de medicações, de, enfim, de uma estrutura para promover o tratamento... Então, é do começo ao fim que eu vou precisar da estrutura do sistema para fazer o tratamento. O médico só vai nortear e guiar o tratamento. **No que se refere à minha área, eu acho que ele interfere positivamente. (...) Eu acho que teria que falar mais pontos positivos do que negativos do sistema, atualmente, na minha área**" (Tales).

Interessante ressaltar que os recursos voltados à atenção terciária de saúde, voltados à alta complexidade, parecem ser bastante aceitáveis. Nessa mesma direção, os entrevistados apontaram como favoráveis as condições de trabalho na instituição pública, enquanto local de atuação profissional.

"**Oferece condições bastante aceitáveis, boas de trabalho, acho que é uma instituição sólida,** crescendo... Fisicamente, uma estrutura muito exemplar, acho que... tenho poucas críticas" (Caio).

> "**Eu acho que é um dos melhores hospitais públicos para trabalhar** (...) com certeza. Então, **é um bom ambiente de trabalho, eu não tenho, eu tenho condição de trabalho boa, não é ótima, mas são boas...**" (Luiz).
>
> "No que me é pessoal, a mim tem me ajudado bastante. **Eu gosto de pesquisa clínica e a instituição até agora** também... eu comecei a fazer pesquisa na instituição, quando ela não tinha pesquisa clínica. Então, comecei a formar o centro de pesquisas e até agora **ela tem me apoiado muito.** E só me dá muita satisfação profissional, me ajuda muito" (Rita).
>
> "**Graças a Deus eu trabalho aqui. (...) Por exemplo, eu sei que posso fazer uma prescrição de medicamento, que eu sei que o medicamento será feito.** Em outros hospitais, eu faço e não sei se tem o medicamento. **E isso faz uma diferença muito grande!** Porque daí você vai começar a complicar o teu raciocínio médico, outros fatores que, na verdade, não deveriam ter nada a ver. Tem, não tem? O paciente não tem dinheiro para comprar, ninguém pode sair na farmácia comprar, aí começa a virar uma 'marafunda'. Porque, ao mesmo tempo que aquilo te toma uma energia, começa a provocar uma irritação muito grande. Mas daí não é com o paciente, é porque você está instalado numa estrutura, onde você é chamado para cumprir uma função e a estrutura não te dá condições de você cumprir a tua função. **Daí você fica ali parado, impotente, e o que é que você vai fazer e isso é terrível. Mas aqui... eu não tenho tantas limitações.** (...) É bom nesse sentido porque ela não interfere, porque **eu tenho muita autonomia aqui dentro, adoro trabalhar aqui, porque eu tenho autonomia, eu faço o que quero**" (Jonas).

A gestão conjunta dos recursos de saúde, entre o governo e uma fundação, criada para auxiliar no desenvolvimento do centro oncológico, parece ter tido grande sucesso, estando, assim, entre um dos apontamentos positivos do sistema.

> "**A gestão conjunta do recurso, que é que aqui, já mostrou que funciona.** Nenhum hospital público tem a mesma estrutura que

nós temos, **porque um administrador ou uma gestão privada ou mista geriu recurso e deixou tudo funcionando da maneira mais, da melhor possível,** e que pode ser muito melhor ainda" (Luiz). "**Eu diria, assim, que aqui ainda é uma ilha de excelência dentro do sistema de saúde.** E, como o centro, foi construído, no início dos anos 1990, com a criação da fundação, da administração dos próprios recursos. Que é uma coisa que agora parece que estão querendo terminar, mas que deu certo. Não sei se você compreende o que era o sistema fundacional. Todos os recursos arrecadados ficavam na instituição. Com muito mais facilidade e com muito mais autonomia, porque, por exemplo, uma empresa que ia vender para o governo, ela cobrava cinco vezes mais do que cobrava para a fundação. Porque a fundação barganhava preço, essas coisas todas, além de ter acesso mais rápido às coisas. (...) **Mas, apesar de tudo, ainda é uma ilha de excelência no Brasil. Porque eu conheço outros serviços, em que as pessoas morrem, ainda, nas portas dos hospitais por falta de medicação, por não ter...** O centro, basicamente hoje, consegue oferecer o básico, assim para tratar os vários tipos de câncer. Talvez não as tecnologias mais avançadas, mas eticamente, basicamente, com o que se dispõe, é possível fazer um tratamento adequado" (Celso).

A gestão conjunta apresenta conquistas que determinaram a qualidade da estrutura física, do atendimento prestado e também da possibilidade de recursos humanos. Com efeito, os oncologistas, no período de observações, referiram que, quando o sistema público apresentava alguma insuficiência, ou não conseguia suprir algo, a fundação auxiliava, inclusive, na contratação de alguns profissionais.

Por outro lado, entre os aspectos negativos, encontram-se algumas das dificuldades, anteriormente apontadas (no capítulo 3), como a impossibilidade de acesso aos serviços, que, por sua vez, impedem a vazão das demandas e necessidades dos pacientes.

"**Você tem um paciente que está doente na tua frente e você tem que resolver, e você quer resolver o problema. Se você**

> **não consegue curar, você quer, pelo menos, aliviar o sofrimento.** E, **às vezes, nem isso você consegue,** porque você não tem, **parece que está represado, está tudo represado** e não tem como abrir. Não tem como abrir caminho, uma passagem. (...) **Emperra tudo, atrasa diagnóstico, atrasa procedimento, atrasa tratamento**" (Moisés).
>
> "**Nós temos o pior sistema de saúde do mundo, eu acho.** Esse maldito SUS. E temos também os outros convênios que também deixam muito a desejar. **Pra nós, oncologistas, é horrível a situação que tá se criando, nós estamos vinte anos atrasados em relação ao primeiro mundo, com certeza. E a alta tecnologia agrega muito preço, e a gente não tem como repassar isso pro paciente, isso gera um estresse**" (Cleusa).
>
> "**A gente não pode fazer tudo o que sabe, a gente tem limitações, financeiras, técnicas,** entende. Não consegue aplicar integralmente o conhecimento técnico- científico da forma como deveria. **Tem lacunas que precisam ser preenchidas**" (Zeno).

Esses dados, de que o sistema limita a atuação do oncologista clínico, vão ao encontro dos achados de Gonçalves (2007), quando afirma que as condições institucionais nem sempre são condizentes com as demandas dos usuários. Estas, muitas vezes, são inadequadas ou insuficientes, o que reflete na satisfação do profissional e também na qualidade da assistência.

Prioridades do sistema de saúde

Esta subcategoria explicita as prioridades que os oncologistas clínicos apontam para o sistema público de saúde no Brasil. Estas se encontram divididas em quatro elementos de análise: a organização e diretrizes, a acessibilidade, a importância da atenção em saúde em nível primário e, por fim, a necessidade de uma emergência oncológica.

No que se refere à organização e às diretrizes (4.2.1), os profissionais apontam a necessidade de organização da gestão de saúde, ou seja, melhoria na administração dos recursos e também a implementação de profissionais relacionados à área da saúde nas frentes de atuação do governo.

> "**Pararia de roubar, porque esse pessoal rouba, e botaria o dinheiro para funcionar.** Porque essa fundação é a prova, porque isso aqui foi construído por uma fundação privada, que administrava o dinheiro do SUS, e que a fundação está ainda hoje aí, mas que, agora, o governo está se metendo dentro da fundação e por isso não está funcionando mais. **Então, se o dinheiro fosse efetivamente aplicado na saúde, eu não tenho dúvida que a gente faria muito e muito melhor. O problema é que não é, né? O dinheiro vai pra tudo quanto é lado, e ninguém sabe nem para onde**" (Leda).
> "**Uma organização melhor, cortar o desperdício, a duplicidade de funções, a complexidade burocrática de muitas coisas que são completamente desnecessárias. Reorganizaria financeiramente as coisas,** mais prioridade para aquilo que realmente é prioritário, tentaria obter mais verbas, e **melhorar a remuneração dos profissionais e a qualificação profissional de cada um, e o estímulo para o trabalho, para dar maior condição.** Obviamente, um sistema que seja honesto vai sobrar dinheiro para fazer tudo isso, mas não um sistema corrupto como o nosso, é difícil" (Zeno).
> "**Eu colocaria nos postos de saúde pessoas envolvidas com a prática médica.** Não político. Não colocaria políticos, colocaria técnicos" (Celso).

Outro aspecto, no que diz respeito à melhoria dos recursos, assinala para a necessidade de uma melhor remuneração dos profissionais diante das exigências e demandas da oncologia:

> "**Primeiro, obviamente, remuneração dos profissionais.** (...) Frente à carga de trabalho e frente à responsabilidade que a gente tem que assumir, ainda não está bom. (...) Houve um reajuste salarial, houve. (...) Mas a carga de responsabilidade é grande

também. **E tem toda uma outra parte, que, na verdade, que não tem como você medir, não tem como você auferir. As ligações, os telefonemas, você tem que atender paciente pelo telefone, é familiar, prefeitura não sei da onde, é Secretaria do Município não sei de onde ligando, é paciente internado, e ainda chamam você para atender em outro hospital. E tem toda a parte do ensino, porque nós temos a residência médica.** Então você, na verdade, tem que dar cobertura para o médico residente, você tem que ensinar, você tem que dar a retaguarda para ele. **Então isso tudo não tem nem como medir, mas na verdade deveria fazer parte do pacote de trabalho. Só que isso, na verdade, está fora, eu fui contratado pela Secretaria para atender aqui no ambulatório, e o que eu faço fora daqui, aparentemente para a Secretaria, para o meu patrão, não existe**" (Moisés).

O depoimento anterior evidencia a complexidade e a responsabilidade que estão envolvidas nas tarefas do oncologista clínico. Estas não se limitam ao atendimento dos pacientes, muito menos ficam restritas ao período em que estão na instituição, ou seja, o período para o qual foram contratados. Essa narrativa aponta para o hiato existente entre o trabalho prescrito, aquilo que é estipulado como as tarefas do profissional, e o trabalho real[1], caracterizado por todas as tarefas que o profissional realiza na prática, que envolve a disponibilidade de atender pacientes fora do horário e fornecer suporte para os residentes, por exemplo.

O mesmo profissional salienta, ainda, que o treinamento e a capacitação dos profissionais, desde a faxineira até o médico, também deveriam ser priorizados, pois não basta falar em humanização se as pessoas não sabem realizar os procedimentos. O depoimento alude, ainda, à necessidade de preparo e atenção à saúde do profissional que entra na instituição. Refere que muitos dos que entram não têm condições para exercer determinada função e aponta, conforme também

[1] A discussão entre o trabalho prescrito e o trabalho real, bem como a questão sobre a psicodinâmica do trabalho, pode ser encontrada na obra de Dejours (2000) e também encontra-se presente em discussões e pesquisas realizadas com profissionais em contextos de saúde (Gonçalves, 2007).

pode ser observado em campo, as licenças e os atestados médicos que são solicitados, com vistas ao afastamento profissional, prática que parece estar tornando-se corriqueira.

> "**O treinamento e a capacitação contínua dos seus profissionais. Recapacitar, retreinar, revisar todas as condutas, revisar os protocolos.** (...) Acho que desde a faxineira até o médico, todo mundo. (...) Então, tem profissional novo que entra, só que profissional novo, às vezes que entra, não sabe fazer aquilo, chega para fazer determinada função, mas não sabe fazer aquilo, é largado aos leões. E, às vezes, tem profissional que não aguenta, não aguenta, fica um mês ou dois meses, pede demissão, vai embora, já entra com atestado psiquiátrico. (...) **Falta elaboração de protocolos, não apenas elaborar protocolo. Protocolo elaborado até existe. Mas falta instituir os protocolos já elaborados. E falta cobrar o seguimento daqueles protocolos, eles não são instituídos, eles não são seguidos, não há quem fiscalize, não há quem cobre isso.** Então, tem determinadas áreas, determinados setores, que cada uma faz o que bem entender, da forma que achar que é melhor, da forma que achar que tem que ser feito, e mesmo que isso acabe acarretando algum prejuízo econômico ou material. (...) **Antes de fazer humanização do atendimento, primeiro as pessoas precisam saber fazer o atendimento.** E tem que ter embasamento científico, teórico por parte daquilo que está fazendo e tem que saber por que está fazendo aquilo, daquela forma" (Moisés).

As diretrizes da oncologia, no que se refere à tabela de valores do sistema público de saúde, deveriam ser atualizadas. Essa prioridade se configura um consenso entre os entrevistados, pois a Autorização de Procedimentos Ambulatoriais de Alta Complexidade/Custo (APAC) não é revista há dez anos, o que dificulta a entrada de novas medicações e tecnologias médicas.

> "Por exemplo, **nós temos um sistema de APAC, de autorização de procedimento de alta complexidade, quer dizer aquilo que**

eu prescrevo pro paciente tem que passar por uma autorização do Ministério da Saúde. (...) Só que nós tivemos, vamos dizer assim, **nós fomos, nos disseram que nós iríamos receber uma nova APAC a cada dois anos, pra incluir os novos medicamentos, essa alta tecnologia que estava entrando na época. E isso foi mentira porque há dez anos que não muda a APAC.** Então, é uma coisa assim, que eu gostaria" (Cleusa).

"Olha, o sistema de saúde, não são palavras minhas, mas são palavras dos dirigentes do governo, que **é um sistema que não mais preenche as lacunas que existem dentro do atendimento à saúde. Não tem como. Porque basicamente as diretrizes da oncologia que nós estamos usando hoje, elas datam de 1998, estou falando especificamente da oncologia.** Quer dizer, **para você ter acesso a um novo tratamento ou a alguma tecnologia nova, basicamente você tem que fazer um processo e entrar com uma ação judicial para que o paciente tenha direito àquele novo procedimento.** (...) Os produtos novos, as novas tecnologias, elas chegam a cada semana. Não diria que são as balas mágicas, mas existem coisas atualmente que já se mostraram efetivas em determinadas doenças. E teriam que ser aplicadas, e aquelas, **essas diretrizes de 1998 teriam que ser atualizadas, mas isso não existe, nenhum tipo de iniciativa,** pelo menos até o momento, por parte do governo" (Celso).

"Agora, a gente tem uma visão muito de dentro da nossa especialidade. Então, assim, claro que dentro da estrutura do SUS hoje, **para nós, oncologistas, faz nove anos que a nossa tabela de tratamento não é revista. Acho que a prioridade número um é revisar.** (...) A gente sabe que tem alguns pontos desta tabela de anos atrás que podem até diminuir o preço, saiu o remédio similar, ou genérico, e com isso ficou mais acessível. **Agora precisa ser revista a implantação, para agregar novas tecnologias que surgiram nesse período, e que a gente não tem condições de fazer porque os recursos que estão disponíveis não permitem**" (Alice).

Esses apontamentos vão ao encontro dos estudos de Carvalho (2006), quando ressalta que os avanços tecnológicos de alta complexidade elevam os custos do atendimento e tratamento médico, o que implica, muitas vezes, a não possibilidade de responder à demanda dos pacientes. Isto, por si só, representa uma grande fonte de tensões, uma vez que essa tecnologia pode representar significativa diferença na saúde e na vida do paciente.

Essa situação coloca os profissionais diante de limitações, uma vez que nem sempre a medicação necessária encontra-se disponível. Assim, em alguns casos não incomuns, os pacientes solicitam o procedimento/a medicação via judiciário. Este processo agrega mais um dos fatores presentes na prática oncológica e que se faz desgastante. Os profissionais, quando do período de observações, ressaltam que o problema do processo judicial se refere ao fato de que os ganhos de um paciente não abrem o precedente para outro. Assim, cada paciente é um processo separado, que exige comprovação da doença, da necessidade, entre outros documentos.

> "**Os sistemas de tratamento mais avançados teriam que passar a ser tratamentos *standard*** e teriam que ser mudados. **Existem já drogas que já estão consolidadas, que realmente dão melhores resultados, e que até hoje o sistema de saúde não lançou frente,** e o paciente tem que ir atrás com um processo judicial para adquiri-las. Então, **isso facilitaria nesse momento**" (Rita).

As entrevistas assinalam, ainda, que a acessibilidade (4.2.2) deveria ser uma das prioridades no sistema de saúde, ou seja, as condições de acesso dos pacientes aos serviços de saúde tanto no nível diagnóstico quanto no de tratamento.

> "Eu acho que precisaria de muito dinheiro para modernizar toda essa estrutura, de **facilitar o acesso das pessoas.** As cirurgias, que hoje são marcadas com meses, e isso possibilita o crescimento do tumor... **Facilitar o acesso ao serviço de radioterapia,** isso a gente vê lá... Você pede uma avaliação para um serviço de

cirurgia ou de radioterapia, o paciente só vai chegar depois de trinta ou quarenta dias. **Isso é o que teria que ser feito**" (Celso). "**Todos os pacientes teriam realmente acesso ao tratamento médico a qualquer momento, isso seria a prioridade principal. Você precisa, você tem! Não precisa ficar esperando, ou ter que marcar a consulta para daqui três anos.** Se você pedir um exame, ele ser feito. Isso seria a coisa principal, se você precisa, você tem. Agora o que será feito para que isso aconteça é um monte de medidas diferentes. Mas isso seria o mais importante. **Na hora da necessidade, na hora que você precisa realmente, você vai lá, naquele ponto da saúde pública, que você sabe que tá ali e que tem e pronto. Ter essa segurança de que a necessidade que você precisa vai ser atendida naquele momento. Esse acesso é a coisa mais importante.** Porque eu também não consigo imaginar o que seja mais desesperador. Você estar com um parente seu doente e você estar rodando para lá e para cá, e levando um não pela cara: 'E, não, aqui não pode, aqui não tem, não o médico, o médico não está, não isso aqui não tem no hospital'. Até porque eu já fui atendido mal, uma vez, e eu sei como é essa experiência. Eu nunca esqueci. Eu, como cidadão, como adolescente, não era médico, não era nada, tive um péssimo atendimento, e não é fácil, não, essa situação" (Jonas).

Ao assinalarem na direção da acessibilidade dos usuários dos serviços de saúde, os oncologistas denunciam que os direitos das pessoas, previstos na legislação (Lei 8.080/90[2], Artigo 7º, inciso I, que prevê a universalidade de acesso aos serviços de saúde em todos os níveis de assistência), não estão sendo cumpridos.

A esse não cumprimento dos direitos de acesso do cidadão relaciona-se o terceiro elemento de análise. Assim, a importância de acesso ao nível da atenção primária (4.2.3) foi ressaltada como um aspecto importante, justamente porque se caracteriza como a porta de entrada dos serviços de saúde.

[2] Legislação Federal Brasileira, Lei 8.080, aprovada em setembro de 1990, que dispõe sobre as ações e serviços de saúde, regulamentando o Sistema Único de Saúde (SUS) (Brasil, 1990).

"**Eu acho que o primeiro pensamento que me veio seria de que o sistema de saúde pudesse promover um atendimento mais preventivo.** Que as pessoas não precisassem chegar nessa situação que estão agora. Muitos chegam, muitos estão aqui, chegando ao médico pela primeira vez, então **não tiveram acesso a todas as etapas de prevenção, de diagnóstico precoce. Então a primeira coisa que me vem é isso, agir nesse sentido, para que os pacientes não chegassem aqui nessa situação já avançada.** Do sistema atual, do jeito que está a situação, o que eu modificaria, eu não sei. Eu acho que eu reforçaria tudo que está acontecendo, toda essa estrutura. Essa estrutura funciona, é um pouco deficiente, mas eu acho que o planejamento está bom, o planejamento é certo. Eu só reforçaria todas essas ações do plano, fazer funcionar melhor tudo que já está planejado. Eu acho que seria mais ou menos isso" (Tales).

"A oncologia é uma especialidade bem estruturada nesse aspecto. **Mas o paciente está chegando com uma doença muito grande, porque o sistema básico de saúde está falhando, ele não tem acesso.** Ele é completamente falho, e atualmente uma parte mais falha que existe na oncologia é o acesso ao diagnóstico. Então, é o paciente lá do interior, que vai ao posto de saúde com um nódulo e não consegue a mamografia e nem a biópsia. Posterga muito e quando vem o tumor está muito grande. Tem mais isso. (...) É difícil porque os problemas não são um só. **Eles vêm da rede básica até a rede de alta complexidade.** Eu colocaria médicos em postos de execução, eu botaria médico como secretário da saúde, eu botaria médico como chefe do posto" (Deise).

Percebe-se que, na visão dos profissionais, os pacientes não estão tendo à disposição ações de promoção e prevenção de agravos. Em decorrência disso, estes chegam ao serviço de atendimento oncológico – nível de atenção terciário – com uma doença bastante avançada. Essa questão assinala na direção da melhoria dos serviços de saúde e relaciona-se tanto com o acesso como com o incremento de políticas que se antecipem aos problemas, promovendo saúde e prevenindo os problemas a ela relacionados. A esse respeito, cabe salientar que, durante o período de observações, os profissionais apontaram a necessidade de ações nesse sentido, sinalizando que essa prática se faz presente em outros países – a prevenção e promoção da saúde no que se refere ao câncer, sendo que, em nosso país, isso ainda é incipiente.

Por fim, o último elemento de análise aponta para a necessidade de uma emergência oncológica (4.2.4) como prioridade na área da oncologia. Com efeito, muitas vezes, as intercorrências decorrentes do câncer acabam não sendo priorizadas em um serviço como o de um hospital geral, o que colabora para que esse atendimento não seja o ideal.

> "Outra coisa que faria tão... por exemplo, **atendimento de intercorrências de pacientes com câncer em hospital, separado do hospital geral.** Porque o paciente oncológico, geralmente, é um paciente que o clínico geral, como sabe que é um paciente ou terminal, ou em cuidados paliativos, não dá muito importância. E vai que o paciente oncológico tenha que, por exemplo, num final de semana, ser atendido num hospital geral, não é bom. **O paciente oncológico, é muito melhor que ele tivesse um lugar, um tipo de emergência oncológica, que não são muito frequentes.** Ou, talvez, tu tenhas que colocar outro nome, seria uma intercorrência. (...) Então, aqueles pacientes que precisam de um atendimento, eles estão em tratamento, porém não encontram seu médico nesse momento, ou é sábado e domingo, têm que terminar num hospital geral. **Geralmente, não é muito bem atendido no hospital geral. Porque o clínico está desbordado por outros casos que obviamente são mais emergentes.** (...) O paciente oncológico não é uma emergência. **Então, o paciente oncológico termina sendo relegado, ele termina se sentindo não muito bem atendido no hospital geral. Então, eu acho que isso teria que mudar um pouquinho**" (Rita).

As prioridades elencadas nessa subcategoria remetem a importantes discussões do sistema de saúde, como a questão do acesso dos pacientes, a evidência de que a atenção primária está sendo falha com relação à prevenção/promoção, consequentemente acarretando diagnósticos tardios, que dificultam o manejo terapêutico desses casos. Entretanto, torna-se interessante ressaltar que os profissionais consideram que, ainda assim, esse sistema oferece condições bastante aceitáveis em se tratando da oncologia. Assim, diante das vivências desses profissionais e de suas concepções, cabe apontar os modos e as estratégias de enfrentamento psicológico utilizadas nesse contexto.

5
Estratégias de enfrentamento psicológico

As situações de dor, sofrimento e morte, muitas vezes presentes no fazer cotidiano do oncologista clínico, expõem ao profissional um panorama nem sempre fácil de administrar. Essa realidade cotidiana evidencia polaridades, extremos da prática médica: de um lado, a onipotência daquele que "tudo" pode diante da doença e que foi "treinado para curar" e, de outro, a limitação frente à própria doença, a sobrecarga de trabalho e as dificuldades inerentes ao contexto.

Nesse sentido, revela-se oportuno conhecer, de fato, o ser humano do médico. Assim, a questão que se faz pertinente envolve refletir sobre quais são as estratégias que esse profissional tem para lidar com aquela parte que toca a ele mesmo, ou seja, aquilo que o implica e ecoa na própria pessoa do médico. Assim, não basta discutir a inter-relação entre o espaço profissional e o privado: é preciso que outros questionamentos sejam feitos, até mesmo para que se possam conhecer elementos que promovam a saúde mental desses profissionais, mas que, acima de tudo, possam também funcionar como estratégias saudáveis e eficientes[1] na prática diária do profissional.

Portanto, a categoria de análise a ser apresentada e discutida neste capítulo reúne as ações e os manejos (emocionais, psicológicos, comportamentais) que os profissionais utilizam frente à realidade em que estão inseridos e que, em seu conjunto, revelam as estratégias de enfrentamento psicológico dos médicos oncologistas.

[1] Eficiente, no sentido de responder às necessidades do profissional, dando vazão aos sentimentos e auxiliando no manejo das situações mais difíceis, mas, ainda assim, não acarretando muitos danos, seja à saúde, como é o caso do uso do álcool, ou danos pessoais, como conflitos e rupturas nas relações familiares.

Essa categoria foi subdividida em seis subcategorias. As quatro primeiras foram organizadas conforme os fatores propostos por Seidl, Tróccoli e Zannon (2001), em uma medida de estratégia de enfrentamento, e são as seguintes: estratégia focalizada no problema, estratégia focalizada na emoção, religiosidade, espiritualidade e suporte social. As duas subcategorias finais foram organizadas em função dos dados, sendo que a penúltima apresenta estratégia combinada, ou seja, quando a mesma estratégia apresenta mais de uma função. E, por fim, a última subcategoria, autoavaliação de estratégias utilizadas, aborda aquelas que foram consideradas não eficazes ou disfuncionais (Figura 6).

Ao apresentar as subcategorias de análise, cabe apontar que estas foram, didaticamente, divididas desse modo, até mesmo para facilitar o entendimento. Porém, essa divisão, proposta com base nos dados das entrevistas, não ocorre de modo estanque, pois faz parte do funcionamento dinâmico e complexo do ser humano. Assim, entende-se que as estratégias de enfrentamento psicológico são calcadas na experiência de vida das pessoas e estão em constante processo de avaliação/reavaliação.

Antes de iniciar a apresentação e a discussão sobre os tipos de estratégias de enfrentamento psicológico utilizadas pelos médicos oncologistas, há que se considerar que o grupo de participantes com menos de cinco anos de exercício profissional apresentou maior dificuldade, no momento da entrevista, para referir o recurso utilizado para enfrentar/lidar com as situações da profissão. Parecia não ter tanta clareza quanto àquilo que fazia ou realizava frente às demandas e exigências da prática. Percebe-se que o tempo de experiência parece possibilitar maior clareza a respeito daquilo que se passa com o profissional, diante das exigências da profissão. O depoimento a seguir retrata essa hipótese, uma vez seguida da questão sobre a mobilização emocional: quando o entrevistado é questionado sobre as estratégias/formas de lidar, parece não ter muita clareza/discernimento a respeito dos recursos de que dispõe.

> "**Eu não sei, deve existir. Eu não sei!** Tenho alguns colegas que fazem análise, que têm um acompanhamento. Tem um outro mé-

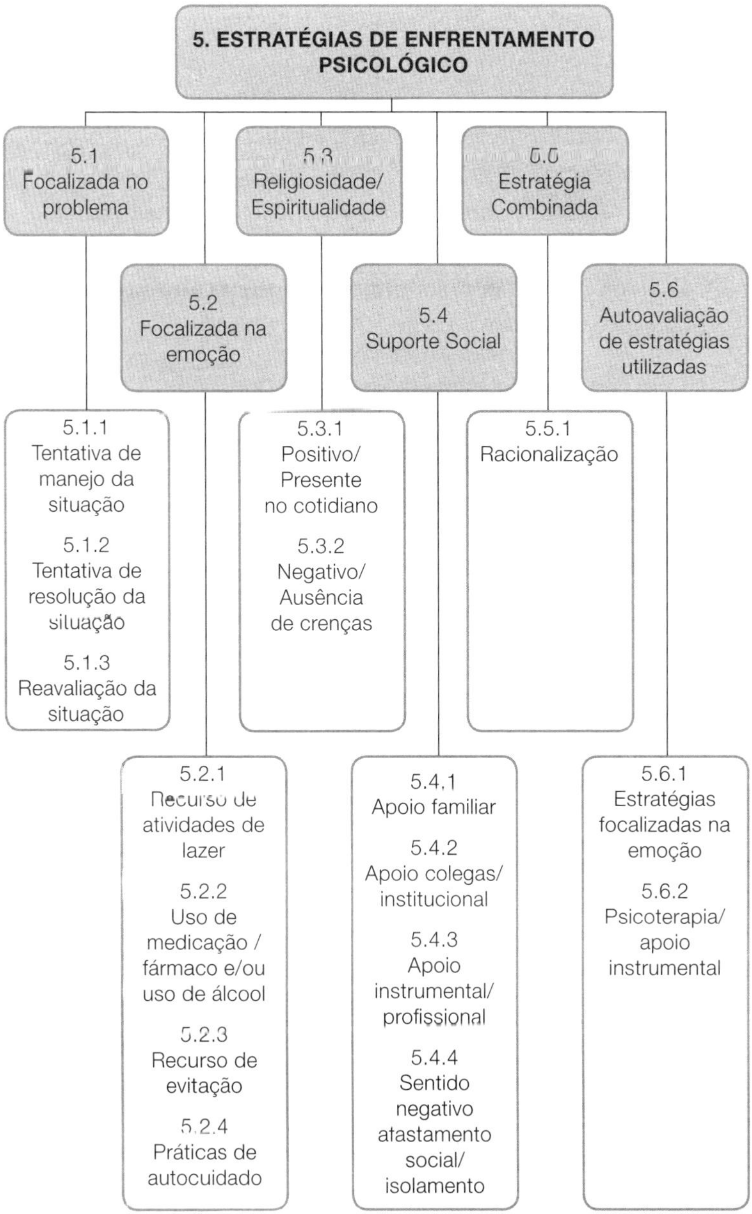

Figura 6 Esquema ilustrativo da categoria, subcategoria(s) e elemento(s) de análise.

dico, mais antigo, que parou de trabalhar por algum tempo. Ele achou que isso foi muito, não precisava, e ficou uns cinco, dez anos sem trabalhar e depois voltou. **Eu não sei, deve ter alguma maneira mais específica...** Como eu falei, a gente acaba usando outras maneiras... encontro social, acaba conversando com os amigos... Tenho a minha esposa, a gente conversa bastante, a gente faz viagem... **Mas nada específico, acho que isso são coisas que eu faria normalmente e que acaba funcionando pra gente parar de pensar**" (Luiz).

Nesse depoimento, percebe-se que o profissional com menor tempo de atuação apresenta certo desconhecimento daquilo que utiliza como estratégia, referindo, inclusive, que faria isso independentemente da sua profissão. Apesar de ele não demonstrar consciência sobre seus recursos, evidencia-se o uso de estratégias focalizadas na emoção, na busca de suporte social, fatores que serão descritos nas subcategorias que seguem.

Focalizada no problema

A primeira subcategoria agrupa as estratégias em que a pessoa busca manejar, alterar, interferir na realidade, de modo a tentar modificar aquilo que lhe causa maior estresse ou ameaça. Conforme Seidl, Tróccoli e Zannon (2001), são estratégias ativas, que buscam solucionar o problema, e caracterizam-se por condutas de aproximação, que visam ao melhor manejo em lidar com algum evento, ou, ainda, envolvem a reavaliação do problema.

Com base na narrativa dos participantes, percebe-se que, diante de situações difíceis na sua prática, como a comunicação de diagnóstico reservado[2], ligado a casos graves em que a doença continua progredindo apesar do tratamento, ou diante de situações em que não há mais recurso terapêutico, estes buscam manejar o problema (5.1.1),

[2] Diagnóstico reservado – quando o prognóstico da doença é muito ruim, em que a pessoa tem pouca ou nenhuma expectativa de vida.

comunicando às famílias, enfrentando essas situações de modo ativo. Isso pode ser percebido no depoimento de duas entrevistadas, quando explicam o que fazem diante desses casos:

> **"Eu primeiro falo toda a verdade com a família, se o paciente, ou com quem é o acompanhante, quem vai estar mais do lado da pessoa.** (...) E, geralmente, se a doença, sim, está muito avançada, que já vejo que o paciente não vai ter nem algum tempo de sobrevida livre de doença, **eu converso bem com a família...** Separado do paciente. **Chamo a família, o familiar mais próximo, alguém tem que saber a verdade, quando o paciente não quer saber, quando o paciente não pergunta.** (...) Porque acho que eu só passo uma credibilidade maior, o paciente confia mais em mim. **Eu falo para ele tudo na primeira consulta.** Nas primeiras consultas, nas primeiras, geralmente, também peço para ele pensar e anotar as perguntas que ele quer me fazer na segunda consulta, na terceira, quando ele quiser, né? **Mas, geralmente, sou bem clara, para que depois não tenha, assim, ele não me cobre uma coisa que eu não falei**" (Rita).
>
> **"E eu sabia que ia ser difícil, então essas coisas assim me mobilizam mesmo. Porque isso, assim, de certa forma, é a prevenção daqueles eventos mais desagradáveis da nossa especialidade,** que é você ouvir: 'Eu não fui avisado que a doença era tão grave', 'Eu não sabia que ele podia morrer'. Então, assim, **quando eu tenho essa situação, que eu vejo que é mais crítica, que as pessoas não se situaram. Aí a gente tem que situar, a gente tem que chamar, e eu gosto de chamar todos os envolvidos com a família, porque senão fica aquela coisa, diz que me disse, aí isso me demanda realmente bastante, e isso é difícil, porque a gente fica muito exposto, né?**" (Leda).

Os depoimentos explicitam que a tentativa de melhor manejar a situação também ocorre para que possam evitar futuros problemas, para que o profissional não seja cobrado depois, na tentativa de não sentir-se responsável/culpado.

É interessante ressaltar que, ao analisar as entrevistas como um todo, percebe-se que as mulheres parecem dar mais ênfase a essa questão da comunicação, explicitando como fazem e o cuidado que elas têm diante desses pacientes. Com relação a esse cuidado, pode-se supor que existam diferenças entre os gêneros, uma vez que, conforme pesquisa realizada com estudantes de medicina, Millan *et al.* (2005) identificaram que, com relação aos fatores de personalidade, as mulheres têm uma tendência maior à sensibilidade e menos características imaginativas, se comparadas ao grupo de homens. Isso, por sua vez, poderia implicar diferentes manejos/estratégias frente a situações de comunicação do estado de saúde do paciente, por exemplo.

Um aspecto que merece atenção é que a comunicação, nesses casos mais graves, aparece como algo extraordinário dentro da profissão, como se não fizesse parte da prática clínica. Então, alguns profissionais relatam que, quando ocorrem essas situações, eles já se preparam antes e reservam um tempo especial para fazer a comunicação, como se essa fosse tarefa da alçada de outro profissional.

Outro modo ativo apontado, na tentativa de melhor manejar a situação e as demandas da prática oncológica, refere-se a uma das condutas também observadas quando da inserção em campo: a adoção de rotinas organizadas. Esta, de certo modo, ligada a características obsessivas[3], parece se configurar uma tentativa de controlar a situação diante de eventos cotidianos e de uma doença caracterizada pela imprevisibilidade. Assim, no período de observações de campo, a pesquisadora pôde perceber certos rituais que envolviam o início dos atendimentos, como se o modo de organizar o material e os papéis em cima da mesa, por exemplo, auxiliasse no desempenho e no manejo das situações. Este item também foi apontado como uma facilidade da prática oncológica (elemento de análise 3.1.4).

> **"Eu me organizo e costumo cumprir o horário. E me sinto mais tranquila quando eu consigo fazer isso.** (...) Essa coisa

[3] A expressão "características obsessivas" refere-se a padrões de comportamentos estereotipados, voltados a uma excessiva organização, preocupação com detalhes, regras, atitudes perfeccionistas e rigidez nas condutas, que se traduzem em certa inflexibilidade.

que me chateia, **eu tenho que me programar, eu tenho que ter horário.** Se é às nove horas, é às nove horas. E meio que sou muito exigente com as pessoas que trabalham comigo. As pessoas que trabalham comigo sabem, eu não consigo ficar cinco minutos esperando assim, se a visita é às nove, se às nove e cinco não chega, às vezes até nove e cinco, mas é uma coisa assim, eu não sei se é correto. **Mas acho, eu acho que é uma coisa que me ajuda, essa organização, porque senão seria um caos.** (...) Porque, se eu não fizer, isso me deixa mal. Então, **se eu não estou organizada num dia, que eu não consigo passar aonde eu deveria e cumprir aquilo que eu me propus, aquilo não vai fazer mal, provavelmente, para os pacientes: vai fazer mal para mim.** Eu fico preocupada, eu acabo tendo que mudar horários e passar de noite, daí isso me acaba. **Então, essa coisa assim, não sei, eu tenho essa coisa de organizar, senão não funciona**" (Leda).

"Eu procuro, de alguma forma, já ter uma previsão do horário que eu vou voltar para casa. **A tentativa de organização é principalmente assim, procurar manter os horários para não, porque senão daí sim eu me estresso, se estou atrasada, se deixo alguma coisa para trás, isso me deixa estressada**" (Alice).

"Eu **geralmente vejo a agenda no dia anterior,** vejo no dia anterior. (...) Mas, por exemplo, na clínica privada que eu conheço meus pacientes, **eu vejo a agenda no dia anterior, vejo mais ou menos os tipos de problemas que eu enfrentarei no dia seguinte, e estudo os casos que vão precisar de solução.** (...) As soluções são tomadas praticamente antes. E com o paciente ali é mais ouvido" (Deise).

Entre as tentativas de manejar a situação, encontra-se também a aproximação daquilo que o paciente está passando, bem como, diante das demandas dos pacientes e do serviço, os profissionais parecem engajar-se em ações específicas para que possam dar vazão e respostas a essas situações.

"**Eu tento sentir, tento estar no lugar deles, tento sentir como é estar do outro lado ouvindo essa situação, tentar sentir**

> **como é o drama, em que ele pode estar passando.** Eu acho que isso aí é uma técnica que eu me policio, **na tentativa de poder ajudar mais, tentativa de entender o que o paciente pode estar passando.** (...) Isso, na verdade, é um exercício meu, de eu tentar imaginar, de eu tentar sentir na pele dele como é que seria. Isso serve no meu exercício para tudo, no diagnóstico, no tratamento, no seguimento, seria um exercício" (Tales).
>
> "E existem, também, situações que envolvem a própria instituição e os funcionários, às vezes. Uma das coisas, como eu já citei, às vezes, falta funcionário e os que estão algumas vezes são demitidos, porque encerra o contrato e é demitido. E você vê que uma parte do teu serviço vai deixar de funcionar ou vai passar a funcionar mal. **Então isso faz com que a gente, daí haja a mobilização política, dentro da instituição para fazer pressão junto aos administradores**" (Moisés).
>
> "**Eu criei, também, uma associação de pacientes com câncer,** para que eles lutassem pelos direitos deles. **E que eu não precisasse ficar me expondo frente ao governo, frente à sociedade, em pedir coisas a eles, que o estado não fornecia**" (Deise).

Nos depoimentos anteriores, evidencia-se que a tentativa de pensar sob a ótica do paciente revela uma aproximação com vistas à melhor resolubilidade do atendimento. Atitudes de mobilização também se fazem presentes quando o profissional age na instituição, em busca de melhores condições de trabalho, ou, como no último exemplo, em que a médica ajudou a criar uma associação de pacientes com câncer, para resolver também as demandas percebidas por ela.

A ideia anteriormente apontada, de que o oncologista age como se estivesse fazendo algo extra, algo a mais, como se não fosse da sua competência, também se observa em situações de agravamento da doença. Assim, diante de pacientes com possibilidades de cura, ou daqueles que têm uma piora no estado geral, mas que possuem mais tempo de tratamento, com os quais já se estabeleceu um vínculo, uma relação médico-paciente mais próxima, o oncologista lança mão de outras estratégias para enfrentar a situação da doença, na tentativa de acelerar o processo de tratamento/procedimento, ou pela busca de outros meios de intervenção, numa tentativa de resolver a situação (5.1.2). Entretanto, aponta que isso extrapola sua função.

> "**Mas o paciente que tem possibilidades de cura é um paciente que vai fazer com que a gente tente ir atrás** da tomografia mais rápida, do medicamento melhor, então **eu acho que isso mobiliza**" (Alice).
> "**Então você tenta uma coisa a mais, você tenta passar a mão no telefone, para ligar para um colega, para tentar alguma coisa mais urgente. (...) Então isso também faz com que você passe um pouco daquela tua função e levante e vá correndo atrás para tentar conseguir alguma coisa.** Como hoje, por exemplo, tinha uma paciente com uma dificuldade grande para se alimentar, nós tentamos colocar sonda e não conseguimos, então, eu fui, **levantei e fui bater na porta do outro colega para pedir para ele fazer uma ajuda, para passar uma sonda.** Também ele não conseguiu, então eu tive que fazer um encaminhamento para um outro hospital, solicitando que faça um procedimento cirúrgico nessa paciente" (Moisés).

Com base no exemplo, há que se questionar: será que isso que o médico faz passa da sua função? Será que não seria seu papel se mobilizar nesse sentido, na tentativa de ir atrás da melhor condição de tratamento para os pacientes, independentemente de possuir, ou não, algum vínculo com eles? Estes são alguns dos apontamentos que devem ser considerados na compreensão das vivências dos médicos oncologistas clínicos.

Esses dados vão ao encontro de Trindade *et al.* (2007), quando apontam que a adoção de uma atitude paternalista do médico oncologista, diante de pacientes fora das possibilidades de recurso terapêutico, é bastante comum. E acrescentam que a atitude paternalista de tentar proteger o paciente de más notícias ou de grandes impactos é bastante presente na cultura médica latina.

Ainda dentro desse item, encontram-se depoimentos que enfatizam a reavaliação do problema ou da situação de difícil manejo

(5.1.3). Os profissionais destacam o lado positivo da situação por meio de uma nova percepção/reavaliação do problema.

> "**Mas eu tenho uma visão um pouco diferente disso, por exemplo, se eu vejo uma situação muito difícil, uma situação muito grave, uma situação muito trágica, eu vejo assim, o contrário. Eu vejo a valorização das coisas boas.** Então, coisas que eu sinto que os pacientes referem a mim, a dificuldade de comer, a dificuldade de dormir, a dificuldade de se locomover, como coisas básicas, que é básico para cada um, **que é normal para cada um, eu vejo o valor que isso tem**" (Tales).
>
> "Depois, veja só, de 1979 a 2006, dá quantos anos? Quase trinta anos, né... **Então você aprende a lidar melhor com isso** e com a ajuda profissional também, mas **antes era assim, resolver o problema deste paciente que se apresentava, dessa conjuntura, era mais importante do que tudo.** Porque era como se você fosse a única esperança daquele paciente, e você fosse a única solução para aquilo. Então você era o ser todo poderoso, dava uma sensação de poder ou uma sensação de responsabilidade muito grande. **O que é que se compreende agora, que sou um a mais dentro desta estrutura, que farei tudo o que estiver a meu dispor, usarei toda a legislação, suprirei o paciente de todos os instrumentos que ele precisa, para que resolva. Tem coisas que são insolúveis. Talvez seja essa a grande descoberta, a aceitação de que existem coisas insolúveis**" (Deise).

Os depoimentos mostram que a experiência profissional provoca uma reavaliação da posição desse profissional, daquilo que são suas prioridades, facilitando o desenvolvimento de sua prática. Isso vai ao encontro do que propõem Escribà-Agüir e Bernabé-Muñoz (2002), quando referem que é frequente a utilização de estratégias focalizadas no problema, especialmente relacionadas à avaliação e aceitação de que a medicina não é exata, logo tem situações talvez insolúveis e imprevisíveis.

A reavaliação da situação também se observa em outras situações, por exemplo, diante de pacientes idosos. Os profissionais se valem da perspectiva de que se o paciente já é mais velho, não é tão ruim assim, afinal, ele já viveu sua vida.

> "Eu noto, assim, que pacientes muito jovens me deixam mais chocados, me tocam muito mais proximamente, do que o paciente mais idoso. **Talvez por aquela questão, assim, 'puxa vida, ele vai morrer, nem viveu sua vida toda', e por outro lado, 'puxa vida, é, ele vai morrer, mas vai morrer com dignidade, oitenta anos, teve filhos, teve netos, viveu sua vida'**. Mas talvez do ponto de vista do paciente não seja a mesma ideia (risos). Pô, viveu oitenta, mas talvez queria viver mais vinte, queria chegar a cem, sei lá. **Talvez essa perspectiva, no geral, ajude. Mas, talvez, não seja por aí**" (Jonas).

Os elementos de análise desta subcategoria apontam que o uso de estratégias de enfrentamento psicológico, focalizadas no problema, permeiam a prática clínica, seja no modo como os oncologistas atuam e agem com o paciente, seja por meio da visão que estes possuem das situações cotidianas, uma vez que, conforme demonstrado, a atuação desses profissionais suscita diversos sentimentos e emoções decorrentes do contexto, que lhes exigem adaptações e respostas. Assim, tendo em vista a gama de sentimentos experienciados, a segunda subcategoria aponta as estratégias focalizadas na emoção.

Focalizada na emoção

Essa subcategoria faz referência às estratégias que têm como objetivo minimizar, regular as respostas emocionais da pessoa frente às situações consideradas estressantes e de difícil manejo. Conforme Seidl, Tróccoli e Zannon (2001), as estratégias focalizadas na emoção agrupam itens ligados a respostas de esquiva, autoculpa, culpabilização dos outros, reações negativas, como raiva e tensão, além dos comportamentos e das atitudes voltadas ao apaziguamento das sensações de desconforto emocional.

Inicialmente, antes de analisar essa subcategoria, há que se considerar que é praticamente consenso entre os profissionais a questão da necessidade do uso desse tipo de estratégia de enfrentamento. Isso se torna muito evidente nos depoimentos quando referem que é preciso se desligar, desfocar a atenção, separar a vida profissional da vida privada, buscar uma tentativa de esquecer, amenizar, no sentido de melhor lidar com os sentimentos e emoções que são despertados.

> "**A gente procura... Eu tento esquecer as coisas quando saio daqui de dentro...** Eu tento separar vida profissional de vida pessoal. Assim como tento, também, não trazer problemas de ordem pessoal aqui para dentro. **Eu acho que existe uma linha imaginária, divisória, ali na porta. Eu tento, e eu acho que consigo, eu acho que eu consigo.** (...) Mas eu tento, eu me esforço o possível, e acho que consigo. Às vezes saio daqui e vou para casa e fico pensando ainda no caso do paciente, **mas eu tento evitar isso aí**" (Moisés).
>
> "**Embora a gente procure 'domar' esses sentimentos, que a gente não pode se envolver emocionalmente com os doentes, sob pena de não conseguir simplesmente mais trabalhar** (...) eu procuro ser equilibrado nisso, não me envolver demais (...) **quando eu chego em casa, eu procuro desligar do meu serviço, eu tento não pensar no trabalho, ou pelo menos naquilo que eu fiz no trabalho. (...) Eu tenho um mecanismo automático de delete, que funciona na hora em que eu ponho o pé fora do local de trabalho, até por uma questão de saúde mental.** (...) Evito levar essas coisas para casa, até porque a gente lida muito com tristeza, dor, morte, e isso não é assunto interessante para falar dentro de casa" (Zeno).
>
> "Às vezes a gente sai pior... Sai com essa carga que a gente recebe... de tristeza. Mas isso dura pouco, a verdade é essa. Trabalha mentalmente para que no dia seguinte não... **Eu não posso deixar, isso a gente tem que se convencer, eu não posso deixar que aquilo interfira no próximo paciente que entrar, ou no paciente de amanhã, que seja, entende? Claro que não precisa**

> **se blindar completamente, mas** (...) a gente vai trabalhando, vai remoendo um pouquinho. O tempo cura (...) sempre fica na lembrança, na hora que acontece é muito mais forte. **Mas, no dia seguinte, tem outra história começando, a gente está se envolvendo com outro tipo de, com outras pessoas, com outros pacientes e acaba, acaba ficando para trás**" (Luiz).

A necessidade de desligar-se, de esquecer, de deletar as emoções e experiências vividas durante o dia de trabalho, aponta para o uso de mecanismos voltados ao apaziguamento das sensações. Com relação ao uso desse tipo de estratégia de enfrentamento, há que se pensar que, desde a formação, essas são, de certo modo, incitadas. Assim, tendo em vista os dados de Quintana *et al.* (2004), os estudantes de medicina são incentivados a desenvolver o que se denominou "calosidade emocional", ou seja, não se deter naquilo que lhes passa, para que, com o tempo, desenvolvam uma barreira de imunidade aos sentimentos e emoções que emergem do contexto. Assim, os oncologistas citam: o uso de atividades de lazer (5.2.1), como afazeres domésticos, a prática de atividade física, assistir à televisão e ter hobbies pessoais.

> "**Férias, viajar, videogame.** (...) E tenho minha família também, e eu gosto de **fazer meus trabalhos em casa, mexer no quintal, mexer nas coisas, consertar, arrumar, faz aquilo, fuça isso. Quando se está fazendo alguma coisa, sempre se esquece do restante**" (Moisés).
> "**Eu acho assim, ir para academia, pra mim, não é só uma questão de físico, mas é uma questão para minha cabeça. Acho que uma das minhas válvulas de escape é a academia**" (Alice).
> "Pra mim, **o que tá sendo excelente (...) é a natação e a ginástica.** Isso aí, eu esqueço daí" (Cleusa).
> "Ahm, **eu sou uma mulher de televisão** (risos). Se faltar televisão em casa, ai... Acho que eu tenho uma coisa. Então, assim, **a única coisa realmente que eu não penso é televisão... isso me relaxa muito,** mais que música, porque música também a cabeça fica... Então, assim, é um mal necessário para mim, eu acho que

> eu não vou estar me culpando (...) **eu adoro, e eu realmente consigo relaxar, e eu consigo me desligar** (...) eu realmente saio do ar (...) **porque, assim, na minha rotina, é aquela hora que eu vou me desligar, entendesse?** E, filmes assim, quase assim, geralmente muito bobos assim, nada muito, pode ser qualquer coisa, desde que seja nessa linha de filmes" (Leda).
>
> "**Eu gosto de miniaturas.** Eu adoro miniaturas. Tenho miniaturas de vários tipos que eu vou montando, montando assim, pacientemente, depois eu pinto e vai e tal, é uma coisa que eu gosto de fazer. **E eu adoro ler.** Que eu acho que talvez seja meu maior passatempo, porque é uma coisa fácil de fazer, em qualquer lugar. Eu adoro ver filme, eu adoro ouvir música. (...) **No momento em que eu estou assistindo filme, eu fico ligadão, não penso em mais nada. (...) Eu me integro totalmente**" (Jonas).

Esses dados assinalam na direção das evidências encontradas por Escribà-Agüir e Bernabé-Muñoz (2002), em pesquisa realizada com médicos de diferentes especialidades. Os autores indicam que o uso de atividades, como tempo de lazer e atividades físicas, estão entre as principais estratégias utilizadas pelos médicos, pois possibilitam desconectar-se da realidade profissional.

Alguns dos profissionais referidos anteriormente ainda apontam o uso do videogame e passeios ao shopping como estratégias de lazer, voltadas a desligar a cabeça, seja pelo fato de centralizar a atenção em outros contextos, seja por possibilitar um meio de descarregar as emoções.

> "**Shopping. Eu sou bem assim desesperada, meu Deus, como faz bem para a gente. Nossa, eu gosto. Não é o shopping, assim, de comprar é o shopping de passear. Eu acho que eu me sinto em um ambiente, que não é esse ambiente hospitalar, e aí parece que eu me insiro nesse contexto das pessoas, assim, saudáveis, bonitas, que estão lá experimentando roupas e dizendo que estão gordas, entende?** (risos). Não, eu acho isso tão normal e isso não faz parte do meu dia a dia, porque

até para mim, ir ao shopping eu tenho que me organizar, pra ir no shopping, entendesse? **Então, assim, eu gosto muito, isso é muito bom para mim. Supermercado não, mas shopping eu gosto**" (Leda).

"**Olha, uma das coisas que eu não usava muito antes, mas agora estou usando muito, eu adoro videogame.** (...) Então o jogo estratégico eu fico treinando a minha cabeça, o tempo inteiro, de como eu vou fazer as coisas, **o jogo de corrida para extravasar um pouco a vontade de correr, e de competir... botar para fora as minhas frustrações internas, que eu não fico pesquisando muito, mas que eu sei que existem.** E o **jogo de violência justamente para ter essa válvula de escape dessa violência inerente que eu sei que existe, aquela vontade de bater em todo mundo, mas que eu não posso fazer. Então, o que eu faço? Eu vou lá no videogame e descarrego no videogame**" (Jonas).

Percebe-se, de acordo com a última narrativa, que o oncologista em questão assinala algumas sensações que se passam dentro dele, ainda que não faça questão de discernir a que elas se referem. Este achado corrobora os dados de alguns autores (Congrains, 1998; Blandin & Araujo, 2005), quando apontam que a expressão dos sentimentos/emoções se encontra entre as estratégias de enfrentamento psicológicas menos utilizadas por profissionais da medicina.

O recurso da medicação e/ou do uso de álcool (5.2.2) também foi apontado como uma forma de enfrentar as situações e lidar com as exigências da prática oncológica.

"Não é rotineiro, mas, se algum dia estou assim muito estressada e tenho dificuldade de dormir. Às vezes. **Talvez, meio Rivotril** ou... Às vezes, pode ser até uma ou duas vezes por semana" (Rita).

"Ansiedade, **daí eu preciso de Lexotan** (risos)... Eu gosto de dormir bem, tenho sempre um Lexotan na gaveta, para os dias em que eu não consigo desligar" (Alice).

"**Tomar remédio é um deles, eu durmo, só durmo se eu tomar remédio,** então eu tomo..." (Cleusa).

"Ocasionalmente, **eu tomo algum ansiolítico**" (refere que faz uso da medicação em média três dias da semana) (Celso).

Esses dados vão ao encontro das afirmações de Escribà-Agüir e Bernabé-Muñoz (2002), uma vez que os autores também evidenciaram o consumo de fármacos pelos médicos como uma forma de lidar com situações de muita tensão emocional e também como meio para reduzir o estresse laboral.

A investigação sobre o uso de medicação foi abordada na entrevista de modo explícito, sendo que o seu uso foi referido, na grande maioria, pelas mulheres. Este dado pode ser pensando à luz das proposições de Millan *et al.* (2005), mencionadas anteriormente, sobre as diferenças ligadas às características de personalidade de homens e mulheres. Assim, de acordo com esses autores, a médica apresenta maior sensibilidade do que os homens médicos. Talvez esse dado justifique a maior necessidade do uso de medicação por parte delas. Entretanto, o consumo de álcool parece ser referido tanto pelos homens como pelas mulheres:

> "E **consumo de bebida alcoólica é mais socialmente,** mais final de semana, festa, num churrasquinho, uma coisa assim, nestas ocasiões, então. Então fica mais assim, na cervejinha, nos dias mais quentes a cerveja, nos dias mais frios um cálice de vinho, ou, às vezes, se você sai e vai para uma festa, **uma dose de uma bebida um pouquinho mais forte, só para liberar um pouco o ego.** Mas é só nestas ocasiões" (Moisés).
>
> "**Ahm, eu gosto, assim, de uma bebidinha**. Mas, assim, é muito seletivo, geralmente **é uma bebidinha, assim, para relaxar,** no final de semana, um vinhozinho, é vinho tinto que eu gosto. Mas eu gosto. Eu... é gostoso" (Leda).
>
> "**É só a questão para relaxar**. Assim, **só não bebo todo dia, mesmo porque isso caracteriza aí um alcoolismo.** (...) Mas **é uma prática que eu uso bastante,** assim, e que também **me relaxa.** (...) Eu acho que o principal fato é que, geralmente, **quando você**

está bebendo, você está com pessoas, você está num ambiente de descontração, eu acho que esse é o vínculo maior" (Alice).

Ao abordar a questão sobre o consumo de álcool, muitos profissionais ficaram meio sem jeito, como se a questão tivesse tocado em algum elemento difícil de ser abordado. Alguns, inclusive, diante dessa pergunta, logo de pronto responderam que não, que o consumo de álcool não era permitido para profissionais da saúde e que isso não poderia acontecer entre médicos. Porém, chama a atenção o fato de que muitos, ao negarem o consumo, referiram que essa prática é bastante comum no meio médico. Assim, uma das questões que se coloca, e que não pode ser ignorada, é que, embora muitos tenham assinalado negativamente para o uso, eles parecem fazer questão de elucidar que esse fato é comum na medicina.

Outra estratégia desenvolvida pelos médicos oncologistas encontra-se relacionada a atitudes de esquiva, sendo que o recurso de evitação (5.2.3) parece ser presente.

> "**De vez em quando eu tiro uma licença**, porque, quando eu vejo, eu estou completamente absorvida novamente. (...) **Um dos motivos que eu tirei licença agora, de um ano e meio, era para que a agenda se esvaziasse mesmo, para que estes pacientes que estão com a gente há muito tempo procurassem novas opções. Procurassem novas opções**" (Deise).
>
> "**Dormir. Dormir, eu tenho uma necessidade muito grande de dormir e dormir para mim é uma saída**. Dormir para mim é uma necessidade maior quando eu estou vivenciando um problema, uma ansiedade ou uma depressão, daí o sono para mim é uma necessidade muito maior. (...) **Uma noite bem dormida, para mim, é terapêutico**" (Tales).

O fato de tirar licença e afastar-se do trabalho, assim como a necessidade de dormir diante de situações de conflito ou problemas, demonstram atitudes voltadas a evitar o contato com aquilo que se passa. Roger *et al.* (2006) apontaram que o grupo com maiores desgastes relacionados à Síndrome de Burnout e a elevados níveis de ansiedade era o dos que mais comumente utilizavam estratégias voltadas ao distanciamento e à evitação. Outra forma apontada de evitar confrontar-se com os sentimentos e com os casos atendidos é o uso de humor negro.

> "E uma outra coisa que eu acho, que, pelo menos para nós do nosso serviço, nós três médicos, uma coisa, se você fosse conversar com todos, você veria, **nós temos um humor negro, que é uma coisa terrível.** As piadas que a gente faz entre si, dentro, envolvendo os próprios funcionários e, às vezes, os casos absurdos que a gente vê, e, às vezes, os casos terríveis. **As piadas iriam deixar muitas pessoas que não estão acostumadas com o cabelo em pé. Acho que é uma forma de mecanismo de defesa mesmo**" (Moisés).

O depoimento anterior faz referência aos profissionais que compõem a unidade de cuidados paliativos. O uso do humor para evitar o contato com as emoções pode também ser observado em campo, quando do acompanhamento em ambulatório. A equipe de profissionais trabalha em clima de brincadeira, ri mais do que os outros, como se externalizasse as coisas de outro modo – que não deixa de ser uma forma de negação.

Esses achados apontam na direção do que propõe Nogueira-Martins (2003), quando afirma que atitudes de ironia, como o uso do humor negro, podem ser utilizadas como uma maneira de enfrentar as vicissitudes do cotidiano médico. Especialmente porque o uso destas pode evitar o processo de reflexão sobre as limitações e exigências da profissão.

A adesão a práticas de autocuidado (5.2.4), voltadas à atividade física, alimentação e lazer, também se fez presente entre as estratégias focalizadas na emoção.

> "Ah, **eu acho para eu manter esse ritmo, eu tenho que estar bem comigo.** E esse bem comigo, **eu tenho que fazer atividade física, eu tenho que me distrair, eu tenho que ver outras coisas, fazer outras coisas, ter lazer...** A minha vida é muito esticada, sabe, muito... Então, para eu poder estar assim, eu tenho

que estar bem comigo, então muito... metódica, assim, muito em horário bem distribuído. Mas eu faço questão. Por exemplo, vou sair, daqui às sete e pouco eu tenho academia. Uma coisa que eu faço questão, sempre. (...) Então, para eu poder fazer, poder aguentar esse ritmo, eu sei **que eu preciso ter válvulas de escape,** assim, para as minhas situações, para eu poder (...) **então essa seria a minha preparação. Além do que, alguns cuidados tem que ter com você, alimentação...**" (Caio).

"**Eu tento, assim, do que se trata do meu cuidado pessoal, eu tento me alimentar corretamente,** não pela correria, de estar correndo, por exemplo, lanches, sanduíches, esse tipo de coisas. **Eu tento ter o meu horário da refeição da manhã na minha casa, sempre. E, meio-dia, muitas vezes, não é na minha casa, mas sim é uma refeição, e não um lanche**" (Rita).

Nesta subcategoria, ainda, enquadram-se alguns sentimentos que funcionam como estratégias de enfrentamento, voltadas ao apaziguamento das emoções, como raiva, irritação diante do paciente e culpa (tanto sentir-se culpado como culpar os outros e o paciente). A expressão desses sentimentos atua como um modo de lidar com as demandas do cotidiano da oncologia. Cabe salientar que eles se encontram mais bem demonstrados na subcategoria "Sentimentos associados ao contexto" (capítulo 1). A esse respeito, Escribà-Agüir e Bernabé-Munôz (2002) identificaram que esse tipo de estratégia, voltada à emoção, aparece em primeiro lugar nos apontamentos dos médicos.

Assim, diante da exposição dessas estratégias focalizadas na emoção, há que se considerar que os autores Congrains (1998), Tamayo e Tróccoli (2002) e Blandin e Araujo (2005) apontam que o seu uso se encontra relacionado à maior incidência de síndromes relacionadas ao estresse, como a de *Burnout*. O uso desse tipo de estratégias, que tem por objetivo provocar uma liberação dos conteúdos mentais e emocionais, foi classificado por Blandin e Araujo (2005) como disfuncional, pois estes não respondem de modo satisfatório, sendo o apaziguamento das emoções uma resposta situacional e, na maioria das vezes, com efeitos momentâneos.

Religiosidade/espiritualidade

Esta subcategoria agrupa os pensamentos e comportamentos religiosos e/ou voltados à espiritualidade que possam estar sendo utilizados como uma estratégia para lidar com determinada situação ou evento do cotidiano. Para melhor compreensão dos termos utilizados, a pesquisadora compartilha da definição de Lukoff (1992 citado por Faria & Seidl, 2005), quando refere que religiosidade designa a adesão a crenças e práticas ligadas a uma instituição religiosa organizada. E espiritualidade caracteriza-se pela relação que a pessoa estabelece com um ser, ou força superior, na qual acredita.

Desse modo, essa subcategoria divide-se em dois elementos de análise: o primeiro aponta o uso dessa estratégia, ou seja, a religiosidade ou espiritualidade presente no cotidiano (5.3.1); o segundo, quando a mesma é negativa (5.3.2), em que se evidencia a ausência das crenças ou práticas.

A adoção de uma prática religiosa não parece ser algo muito presente na maioria das falas dos entrevistados. Não obstante, percebe-se que alguns apresentam certa espiritualidade, não ligada a nenhuma religião formal ou instituída, mas, sim, a uma força superior, ou mesmo energia.

> "**Eu sou horrível, sou que nem São Tomé, totalmente, só acredito vendo. Queria ter mais fé.** (...) Mas, embora eu não tenha uma fé muito grande e não pratique nenhuma religião, sou católica, assim, mas só de casa. De vez em quando, gosto muito de uma igreja. Mas, assim, eu acredito que tenha uma coisa maior, um Deus. Chamo de Deus, não sei o que é isso. Mas eu acredito que daqui, o que morre, é o nosso corpo. Eu acho que a gente continua de alguma outra forma. **Não consigo acreditar que a gente seja só essa carcaça aqui. Então eu acho que isso é uma das coisas que me deixa mais tranquila**" (Alice).

> "**Digamos que eu acredite numa força superior, mas não acredito no Deus que o paciente usa,** no Deus que as pessoas tentam usar ao seu bel-prazer. Meu Deus vai fazer isso... Meu Deus vai fazer aquilo... Meu Deus vai me curar... **E, então, que,**

talvez, esse universo seja regido por leis, mas não essa forma de religiosidade que todos praticam" (Deise).

"Bom, eu não tenho uma religião assim, eu não sou praticante, tá, sou católica porque me batizaram, pela família. **Agora vou te ser bem sincera, eu me considero uma pessoa espiritual, sim. Mas eu não sou assim, como eu te diria, não adoro um Deus determinado.** Não acredito, talvez não acredite num Deus determinado. Se existe Deus, se não existe. **Eu acho que, se existisse um Deus como as pessoas, muitas delas acreditam, não, eu acho que ele não deveria ser assim tão, deveria ter opções melhores para elas viverem.** Eu acredito que nós temos, sim, uma energia cada um, o nosso espírito é, realmente, não somos só matéria. E, realmente está comprovado. (...) Eu faço um exercício, vamos dizer assim (...) eu acredito na minha energia, e que (...) tento, de tentar, esse equilíbrio de paz, de sentir uma paz interior. Não sei como te explicar. Mas é uma paz com a gente mesmo. Não é uma paz que tu pede para que alguém te dê paz. Não. É uma paz que a gente encontra na gente mesmo. Quando ela está desequilibrada, e não existe, a gente tem que procurar. **Procurar achá-la, porque não acredito realmente que exista ninguém que venha te passar a mão e que te diga, que te resolva as coisas da vida. Não, nesse aspecto, não. E não sou religiosa prática**" (Rita).

Percebe-se, nos exemplos demonstrados, que, embora o entrevistado esteja filiado a uma religião instituída, ele não compartilha de suas crenças. Assim, os depoimentos elucidam a questão da espiritualidade. No sentido oposto, apenas dois oncologistas do sexo masculino, dentre todos os participantes, apontaram a adoção de uma conduta ou comportamento religioso e a filiação a uma instituição religiosa.

"**Eu sou católico, eu vou na missa quase todo o domingo,** pode não parecer. Mas eu vou na missa todo domingo. (...) **Eu creio em Deus,** eu rezo, uma coisa... Acredito nisso, respeito outras, outras religiões. (...) **Mas eu acho que é uma âncora, muitas**

> **vezes, importante, você tem que ter uma esperança, uma fé que (...) Em tudo na vida**" (Caio).
>
> "**Eu sou uma pessoa, que digamos assim, que tem crenças bem estabelecidas, eu sou católico**, atualmente não sou muito praticante, do ponto de vista formal, mas eu não esqueci nada da minha crença. E obviamente **eu acredito na ação de Deus na nossa vida, e isso interfere na minha atividade, acho que positivamente. O sentido da caridade cristã, ela é importante para quem é médico**" (Zeno).

Com base nos depoimentos, evidencia-se que, nesses dois exemplos, o uso da religiosidade aparece como um recurso para lidar com as situações da vida, tanto que um deles ressalta que a religião é uma âncora, no sentido de uma proteção/esteio que confere segurança. Desse modo, pode-se pensar na possibilidade de que, quando vista nesse sentido, a religiosidade responda, inclusive, a uma função de apaziguar/controlar as emoções, semelhante às estratégias focalizadas na emoção.

Cabe destacar que a espiritualidade fez-se mais presente entre o grupo de mulheres, sendo que, do total de cinco, quatro referiram a crença em alguma força superior ou ligada a alguma energia. Entre os homens, apenas dois se posicionaram de modo positivo em relação à adoção dessa estratégia. Este indício vai ao encontro dos dados de Congrains (1998), ao afirmar que o recurso da religião ou espiritualidade é maior entre as médicas do que entre os médicos. A ausência de prática, seja religiosa, seja espiritual, aparece de modo significativo entre os oncologistas.

> "Na minha, **pessoalmente não tenho muita prática** (risos), na verdade, religiosa... Muito, não, não tenho nenhuma. (...) **Eu não tenho, não trabalho a minha espiritualidade**" (Luiz).
>
> "Olha, a minha prática religiosa é muito sutil, eu diria até muito fraca. **Eu não tenho uma prática religiosa, assim, ativa,** de frequentar um grupo religioso, de ter uma rotina da prática religiosa. (...) Enfim, **eu não uso o catolicismo como uma prática forte de religiosidade**" (Tales).

> "Bom, então, na verdade, eu acabei, religião, hoje em dia, **eu não acredito mais em nenhuma.** Não acredito mais em religião nenhuma. **Acho sinceramente que, na verdade, o ser humano não precisa de religião para viver, até compreendo que muitas pessoas sintam necessidade**" (Moisés).

Percebe-se que, mesmo que o entrevistado afirme, teoricamente, ser filiado a uma religião, esta não se faz presente. Já outros profissionais, diante da sua atitude de descrença, afirmam que gostariam muito de poder acreditar e demonstram iniciativas na tentativa de alcançar alguma fé, de possuir alguma crença.

> "Olha, **eu gostaria muito de acreditar em alguma coisa.** Sabe, em um Deus, ter uma religião. Ser uma pessoa extremamente religiosa. Eu gostaria muito disso. **Fiz muita força pra isso.** (...) Eu achava, eu acho, que é a coisa mais interessante que possa ter, **só que eu nunca tive a religião na minha casa, como uma coisa forte, expressiva, de, de (...) eu nunca tive isso**" (Cleusa). "**Eu quero acreditar que existe um Deus, talvez não aquele Deus de barbinha branca e tradicional.** Mas existe um Deus, uma força, alguma coisa que comanda de forma transparente e universal toda existência. **Eu quero acreditar. Eu queria poder te dizer que a minha fé é sólida e completamente inabalável, mas eu não vejo assim, eu realmente não vejo assim. Eu invejo aquelas pessoas que a fé é inabalável.** Eu ainda estou buscando uma certeza para a minha fé porque eu não achei. (...) Nessa altura da vida, não me deixo mais levar por nenhum tipo de religião. (...) **Eu gostaria de ter mais fé, uma fé sólida. Talvez isso fosse mais um amparo para mim, para ter um interior mais estável. Mas eu não consigo, por causa da minha natureza contestadora de analisar tudo e ver sempre os vários lados, as circunstâncias, ficar analisando**" (Jonas).

As afirmações anteriores demonstram que os profissionais gostariam de acreditar em algo mais, como se assinalassem a necessidade de possuir algum tipo de suporte dessa forma. É interessante ressaltar que a grande maioria dos oncologistas refere que o Deus do paciente é um Deus diferente, sendo que, em certos momentos, o descrevem como algo caricato (aquele Deus de barbinha branca, tradicional, que vai passar a mão por cima). Tal fato pode estar relacionado aos aspectos que embasam a profissão médica, como a objetividade, a previsibilidade e a controlabilidade, de modo que a crença alude a algo não palpável, portanto, difícil de ser auferido ou comprovado.

Assim sendo, a adoção de uma crença religiosa parece ser algo difícil, até mesmo tendo em vista a realidade e as situações de sofrimento, dor e morte que os profissionais vivenciam. Essa ideia encontra respaldo no depoimento anterior, em que a profissional alerta que, se existisse um Deus, este teria melhores condições de vida para as pessoas.

Suporte social

Esta subcategoria reúne as estratégias em que a busca por suporte social, seja através de apoio instrumental, seja por meio de apoio emocional ou de informações, caracteriza-se como um recurso de enfrentamento psicológico, exercendo função de apoio, suporte, no sentido de fornecer sustentação.

Os dados encontrados são sugestivos de que, dependendo da situação, a pessoa utiliza o apoio social de diferentes formas. O que se constata é que é mais comum o profissional buscar o suporte social diante de situações voltadas a problemas do trabalho ou do âmbito social, recorrendo aos colegas ou, até mesmo, a outros médicos. Mas a busca pelo suporte social em pessoas próximas parece não ser tão recorrente quando a dificuldade ou problema se relaciona a aspectos individuais, da própria pessoa, sendo mais usual encontrar a busca por suporte em um profissional especializado, como a busca por terapia, analista ou psicólogo.

Apesar disso, o primeiro elemento de análise indica que o apoio de familiares e de amigos (5.4.1) é comum, principalmente voltado ao suporte emocional, no sentido de responder, apaziguar as angústias e emoções.

“**Sempre gostei de reunir muita gente dentro de casa.** É um dos motivos do sobrepeso, assim, **eu estou sempre arranjando uma desculpa para chamar alguém, para fazer comida, para beber, para contar estórias, de preferência que não tenha nada a ver com medicina, né?**” (Alice).

“**Ter um círculo de amizades diferente da área profissional é importante. (...) Aquelas situações em que eu me incomodo, em que, geralmente, eu acabo conversando sobre isso com a minha mulher também.** É uma maneira de ela sempre me convencer de que não tem problema, que é assim (risos) (...) **de dar um apoio.** Semana que vem vão ter outros casos parecidos, e que vai ser assim, **mas eu sempre divido isso com ela**” (Luiz).

“E quando eu tenho um problema assim que não é necessário (...) de repente no momento eu não estou fazendo terapia (...) que não é necessária uma parte, vamos dizer, de um profissional. **Muitas vezes, meu próprio companheiro me ajuda a resolver algumas coisas, ou uma amiga, de repente a gente conversa**” (Rita).

O suporte familiar relacionado aos cônjuges aponta que um dos aspectos positivos refere-se ao fato de o companheiro não ser da área médica, o que explicita a necessidade de um suporte diferenciado, de uma pessoa que não funcione na mesma lógica médica, da racionalidade e objetividade. Inclusive, pode-se deduzir que, assim, este não vai nem saber o que perguntar ou cobrar uma postura clínica, conforme apontam os depoimentos a seguir:

“Mas **meu marido me dá um suporte muito bom.** (...) Às vezes eu comento com o meu marido, não, claro, **quando eu estou mais chateada.** (...) Até porque eu gosto dessa coisa de chegar em casa, e aqui eu não sou médica. Algumas vezes, eu falo com o meu marido, dependendo de qual a situação. (...) Então, assim, sempre foi (...) uma das coisas, **é o fato de eu ter escolhido um marido que não é médico faz parte disso** (risos)” (Alice).

“**A melhor coisa, pra mim, foi ter me casado, pela segunda vez, com uma pessoa que não é médica**. Porque **não me é**

exigido falar do paciente, bem pelo contrário, ele não sabe nem o que perguntar" (Cleusa).

Esses dados podem ser pensados com base nas proposições de Woodward (2005), uma vez que este refere que o cônjuge médico dispõe de menos tempo para a vida privada, sendo que, geralmente, se o(a) esposo(a) é de outra área, este(a) acaba assumindo algumas tarefas, no sentido de dar maior suporte e possibilitar o exercício médico.

No que se refere ao apoio de colegas/institucional (5.4.2), os profissionais, diante de situações como dificuldades relacionadas às condutas médicas, bem como referentes a algum paciente, apontam que dividem a responsabilidade com os outros.

> "**Relacionado com questões do meu trabalho, profissional? Eu recorro aos colegas mais próximos que eu confio,** e que podem me (...) não necessariamente oncologistas. Um ou outro é oncologista, tal, **mas outros médicos mais experientes, geralmente, ou que têm um conhecimento técnico específico, e eles vão me dar alguma dica ou alguma maneira de conduzir mais**..." (Luiz).
>
> "**Pergunto a opinião de outras pessoas, colegas, o que for.** Cunho ético, moral, também, é uma coisa que a gente fica pedindo consultoria para o colega, do ponto de vista, sei lá, **principalmente para um oncologista**" (Caio).
>
> "**Procuro ouvir a opinião de outras pessoas,** procuro não decidir sozinho, se eu tenho dúvida, **procuro ouvir um colega ou dois ou três, ou quantos forem necessários para mim me sentir 'confortalecido' na minha decisão ou mudá-la**" (Zeno).
>
> "Eu procuro fazer o melhor possível. **Procuro conseguir contatos com as pessoas que podem me ajudar a solucionar o problema.** Eu acho, assim, que a gente sozinho fica mais difícil de conseguir, mas, **quando se tem essas pessoas próximas de você, a chance de você conseguir é maior**" (Alice).

Tais depoimentos ilustram que o apoio de colegas da instituição funciona como estratégia focalizada no problema, pois este é solicitado diante de situações específicas, para que possam melhor resolver/solucionar alguma questão. Por outro lado, o apoio de colegas foi referido também no sentido de uma estratégia focalizada na emoção, pois dividir com o colega auxilia a repartir as angústias, o que, por sua vez, traz conforto e sustentação emocional.

> "**Eu consigo me abrir com a equipe,** às vezes, até é meio chocante, porque as pessoas não esperam muito. Mas eu, **é a minha válvula de escape, claro que não é toda equipe, mas têm algumas pessoas-chave que me acompanham há anos, e essas pessoas, elas nem têm noção do como elas me ajudam.** Eu acho que eu devo sobrecarregá-las, mas é com a equipe geralmente" (Leda).
> "**Tenho alguns colegas que são grandes amigos, e que a gente partilha de pensamentos mais uniformes, mais semelhantes.** E, geralmente, **são essas pessoas que eu acabo recorrendo,** nesses momentos de angústias éticas e profissionais. (...) Mas, geralmente, a gente tem, **eu tenho, com mais alguns colegas que eu compartilho de ideias muito semelhantes, e é com essas pessoas que eu reparto minhas angústias**" (Alice).
> "**O que eu tenho feito muito é discutir com os colegas,** uma coisa que eu não fazia com tanta frequência. **Hoje eu discuto mais os casos com os colegas,** então isso também **é uma forma de dividir a responsabilidade, os dilemas éticos e técnicos** etc. **E o que eu posso discutir com o paciente, familiares de pacientes, eu discuto. Então eu divido com (...) não importa com quem for, vou falando**" (Cleusa).

O último depoimento transcrito alude à importância da divisão de responsabilidades também com o paciente e com os familiares. Esta se configura um "suporte" interessante, pois possibilita ao profissional repartir seus conhecimentos, auxiliando a lidar com a responsabilidade e as expectativas, muitas vezes excessivas, que são colocadas sobre o médico.

O terceiro elemento de análise (5.4.3) refere-se ao suporte social, que se estabelece por meio de uma ajuda especializada, seja de um profissional, como o psicólogo ou psiquiatra, seja por meio de um instrumento, como livros ou cursos.

Os entrevistados referem a necessidade de estudar e procurar conhecer sobre os casos mais difíceis de serem manejados. Assim, o material específico converte-se em um tipo de apoio especializado.

> "**Se tenho algum caso mais difícil,** que eu tenho que resolver durante a semana, claro que, no final de semana, **eu estudo e me preparo do ponto de vista profissional.** Vou atrás de bibliografia" (Rita).
>
> "**Estudar muito em casa**, no dia a dia, a gente estuda. Olha, **cientificamente, eu vou estudar, eu vou atrás...**" (Caio).
>
> "E **dentro da oncologia é uma coisa obrigatória, a gente ter que se manter atualizado, então tem que ter tempo pra estudar, pra acompanhar a literatura,** porque todo dia tem inúmeros novos artigos, pra gente ver, é claro que é simplesmente impossível, tu ver todos assim, **mas pelo menos estar atento pras novidades, pras mudanças e procedimentos novos**" (Alice).

A busca por material bibliográfico, além de instrumentalizar para a prática, no sentido de auxiliar a resolver as demandas clínicas, parece que também auxilia em termos de suporte emocional. De fato, quando o artigo ou material consultado aborda aspectos interpessoais do relacionamento médico-paciente, este acaba sendo um meio de compartilhar anseios. Isso pode ser demonstrado no exemplo a seguir, em que a mesma profissional explica a função dos artigos que tratam sobre esses aspectos.

> "E **eu acho que uma forma de a gente ver que a angústia que a gente passa aqui, no terceiro mundo, também acontece no primeiro mundo.** E de a gente, talvez, através dessa divisão de angústias a gente, até (...) **aprender a lidar melhor com essas angústias**" (Alice).

O suporte por meio de ajuda especializada também foi evidenciado como necessário por alguns oncologistas, haja vista a dificuldade de partilhar aspectos da vida privada e em função das conjunturas pessoais.

> "**Eu fiz psicanálise.** Então, eu acho que a minha necessidade já foi, **já me ajudou muito nesse sentido.** Foi um período que eu era uma pessoa que participava. Atualmente, não, mas eu fiz muito tempo psicanálise, e eu posso dizer que era" (Tales).
>
> "**Por isso que eu faço análise, porque eu sou uma pessoa bastante fechada pra falar da minha vida privada,** então eu não falo, posso falar uma coisinha ou outra, dizer... **mas realmente sobre minha privada, eu não falo com ninguém,** eu fui muito sozinha durante muito tempo, e me sinto sozinha até hoje, sou uma pessoa que me isolo na minha vida pessoal. **Então, eu tive que fazer análise, e faço e me sinto muito bem. É onde... Onde eu tenho meu suporte**" (Cleusa).
>
> "**Eu, quando me separei, comecei a fazer terapia.** (...) Antigamente eu brigava... com todos que eu julgasse responsáveis por aquela situação. **Mas atualmente é terapia. É terapia, atualmente é a terapia**" (Deise).

Com base nas narrativas anteriores, percebe-se que a terapia auxiliou o profissional a reavaliar situações da vida e, consequentemente, da profissão, relacionadas ao estilo de vida. Do mesmo modo, possibilitou que algumas dificuldades do cotidiano fossem canalizadas de outras formas, que não por meio de conflitos com as outras pessoas.

O quarto elemento de análise, que trata do suporte social no sentido negativo, ou seja, de afastamento social e isolamento (5.4.4), apresenta situações em que ocorre justamente o oposto: o afastamento social, inclusive havendo uma tentativa de vigilância, para que não ocorra a expressão dos sentimentos perante outras pessoas e/ou meio.

> "Eu acho que **eu tenho uma tendência a isolamento. Eu não sou um ser muito social, eu acho que isso é fruto do que eu faço.** Eu acho que é porque eu sou bem... **não é que eu seja**

> **antissocial, mas eu não sou muito disponível assim para algumas atividades, que talvez até fossem me fazer bem.** Para muito, assim, convivência assim de sair num final de tarde, para jantares, assim, **essas coisas mais coletivas, eu não tenho muita paciência. (...) Então, isso gera um isolamento, realmente eu sou uma pessoa bem solitária**. Mas eu não acho que isso seja um problema, porque eu acho que eu estou me sentindo bem assim. Mas, **às vezes, eu penso que isso pode ser um problema para as outras pessoas, que a gente fica uma pessoa, não sei, né, que não vai tanto nos jantares, até com a família, não sei, às vezes eu não me disponibilizo**" (Leda).

A mesma profissional, quando questionada a respeito do seu suporte pessoal, ou seja, quando a dificuldade é do âmbito privado das suas relações, refere que já se utilizou do apoio instrumental: procurou um profissional, no caso, um analista. Destaca, porém, que esta não foi uma estratégia eficaz e que não conseguiu manter. Reafirma, então, que não é muito de se abrir e que costuma "dar um jeito".

> "Aí complica um pouco. **Porque daí eu que tenho que resolver.** Porque daí, assim, eu tenho família pequena, e **sou uma pessoa difícil, não sou de me abrir muito, no lado pessoal é mais difícil.** (...) Ai, sei lá, se resolve como pode, não tem assim uma regra" (Leda).

Um dos pontos que merece atenção é que, diante do afastamento social, o profissional parece preocupar-se com a possibilidade de estar incomodando o outro, ao falar e dividir seus problemas.

> "**Eu não tenho! Olha rapaz, eu não tenho a quem recorrer a isso aí... Eu não tenho ninguém com quem conversar, eu desabafo com minha mulher mesmo, converso com ela, explico, ela me conhece bem.** (...) A minha mulher mesmo, e eu mesmo. **Fico pensando sozinho, tentando dar solução para isso. Como eu nunca frequentei psicólogo, psiquiatra nem nada, então eu vivo eu com meus problemas, eu comigo mesmo.** A minha esposa, o que ela pode fazer, pode me ouvir, e me ouve, graças

a Deus. Mas isso não enche muito ela, também não deixa essa coisa desagradável que é você estar com uma pessoa que vive dessa forma, você fala um monte de coisas para essa pessoa, e ela não fala nada, só ouve, **mas ouvir também não deixa de ser uma coisa grandiosa**" (Jonas).

A questão da vigilância dos sentimentos, no sentido de evitar a sua expressão, bem como da tentativa de não falar sobre o trabalho em outros lugares, também figura entre as respostas.

"**Eu tento evitar, principalmente na minha casa. No dia a dia, eu não falo sobre problemas. A não ser que eu chegue muito atingida,** me perguntem... podem me perguntar se eu tenho algum problema. Daí posso até falar, comentar. **Mas é uma coisa, assim, pouco também. Eu não falo, quando eu entro em casa, eu não continuo falando do meu trabalho, é raro**" (Rita).

"Eu vejo que **é uma conduta pessoal que eu procuro manter, não falar sobre o trabalho, não falar sobre a minha área em ambiente fora do trabalho**" (Tales).

"Acho que a gente vê isso o dia inteiro, todo dia. **Eu não vou sair daqui para conversar com alguém e falar sobre o sofrimento do paciente tal, sobre o sofrimento dos familiares, sobre o sofrimento de todo mundo que estava em volta olhando.** Ahm, não" (Moisés).

Esse controle de não expressar sentimentos nem comentar nada do trabalho em ambientes fora do contexto profissional deve ser compreendido com base na postura incentivada, já desde a graduação, para que o futuro médico não expresse sentimentos. Conforme Quintana *et al.* (2004), a repressão dos sentimentos é incentivada durante o curso de medicina, a qual deve ser iniciada durante o curso, entre colegas e professores.

Há que se salientar que não falar do trabalho é uma das estratégias necessárias em função da ética profissional. Entretanto, a postura que é assumida ignora que eles próprios possam ser atingidos (termo da entrevistada), por isso, de alguma forma, ao ignorar que essa atitude possa lhes causar sofrimento. Percebe-se que os sentimentos e sua expressão é algo velado em outros ambientes.

Contudo, as narrativas revelam que esse esforço, muitas vezes, não alcança êxito, e a tentativa de dividir essas vivências acaba ocorrendo em momentos pouco adequados, até mesmo porque, diante do isolamento, é como se isso extravasasse sem que a pessoa se desse conta.

> "Mas **é uma coisa mais comum impossível. (...) É uma coisa tão natural, e a gente acaba levando os problemas para casa, principalmente os problemas assim dessa dificuldade de ser médico nessa estrutura. Eu falo, sim, bastante. E, às vezes, até quando eu estou em outros grupos. Eu tenho que me cuidar, porque daí, eu, às vezes, já me vejo tomando conta da conversa.** Contando uma desgraça total, assim, e aquilo é uma coisa tão natural, **mas que eu acho horrível, quando eu me dou conta, meu Deus... tu não tens condições realmente, porque é horrível aquilo.** E, assim, muitos amigos médicos, né? É horrível, não podes imaginar. (...) Não, também a iniciativa é minha, com certeza. Porque daí eles contam uma história e eu já quero contar alguma coisa pior (risos). (...) **Então, assim, é uma coisa tão absurda que até no supermercado.** Às vezes, eu vou no supermercado, sábado de manhã, que é a hora que eu posso, chego lá, me deparo com familiares de pacientes. Então, assim, a conversa que deveria ser do preço da bolacha já vira outra coisa. **É bem comum mesmo e é bem desagradável. Isso eu não gosto, acho bem ruim, mas acontece**" (Leda).

A médica que salienta esse aspecto, de não conseguir controlar comentários e conversas em outros ambientes, é a mesma que apontou para o fato de que se sente um ser não muito social, isolado. Porém, o depoimento anterior revela que, de um modo ou de outro, acaba fazendo uso das outras pessoas como um meio de expressar-se sobre a atuação oncológica.

A esse respeito, e considerando todos os dados apresentados nesta subcategoria, pode-se salientar que a expressão dos sentimentos e, principalmente, a busca por suporte social, aparecem, de certo modo, como uma estratégia presente. E, mesmo que ocorram em situações inadequadas, ainda assim evidenciam a importância dessa estratégia, aludindo à necessidade da existência de espaços de troca – tanto técnica quanto como forma de partilhar sentimentos.

Estratégia combinada

Essa subcategoria congrega as estratégias de enfrentamento psicológico, que atendem a mais de uma função. São estratégias combinadas. Assim, podem tanto ser focalizadas no problema como na emoção. O uso da racionalização foi categorizado dentro desta subcategoria, pois se entende que a busca por explicações e a tendência a racionalizar (5.5.1) os fatos cotidianos são utilizadas tanto numa tentativa de responder e dar soluções aos eventos como para neutralizar os sentimentos e as sensações emocionais.

> "Eu sempre digo assim: 'O paciente pode se descontrolar? Pode. O acompanhante pode se descontrolar? Pode'. **Agora eu posso me descontrolar? Não! Não posso! Porque o médico, o paciente espera, que não importa que o diabo apareça, o médico não pode se descontrolar.** Agora imagine, se eu me descontrolar aqui agora, você olhar pra mim, o que você ia dizer: 'Meu Deus, tira esse cara daqui, ele é louco, ele que vai cuidar de mim? Ele está todo descontrolado'. **Então não dá, eu tenho que ficar calmo, porque tem que ser assim, se eu não estiver calmo para analisar a situação, aí eu começo a analisar movido pela emoção e o erro começa a se multiplicar. Mas então é isso, aqui é uma decisão técnica que vai sempre estar crivada de emoções, no meio, porque você está lidando com pessoas e as pessoas sofrem.** (...) Eu lido com elas, se eu noto que elas exigem um pouco mais de atenção, eu tento dar um pouco mais de atenção para elas, e... engulo seco, né? Porque eu penso assim: metade do problema é delas. **Mas metade do problema é meu.** Eu também não tenho o direito

de pegar a minha parte e jogar para cima delas. Então, **eu vou tentar manter aquilo ali, mas sem deixar os 50% que são meus influenciar nessa relação**" (Jonas).

"**Eu acho que o tempo faz a gente, talvez, racionalizar um pouco mais de uma forma com dó, às vezes, porque a racionalidade que nós temos lá no início da nossa carreira é a carapaça. A racionalização, digamos assim, é a carapaça,** agora, mais tarde, essa carapaça já não precisa existir, mas você consegue, **eu consigo racionalizar o que ele tá sentindo,** até onde eu posso ir. Porque eu também não posso me entregar ao paciente e depois me retirar. Então, tem que saber exatamente até onde" (Cleusa).

O uso da racionalização, voltada à tentativa de resolução do problema, acaba sendo um modo de lidar com as outras situações da vida. Assim, muitas vezes, o profissional utiliza essa mesma estratégia como tentativa de resolução de outros problemas, não tendo êxito, uma vez que ela não se aplica a algumas situações.

"**Acaba sendo mais objetivo, em tudo** que eu julgo que deva ser objetivo, que seja... **A organização, até do âmbito pessoal, talvez**" (Luiz).

"Olha, digamos assim, **a gente como médico atua no seguinte sentido, a gente recebe um problema e procura uma solução,** no caso de um problema de saúde. **Então, muitas vezes, dentro de casa não é esse o caso, sei lá.** A esposa te faz uma queixa e ela não quer que tu dê uma solução da queixa dela, ela quer ser ouvida, também um pouco coisa de homem, né? **E isso acontece. (...) Tipo assim, uma mentalidade resolutiva, que nem sempre é o caso. A pessoa não quer solução nenhuma, ela quer apenas que alguém escute, entenda**" (Zeno).

Esse aspecto merece uma reflexão com base na formação do futuro médico, que, calcada nos ditames da ciência positivista, incentiva uma postura objetiva, neutra, com vistas a uma atitude resolutiva das situações, bem como o uso da racionalização e negação dos sentimentos. Conforme Meleiro (2005), o jovem médico incorpora o padrão que lhe foi imposto, fixando-se em comportamentos científicos, frios e de neutralidade, muitas vezes, generalizando-os para outras situações, independentemente do contexto delas. Esses comportamentos e o modo de lidar acabam perpassando a vida dos oncologistas, independentemente de estarem sendo efetivos, apropriados ou não.

Ainda com o objetivo de melhor resolver as demandas da profissão, a racionalização aparece por meio da focalização nos problemas do paciente, no que se refere à parte física do problema orgânico. Segundo apontam, isso os auxilia no raciocínio e nas decisões clínicas, ao mesmo tempo que evita maior envolvimento com aspectos subjetivos.

> "**A estratégia que eu tenho é focar, focar e focar.** O que eu estou te dizendo, eu tenho que fazer o melhor, tenho que buscar a melhor forma de melhor... Focar... É se o paciente tem uma intercorrência tal, não é porque é um paciente oncológico que você vai deixar de fazer o melhor. **Então, vamos focar, como sair dessa complicação infecciosa, complicações de tratamento, tudo o mais, esse é o, é o... meu preparo**" (Caio).
>
> "**Digamos assim... Eu sou bem executiva. Talvez eu deixe de ter firulas, eu digo que eu não faço bilu, bilu.** Assim, aí, quem sabe, a senhora, entretanto, conseguiria fazer se pudesse... **Eu geralmente uso o termo principal da frase,** eu gostaria que fizesse isso, eu precisaria que fizesse isso e isso é assim. (...) **Eu decidi optar em ser médica, eu resolvo atualmente as questões médicas dos pacientes. Os outros problemas... eles que vão às assistentes sociais, que vão ao Ministério Público.** Eu oriento, eu dou a documentação, mas eles que vão" (Deise).
>
> "Tem uma coisa que, sim, **eu sou bastante objetiva com o paciente. Não consigo ser de outra maneira.** Então, **na minha vida privada, também.** Eu não consigo lidar com pessoas que falam muito e que entram, tentam dar muitas voltas num problema. **Eu vou direto ao assunto e tento resolvê-lo. Em casa eu também faço da mesma maneira.** (...) E em casa também sou assim, não consigo lidar com pessoas que começam a conversar

> e dar muita volta. **Eu vou direto e tento responder às questões, eu sou bastante objetiva nisso aí**" (Rita).

A racionalização, seja pelo fato de ter sido aprendida, incentivada durante a formação médica, ou, ainda, por ser uma estratégia derivada de condutas pessoais, apresenta certa disfuncionalidade na medida em que é utilizada em todos os momentos, de modo indiscriminado. E, por mais que ofereça alguma proteção no sentido emocional, de resguardar, requer muita energia para que a pessoa esteja sempre mantendo tudo sob o controle.

Autoavaliação de estratégias utilizadas

Esta subcategoria agrupa as estratégias que foram apontadas pelos profissionais como ineficazes e que, em última instância, foram consideradas disfuncionais, seja porque não trazem mais o mesmo benefício, seja pelo fato de serem percebidas como inapropriadas.

As estratégias focalizadas na emoção (5.6.1), dentre elas, o consumo de tabaco, bem como o uso de álcool, foram apontadas pelos entrevistados como um recurso já utilizado. Apesar disso, devido a uma reavaliação pessoal, indicaram que essas estratégias não estavam sendo saudáveis.

> "**Aí bebia vinho, mas não gostei, não gostei. Porque o seguinte, quem nunca bebeu não tem uma habilidade para beber, e fica muito fragilizado com uma taça de vinho.** Agora, eu fumava. **Eu fumava, essa era a válvula de escape. Mas então eu parei com isso**" (Deise).
>
> "Há outra coisa, álcool, claro, você toma, **sexta-feira, assim, era dia assim, que eu tomava, bebia, vinho que eu gosto... vinho que eu gosto, eu bebia.** Eu tomava vinho. **Claro que isso chegou um ponto que foi demais. Que você para e pensa, mas por que eu tô tomando?** Por que sexta-feira eu tenho que beber vinho? Ahm, porque eu gosto, mas não é só porque eu gosto, porque foi uma semana muito estressante, né? **Então,**

na verdade, você relaxava, é muito fácil relaxar com uma bebida de álcool. É claro, é um recurso. (...) E eu acho que eu fui percebendo, que se tornou, vamos dizer assim, eu tinha que fazer isso. E eu não tinha que fazer isso! (...) **E isso é uma coisa que acontece com muita frequência e eu percebo no meu meio, no meio médico.** Não só dentro da especialidade, mas eu acho que no meio médico isso é muito frequente" (Cleusa).

O consumo de bebida alcóolica foi também considerado ineficiente, visto que a racionalização e o exercício de autocontrole não permitem que a pessoa se desligue da realidade, mesmo ingerindo algum tipo de bebida. O depoimento na sequência evidencia que parece haver um receio de perder o controle e deixar aflorar algo desconhecido ou assustador.

"E mais uma coisa: **álcool para mim não funciona. Eu encho a cara, eu sou muito difícil de ficar bêbado e, para a minha desgraça, eu não perco o controle.** (...) Mas é muito difícil, quase impossível. E olha que eu já tentei, é quase impossível beber e perder o controle. **Eu não perco o controle, é como se eu tivesse um troço lá dentro da cabeça que controla.** Que daí eu percebo que não estou muito sóbrio, mas eu percebo isso. Pior que eu percebo isso. **Eu percebo que não estou sóbrio e, mesmo assim, eu me controlo.** Controlo o que penso, controlo o que faço. Então, **nem numa situação extrema dessas, eu ainda mantenho controle sobre mim mesmo, para que o bicho não pule para fora**" (Jonas).

O mesmo entrevistado refere que, em função do raciocínio e do modo como interage com as coisas, até mesmo filmes não funcionam mais para distrair e captar sua atenção.

"Ajuda **a desligar também. Já ajudou mais, hoje ajuda menos, hoje ajuda menos.** (...) Eu tô assistindo filme, o meu outro eu fica lá analisando tudo e aí, eu só vou gostar do filme se os dois concordarem, entendeu? (...) Aí, novamente, vira um enfado, sempre repete, sempre repete, talvez isso seja a pior coisa. Porque não tem novidade. **Eu tô sempre com uma sensação de enfado, de que eu conheço tudo e é rápido, é rápido, 'tuntuntum' eu já entendi.** Aí eu fico assim: 'Ah, meu Deus do céu'. (...) Porque, sendo assim o tempo inteiro, você não tem novidade e fica cansado de tudo. **Tudo é cansativo! Tudo é rotineiro! Tudo é igual!**" (Jonas).

Além disso, a própria opção pela psicoterapia ou análise, como apoio instrumental (5.6.2), parece não ter sido algo efetivo para uma das entrevistadas. É interessante apontar que ela, no item anterior, declarou ser, de certo modo, sozinha, não se dispondo muito a relações sociais.

"**Eu já fiz análise um tempo, mas eu achei que não foi efetivo.** Talvez até tenha sido assim, **mas eu não percebi muito,** e até meu analista dizia que era muito importante. (...) E ele, assim, não é importante por causa desse teu problema, porque eu acho que isso vai passar. **Mas é importante por causa do teu dia a dia, que eu já era oncologista, tudo isso, mas eu não consegui manter assim, isso faz muitos anos**" (Leda).

Cabe ressaltar que o uso das estratégias, bem como sua avaliação, passam pelas concepções pessoais de cada entrevistado. Assim, estas se dão em função do modo como cada um se relaciona e organiza sua estrutura psíquica, pois, conforme aponta Carvalho (2006), as diferenças pessoais determinam reações distintas. Diante dessa exposição, compartilha-se das ideias de Lozano (2007), quando ele salienta a necessidade de apoio e suporte social aos profissionais, bem como atividades de lazer, autorreflexão, com o intuito de alcançar uma melhor adaptação às demandas e às exigências da profissão.

6
Metáforas sobre a oncologia e o oncologista clínico

As experiências e vivências elucidadas nesta pesquisa trazem à tona um universo de sentidos, alguns muito particulares e outros que traduzem discursos e falas coletivas do que vêm a ser a oncologia e o oncologista. Nesse sentido, as palavras nem sempre traduzem a realidade na medida e intensidade com que as situações se apresentam no dia a dia. Portanto, algumas vezes, uma imagem pode ser mais ilustrativa, pois condensa diversas informações que podem nos remeter a esse universo, a essa complexidade.

Desse modo, este capítulo apresenta algumas das imagens que traduzem e permeiam o imaginário dos profissionais e que, no seu conjunto, exprimem muito das discussões realizadas neste livro. Por conseguinte, essa categoria compreende analogias e sentidos figurados que são atribuídos ao oncologista clínico e a seu fazer profissional. Esta categoria foi dividida em quatro subcategorias, que abarcam metáforas relacionadas ao ser oncologista, ao sistema de saúde, ao contexto e sob a perspectiva pessoal (Figura 7).

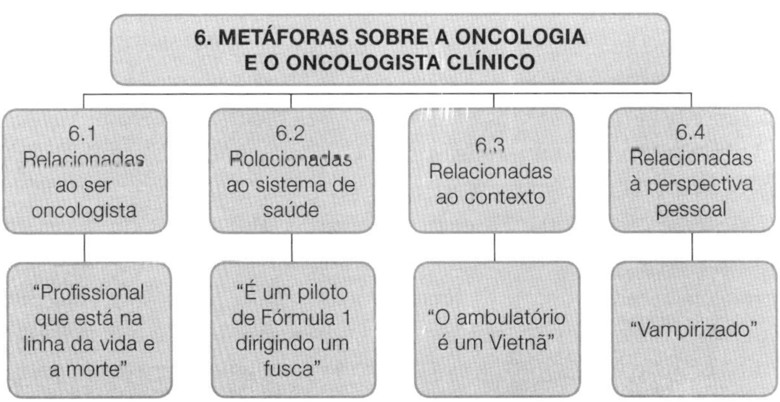

Figura 7 Esquema ilustrativo das categorias de análise.

Cabe resgatar as ideias de Canolla (2000), quando refere que as metáforas estabelecem relações com as palavras e termos formais, de modo que o sentido conferido a estas não seria alcançado pela substituição de um termo pelo outro. Assim, tal categoria propõe uma leitura de vários dos aspectos discutidos anteriormente, pois as palavras e expressões que foram utilizadas estabelecem relações de significados, concepções que desvelam a prática do oncologista clínico.

Relacionadas ao ser oncologista

A primeira subcategoria aponta para as metáforas associadas ao papel profissional do oncologista. As entrevistas revelam a ideia de que este é um profissional que se encontra entre o "fio que divide a vida e a morte", ou seja, que domina esses campos, estando a figura desse médico associada a alguém poderoso, com capacidades de salvador ou de um deus.

> "**É um profissional que está muito perto daquele fio, talvez, que divide, ou que está entre a vida e a morte.** (...) O que eu estou dizendo, assim, que, como é uma profissão, que como lidamos muito com doença que ainda não tem cura totalmente, e isso nos cria uma... assim, é uma batalha realmente, contra uma doença, é uma batalha contra a morte também. Então nos leva, a ser assim, bastante forte nesse sentido" (Rita).

Desse modo, o oncologista é um profissional que se encontra mais perto da morte, ou desse limiar entre viver e morrer. O depoimento aponta também para a ideia de que esses médicos são combatentes da morte, como se a prática oncológica se caracterizasse por uma "batalha". A esse respeito, vários autores (Pitta, 2003; Esslinger, 2004; Falcão & Lino, 2004; Nogueira-Martins & Ramalho, 2007) têm se posicionado, uma vez que, ao serem incentivadas, tais concepções, que parecem fazer parte do imaginário dos entrevistados, os colocam diante de situações de fracasso. De fato, se a morte não é compreendida como parte da vida, e sim como um evento ruim, no qual devem combater, o fracasso será um companheiro de trabalho, uma vez que o câncer é uma doença, em alguns casos, letal. Com base nessa perspectiva, emergem ideias ligadas à onipotência, metáforas que aludem a um profissional que detém o poder sobre essa linha divisória e, sendo assim, em algumas situações, sente-se como um salvador.

> "**É aquele médico que pensa que pode ser Deus, eu acho que tem muito disso na oncologia.** (...) Se você for a um congresso de oncologia, você vai ficar muito impressionada. É muita onipotência mesmo" (Leda).
> "**Às vezes, a sensação que dá é que realmente a gente pega alguém pelos cabelos e puxa da cova.** Isso acontece com certa frequência, não é raro, não. É isso. (...) Então, o médico aparece nessa hora, **quase como se fosse o salvador**. Têm muitos pacientes que me dizem, é muito frequente eu ouvir isso, que **eu sou o anjo deles, ou alguém, sei lá, que veio voando batendo asas e segurou eles, entende, tirou do buraco**" (Zeno).

A partir das narrativas, observa-se que falar sobre o papel profissional remonta a algumas concepções que permeiam o médico desde o início dessa profissão. Assim, o oncologista clínico parece identificar-se com a ideia de um curador, alguém dotado de poderes, especialmente aqueles sobre a vida e a morte (Ramos-Cerqueira & Lima, 2002; Grosseman & Patrício, 2004b).

Essa figura de um profissional dotado de poderes ganha respaldo quando diante de situações em que os objetivos, tanto do tratamento, quanto da tentativa de evitar um agravo, são alcançados. Encontram-se, assim, metáforas que apontam na direção de uma pessoa capaz de evitar a morte e que, por sua vez, retroalimentam a imagem de um ser onipotente. Como exemplo, podemos citar a analogia de que o médico é alguém que "arranca a pessoa da cova, puxando-a pelos cabelos". Isso pôde ser também observado quando da inserção em campo, em uma situação na qual o profissional, ao chegar ao ambulatório, disse que tinha demorado porque uma paciente tinha tentado morrer, mas que ele não havia deixado. Entretanto, fica implícita, nessa expressão, certa agressividade ("puxar pelos cabelos"), que possivelmente esteja associada aos próprios procedimentos invasivos, característicos da prática oncológica.

A analogia utilizada coloca os médicos em um lugar muitas vezes difícil de sustentar, o que também ocorre quando são incentivadas metáforas que aludem a uma batalha. Talvez a adoção desses significados e sentidos figurados coloque o oncologista em uma armadilha, uma vez que, diante da impossibilidade de realização de tais papéis (de "puxar alguém da coxa", de "um salvador", de "um guerreiro que luta contra uma doença, travando com ela uma batalha"), encontra-se a origem das sensações de ansiedade, frustração e raiva diante das situações cotidianas. Essa hipótese vai ao encontro das afirmações de Esslinger (2004), quando refere que a assunção desses papéis deflagra sensações de fracasso, impotência, raiva, fragilidade e frustração no cotidiano da prática profissional desses médicos.

A limitação diante do irrealizável, não apenas em função da característica da doença, mas também por questões de recursos de tratamento e do sistema de saúde, diante de situações difíceis de manejar, nas quais os médicos oncologistas não atingem as respostas esperadas pelo tratamento, cede espaço à imagem de alguém que tem que manter a tranquilidade apesar das condições adversas.

> "**Tem que ser meio que sorriso de aeromoça, o avião está caindo, mas tem que estar sorrindo.** Tem que ter tipo, uma serenidade, uma tranquilidade, você tem que transmitir para a família que você sabe o que está fazendo, que as coisas não estão perdidas, essa coisa toda" (Caio).

Relacionadas ao sistema de saúde

Sobre o sistema público de saúde e a atuação do profissional nele, as metáforas assinalam também frente à ideia de que os médicos estão limitados. Assim, os profissionais indicam que o sistema de saúde é algo que atravanca, ou seja, encontra-se emperrado, como algo que não funciona, algo que fica no meio do caminho. A respeito da interferência do sistema de saúde na sua prática, o entrevistado responde que o mesmo interfere:

> "**Atravancando.** Emperra tudo, atrasa diagnóstico, atrasa procedimento, atrasa tratamento" (Moisés).

Outra metáfora utilizada para expressar algo que atrapalha, que atrasa, faz referência ao automobilismo, como se o oncologista ficasse preso em uma estrutura que não se movimenta na velocidade na qual ele poderia andar, conforme ilustra o trecho da próxima entrevista:

> "Ahm, me afeta me irritando. Todas as coisas que não funcionam, que estão erradas, que deviam ser de forma diferente, isso atrapalha muito o nosso trabalho. **É como alguém que sabe, um piloto de Fórmula 1, que gostaria de dirigir uma Ferrari, mas que acaba tendo nas mãos um fusca com pneu careca e desalinhado e com motor falhando**" (Zeno).

No exemplo utilizado, o profissional alude ao fato de que ele poderia fazer mais coisas, mostrar melhor desempenho profissional, mas se encontra limitado pela estrutura de que dispõe. Assim, metaforicamente, o profissional traduz um pouco dos elementos discutidos no capítulo 4 ("Considerações sobre o sistema público de saúde") e que são também apontados pela literatura (Carvalho, 2006; Gonçalves, 2007), no sentido de que o sistema impõe limitações.

Relacionadas ao contexto

As metáforas relacionadas ao contexto, que revelam o conjunto de elementos e circunstâncias que compõem o meio em que a oncologia se desenvolve, remeteram para o cotidiano atribulado e para as pressões decorrentes das demandas da profissão, como se observa no próximo excerto textual:

> **"O ambulatório é uma incógnita para mim. Eu sempre chego e nunca sei o que vai entrar por aquela porta. Pode ser um ambulatório bem tranquilo com todos os pacientes ótimos, ou pode ser um Vietnã.** Tudo pode acontecer. De certa forma, eu acho legal isso. (...) E é uma resolução rápida. Não dá para adiar, para voltar depois de amanhã. Tá lá e pá, pá, pá, pá, tem que pensar, conversar, tem aquele paciente, aí entra a enfermeira... e

> fala com você, de certa forma eu gosto de fazer isso. (...) **Isso é o Vietnã.** (...) **Tudo ao mesmo tempo. É como se você tivesse tentando dirigir quatro, cinco carros ao mesmo tempo, com um volante só. Isso é o Vietnã! E tem outros dias que está tudo estável, um paciente aqui**" (Jonas).

A descrição utilizada, de que o ambulatório de atendimento é um "Vietnã" devido à quantidade de tarefas que devem ser resolvidas, o que o profissional designa, analogicamente, como a necessidade de dirigir mais de um carro com apenas um volante, traz à tona a dimensão desse contexto, caracterizado por pacientes em estado grave, em situações de dor, sofrimento, poliqueixosos e que demandam rapidez de raciocínio e de resolução das ações. Neste sentido, compartilha-se com Nogueira-Martins e Ramalho (2007), quando referem que o trabalho em oncologia envolve lidar com pacientes e familiares, bem como com a doença e a morte. E, nesse sentido, os médicos são chamados a dar conta desse papel, tendo que estar bem, não se permitido reclamar. Diante disso, outra metáfora sugerida aponta para a habilidade que o profissional deve alcançar para sustentar-se nesse lugar, com tantas demandas e exigências.

> "Não sei se teria uma metáfora para descrever como é o oncologista hoje. (...) **Um cabrito montês, que é um bicho que aparentemente não deveria se equilibrar naqueles picos montanhosos. Com toda aquela dificuldade de caminhar e de acesso, mas ele consegue.** Quer dizer, então, às vezes, a gente enfrenta tantas dificuldades na profissão. Na própria atividade profissional, e tem tantas dificuldades dentro da própria estrutura, que **o grau de esforço que a gente tem que fazer é mais ou menos esse, de um cabrito montês que tem que fazer para se equilibrar e subir na montanha**" (Zeno).

Percebe-se, diante das colocações, que o contexto da oncologia apresenta um ritmo de trabalho bastante intenso, que demanda do profissional emergência nas suas ações, bem como a capacidade de equilibrar-se nesse local. É como se o profissional tivesse de driblar situações como problemas no sistema de saúde, agravamento com a doença, sentimentos de tristeza, perda e luto, para poder se locomover e exercer sua práxis em seu meio. Essas descrições do contexto vão ao encontro de Nogueira-Martins (2002), quando aborda as questões que são inerentes à tarefa médica, como o contato com a doença, o sofrimento e a morte, assim como a tarefa de lidar com aspectos emocionais, queixas, situações de incerteza e limitações, que, na maioria das vezes, se contrapõem às solicitações dos pacientes.

Relacionadas à perspectiva pessoal

Por fim, a última subcategoria aborda as metáforas acerca da perspectiva pessoal, como esse médico se sente e o olhar que tem sobre si mesmo enquanto uma pessoa que atua na área da oncologia. As narrativas apontam que, diante do contexto da oncologia e das demandas da profissão, esses médicos sentem-se sem energia, desgastados física e emocionalmente, como se doassem suas forças aos pacientes.

> "**A impressão que se tem é que se foi sugado, sugado.** A impressão que dá, se não se determinar no início a esse tipo de paciente, ele gruda na carótida e suga tudo que puder de você, tudo" (Deise).
> "A gente tem um termo, que talvez não seja o ideal para depois tu colocares na tua dissertação, **mas é 'vampirizado', sem sangue. (...) Assim, fraqueza, mental, emocional. (...) Não sugado, mas um desgaste assim**" (Zeno).

Os exemplos acima demonstram que o desgaste após um dia de trabalho, como também pode ser observado em campo, deixa os profissionais bastante cansados. Até mesmo porque muitos deles não interrompem os atendimentos para intervalo de almoço ou lanche. O turno ininterrupto de trabalho, algumas vezes, justifica-se pela quantidade de pacientes, especialmente quando estão em quimioterapia, uma vez que precisam ser atendidos logo, para que a medicação possa ser realizada, visto que algumas demoram mais de hora, e o atendimento ambulatorial não fica aberto fora do horário comercial. A não existência desses intervalos também ocorre devido às intercorrências médicas que acarretam encaixes na agenda, ou seja, pacientes que não estavam programados, fazendo com que extrapole a limitação do número previsto pela instituição. Tais demandas de lidar com os pacientes e com aspectos burocráticos favorecem, conforme apontado pela literatura (Glasberg *et al.*, 2007), o surgimento da síndrome de estresse relacionada ao trabalho.

As situações de desgaste e limitações impostas pela profissão foram, analogicamente, comparadas a um namoro, que, com o passar dos anos, vai perdendo o encanto. Assim, sob a perspectiva pessoal, encontram-se, nessa metáfora, elementos que indicam a frustração profissional.

> "Eu acho que, **logo que a gente começa... como um namoro, tu está empolgado. Tu acha que tudo vai dar certo, que pode ter alguns defeitos, mas você vai corrigir. E, com o tempo, você vê que tem algumas situações que vão permanecer ali, independente da sua vontade de mudar. Então, fica teu ânimo bem...**" (Alice).

Interessante ressaltar que essas metáforas apresentam certas ciladas para o profissional. Afinal, a concepção de alguém que possui poderes sobre a vida e a morte, mas que trabalha em um contexto regido pela imprevisibilidade, o qual o entrevistado nomeou de "Vietnã", coloca-o em um papel permeado de expectativas muito difíceis de serem alcançadas. Implícita encontra-se a ideia de uma medicina baseada na cura, e não na abordagem do cuidado – que, em algumas situações, é mais condizente com o paciente oncológico.

Assim, a morte é considerada uma inimiga, e os que perdem a batalha são seus derrotados. Como consequência, "vê-se um namoro que perde o encanto", devido à frustração diante das expectativas não satisfeitas. Expectativas que os próprios oncologistas se colocam. Por fim, como será demonstrado no último capítulo da análise, entre as ressonâncias da pesquisa, alguns profissionais apontam a necessidade de trabalhar tais aspectos.

7
Ressonâncias e avaliação sobre a participação no processo da pesquisa

> "Não é bastante ter ouvidos para ouvir o que é dito. É preciso também que haja silêncio dentro da alma. Daí a dificuldade..."
>
> *(Rubem Alves)*

Ao adentrar no campo de pesquisa, o pesquisador já interfere, pois lança um olhar de questionamentos, de interrogações e de reticências. Nesse particular, o psicólogo pode interferir muito mais, pois, junto ao seu fazer enquanto pesquisador, está dada a ideia de alguém que analisa, que entende o que os outros não entendem. Por esse motivo, compreende-se que a construção desta pesquisa foi ancorada na ótica da complexidade, e isso implica repensar o sujeito que conhece e a crença de que o pesquisador é uma pessoa neutra.

Nesse sentido, a construção do saber científico é relacional e se constrói por meio da relação entre o objeto de estudo e a subjetividade do pesquisador, daquilo que será pesquisado, ou seja, constrói-se intersubjetivamente, intercambiando saberes (Vasconcellos, 1995). Assim, para além de uma análise de dados, há que se escutar as repercussões sobre o fato de estar sendo olhado, sobre o fato de ser objeto de observação e pesquisa. Portanto, a última categoria de análise, abordada neste capítulo, reúne diálogos e reflexões decorrentes da avaliação de todo o processo de participação dos médicos na presente pesquisa, bem como considerações dos participantes sobre a psicologia no contexto da oncologia (Figura 8).

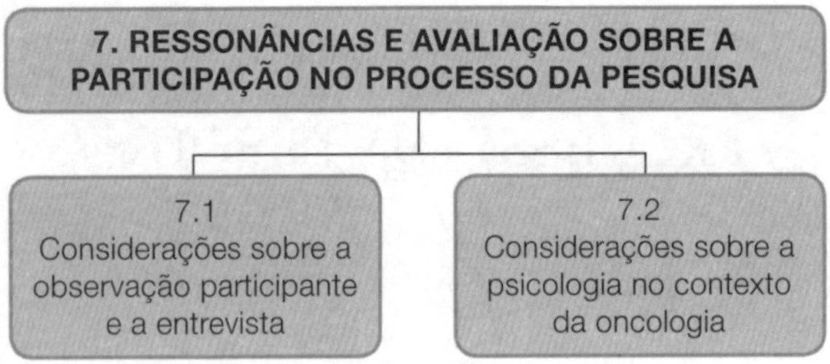

Figura 8 Esquema ilustrativo das categorias de análise.

Cabe ressaltar que a presente categoria foi definida para auxiliar na integração do *corpus* dos dados como um todo, uma vez que a relação entre pesquisador/pesquisado gera um conjunto de dados que vai além do objetivo principal de pesquisa. Afinal, os dados revelam os efeitos das temáticas abordadas na entrevista para o participante, por exemplo, ao aludirem às possibilidades de mudanças de sua práxis, de seu olhar em relação à psicologia e ao espaço criado pela situação de entrevista.

De acordo com o apontado na Parte II – que apresenta o delineamento metodológico da pesquisa –, a observação participante fez parte do processo de coleta de dados, permitindo o que se denomina "inserção ecológica" no campo, a qual possibilita uma aproximação gradativa, tanto com o contexto de pesquisa quanto com a relação com o sujeito de pesquisa. Nesse sentido, coaduna-se com Gonçalves (2007) sobre a importância desse processo de inserção, o qual permite a construção da relação entre o pesquisador e os pesquisados, de forma que ela se constitua um elemento facilitador de diálogos que evidenciem a visão de mundo e lógicas de todos os envolvidos em torno do foco de pesquisa.

Considerações sobre a observação participante e a entrevista

Essa subcategoria apresenta as concepções dos entrevistados a respeito da observação de campo e da entrevista, assim como a avaliação e considerações sobre o período de coleta de dados. Sobre a observação participante, entendida como um importante meio de vinculação com os médicos, alguns profissionais referiram-se a ela como uma situação "natural", no sentido da não inferência desta na espontaneidade desses profissionais. Tal ideia esteve presente na maioria dos depoimentos, na mesma linha de raciocínio dos exemplos em continuação:

> "**Para mim foi ótimo,** sem nenhum, sem nenhum problema. **Eu acho que é o meu jeito mesmo. Eu sou bastante espontâneo, bastante objetivo nessas coisas.** Então, nenhum problema. **Acho que foi bastante válido.** Até para você ter opiniões diferentes, né? **Você observando não só eu, mas como os outros colegas também, eu acho que foi importante.** Uma coisa importante você escolheu para pesquisar!" (Caio).
>
> "**Não fiz nada diferente.** Não, não, **não me senti mal.** Entende!? (...) Não me senti assim, nada... Não fiquei sem jeito... **Eu fiquei à vontade,** da mesma forma se fosse..." (Luiz).
>
> "Sem problemas, foi tranquilo. **Não me senti diferente,** e também, espero, **não sei, não acho ter agido de forma diferente, sob o ponto de vista que você estava controlando assim, fazendo a pesquisa**" (Rita).

Numa outra perspectiva, e com o intuito de melhor serem compreendidos pela pesquisadora, houve depoimentos com relação à observação que evidenciaram a necessidade da justificativa científica das ações que estavam sendo observadas, revelando certo temor de ser julgado:

> "Como eu trabalho com a minha consciência tranquila. E eu sempre procuro fazer o meu melhor, em todos os sentidos, eu penso assim:

se eu tô fazendo certo, eu não tenho que temer nada. E, se eu estou fazendo errado, e que possivelmente eu faça muita coisa errada, as minhas atividades, eu posso estar fazendo errado, sim. Mas com o meu coração sincero e, ao mesmo tempo, tentando fazer o certo. Então isso também não tem problema nenhum, já que ninguém é perfeito. **Então, você pode vir observar o quanto você quiser observar, não tem problema** (...) eu não vou me incomodar com a sua presença, de forma alguma" (Jonas).

Interessante ressaltar, conforme sinalizado no capítulo referente ao método, que as observações junto a cada participante ocorreram em mais de um dia e em diferentes períodos e situações, a fim de promover a familiaridade de todos os envolvidos. Entretanto, observou-se que, mesmo tendo alcançado familiaridade no local da pesquisa, os participantes, de uma forma ou de outra, interagiam de um modo diferenciado na presença da pesquisadora. Alguns explicavam os procedimentos, outros apresentavam aos pacientes, outros não se detinham em explicações, mas se colocavam à disposição para esclarecer eventual dúvida.

Desse processo de interação entre pesquisado e pesquisadora, merece destaque a valoração, que, de certa forma, ocorreu em função da presença da investigadora e também em função de o tema da pesquisa versar sobre a prática dos oncologistas. Assim, a observação foi caracterizada como um período bastante gratificante, visto que alguns profissionais pareciam gostar do fato de estarem sendo, de certo modo, observados "com um olhar especial" na sua práxis cotidiana. A importância de sentirem-se "olhados" ficou clara em alguns depoimentos que abordaram aspectos sobre a entrevista:

"Bem. **Foi legal, foi uma coisa bem tranquila.** Eu acho assim, que **a tua entrevista foi legal, foi bem direcionada.** Que abarca, assim, bastante aspectos. E que **talvez tu consigas encontrar ali coisas que se podem melhorar, tanto para o oncologista,** pelo que eu estou vendo, **como melhorar, por exemplo, o nosso atendimento e a nossa vida pessoal** (risos)" (Rita).

"**Eu achei ótima esta entrevista, pra mim já foi uma psicoterapia. Foi ótimo poder falar.** Excelente. Muito inteligente" (Leda).

As falas são sugestivas de que os médicos identificaram, na entrevista, a possibilidade de uma escuta sobre a realidade e o fazer cotidiano. Percebe-se que, no último depoimento, a entrevistada indica o uso da entrevista como um recurso de apoio. Interessante ressaltar, também, a esse respeito, que, quando do agendamento da entrevista, alguns profissionais demonstraram preocupação com a duração dela. Já outros, diante do comentário de alguns colegas ("Ouvi falar das repercussões da tua entrevista, que sua entrevista é muito boa, que faz a gente pensar"[1]), reservaram horários bastante flexíveis para que ela não ficasse limitada pelo tempo.

Assim, se, por um lado, alguns profissionais dispuseram de pouco tempo, a grande maioria reservou um espaço bastante considerável para a entrevista, o que, por si só, denota interesse e também necessidade de escuta. Isso vai ao encontro das proposições de alguns autores (Balint, 1984; Sá, 2000; Lozano, 2007), quando ressaltam a importância de criar espaços de acolhimento e troca.

Algumas falas revelam que, mesmo diante das explicações *a priori* sobre a pesquisa e sobre sua finalidade, alguns profissionais demonstraram certo receio quanto aos objetivos da pesquisa, no que se refere à validade de seus dados:

> "Eu acho que foi tranquilo. **Você não perguntou nada assim que fugisse do que eu pudesse esperar. Só que eu acho interessante que a gente passa por uma reflexão.** Para eu responder, **eu passo por um momento muito rápido, para refletir sobre as questões que você me coloca.** Mas eu acho que foi tranquilo. Na verdade, eu não sei qual o objetivo de todas essas perguntas e questionamentos, não sei no que vai convergir todas as minhas respostas" (Tales).
>
> "**Eu espero que eu tenha conseguido ser o mais natural possível** (risos). Foi tranquilo, só que, às vezes, eu acho que eu não consegui entender direito as perguntas. Eu só espero que eu tenha conseguido responder, chegar ao teu objetivo" (Alice).

[1] Frase dita no corredor da instituição, direcionada à pesquisadora, durante a etapa de agendamento das entrevistas, situação em que o profissional se refere aos comentários de um colega de trabalho que já tinha sido entrevistado.

Esse aparente desconhecimento e receio sobre os objetivos da pesquisa pode-se constatar em alguns profissionais, por meio de situações e atitudes que traduziam certa dificuldade para iniciar a conversa, envolvendo-se em pré-tarefas e tentando conhecer as perguntas antes mesmo de a entrevista começar. O depoimento em continuação evidencia, por sua vez, uma tentativa de banalização ou familiaridade, como se entrevistas relacionadas à práxis deles fossem algo corriqueiro:

> "Que tu quer que eu diga? **Interessante falar sobre essas coisas. Não, isso não é a primeira vez que eu respondo uma entrevista desse tipo. Eu já respondi umas três ou quatro vezes entrevistas bem similares. E de psicólogas também,** mas não é recente isso, faz tempo já" (Zeno).

Ainda, desde outra perspectiva, encontram-se colocações que aludem às ressonâncias no grupo de entrevistados, por meio de comentários apontados anteriormente, como também em nível individual. Considera-se que o depoimento selecionado em continuação descreve, claramente, as vivências da singularidade da relação entre pesquisador e pesquisado:

> "Foi muito bom, muito agradável. **Porque eu falei com você uma porção de coisas que eu queria falar, que eu achei que eram necessárias, eu espero que tenha te ajudado de alguma maneira. (...) Mas era isso que eu queria falar para ti agora. Não é para uma entrevista, é para entrevista contigo, entendeu? Eu tô assim, bem alegre de ter falado tudo. (...) As coisas pessoais que eu me estendi mais foi para que você entendesse certas observações que eu fiz, para que não pensasse que eram observações gratuitas. E, também, para você entender que em certos momentos, porque aquilo me impressiona, porque aquilo me pressiona, porque aquilo é importante...** para contextualizar e para você entender porque aquilo. Já que tudo tem uma razão, eu queria deixar pelo menos uma parte das razões na tua mão, para você fazer o uso que achar melhor. Mas

eu acho que aprofundar mais, do ponto de vista pessoal, não te acrescentaria muito, não, porque eu acho que, se todo mundo fizesse isso, a tua pesquisa se tornaria impossível" (Jonas).

Percebe-se que todo o processo de coleta de dados é permeado de aspectos subjetivos e que fazem parte dos dados da pesquisa qualitativa. Essa cisão que desvenda uma riqueza de conteúdos oportuniza aos entrevistados espaço de reflexão e produção de significados. Nesse sentido, concorda-se com González-Rey (2002) sobre a importância e a legitimidade que esses dados singulares assumem na produção do conhecimento, visto que este se legitima pela qualidade da expressão do sujeito.

Considerações sobre a psicologia no contexto da oncologia

Esta subcategoria aborda algumas considerações que foram feitas durante alguns momentos da entrevista e que referem a psicologia enquanto área de atuação no contexto da oncologia e da medicina.

As falas apontam o resgate da psicologia como uma ciência, ou como área de saber que muito contribuiria para as questões da formação médica, o que por consequência iria favorecer uma avaliação mais criteriosa dos alunos durante o período da graduação, avaliação esta que abarcasse não apenas os aspectos cognitivos, mas as possibilidades da pessoa para exercer tal função. Esse aspecto também é ressaltado na literatura relacionada ao tema (Millan *et al.*, 2005; Soria *et al.*, 2006).

> "Eu acho que, na minha visão, **acho que o candidato a um curso de medicina deveria sofrer uma avaliação prévia por uma banca de psiquiatras e psicólogos,** deveria!" (Moisés).

A visualização da dimensão psicológica na relação médico-paciente foi trazida à tona no depoimento em continuação, quando o profissional explicita a falta de um olhar diferenciado para com o paciente, olhar este que poderia ir além da dimensão biológica.

> "Que não sabe lidar com o paciente, **que olha para o paciente como se fosse simplesmente um caso, uma situação e não uma pessoa**" (Zeno).

A necessidade de formação em nível interpessoal, de relação médico-paciente e voltada aos aspectos subjetivos do ser humano parece ser uma dificuldade para alguns profissionais, conforme discutido no capítulo 3, Parte III. Assim, fica evidente a falta de entendimento para lidar com a intersubjetividade e com que extrapola o corpo e suas dimensões anatomopatológicas.

Finalmente, destacam-se situações e possibilidades apontadas pelos entrevistados a respeito da presença de um profissional da psicologia no cotidiano de suas ações, com o qual pudessem interagir e para acolher, tanto os pacientes como os profissionais, no que tange à dimensão psicológica:

> "**De repente, sim, seria necessário ter um apoio de um profissional, psicológico, de um psicólogo, para o médico. Talvez sim.** (...) Mas, se nós tivéssemos, de repente, uma rotina dentro da instituição, de ter um acompanhamento psicológico, um controle, vamos dizer assim, de repente, uma vez por mês. Ver como está a tua situação, se emocionalmente está bem ou mal, se está com algum problema na tua vida privada. **Acho que seria legal**. Claro, daria um apoio melhor, para o colega ter um lugar onde se apoiar, sim. Porque muitos colegas, assim como eu te falei, num momento eu fiz terapia, agora, muitas vezes, eu considero que não preciso de terapia. **Mas a coisa não é bem assim, não é que não precise. Seria muito bom, de repente, eu ter uma terapeuta ao meu alcance**" (Rita).
>
> "**Como que poderiam ser as situações, de diminuir essa nossa angústia? O que diminuiria essa nossa angústia?** Eu acho que, mesmo quando a gente faz uma reunião, como essa que a gente tem agora meio-dia. (...) Talvez seja um encontro oncológico, interessante. A gente faz uma reunião, claro, que permite que a gente divida muito dessas nossas angústias. **Que**

a gente discute os casos que são polêmicos, ou difíceis de responder, dividindo esse estresse com outros colegas. (...) Porque eu acho que ali seria a fonte de onde a gente poderia tirar muito daquilo, justamente o que a gente quer priorizar, o que é prioridade. Qual seria a melhor forma de tratar? **Eu acho que se as pessoas fossem mais comprometidas com esse tipo de reunião, ajudaria a gente a diminuir as nossas angústias e a gente criar um corpo mais uniforme**" (Alice).

O reconhecimento da psicologia como uma área de saber necessária no contexto da oncologia, tanto para auxiliar o paciente como a equipe de saúde, parece ser demonstrado em alguns depoimentos, não apenas nas entrevistas, mas no período de observação de campo. Assim, entende-se que a busca ou o pedido explícito da importância da psicologia justifica-se, também, tendo em vista a utilização das várias estratégias de enfrentamento psicológico utilizadas na tentativa de melhor resolver e abarcar os eventos da práxis.

Por fim, compreende-se que uma prática ancorada meramente na experiência vivencial, que possibilita que as habilidades desenvolvidas pelos médicos junto aos pacientes sejam produto de uma experiência prática, e não fruto de uma capacitação específica para lidar com a dimensão subjetiva do ser humano, pode justificar os sentimentos e vivências de insegurança com relação a essa dimensão. Afinal, são profissionais sujeitados à prática e sem possibilidades de ter uma visão ampliada dos fenômenos intersubjetivos, a qual se daria por meio de conhecimentos técnico-científicos dessa dimensão.

8
Considerações finais

> "As palavras aí estão, uma por uma: porém minha alma sabe mais."
>
> *(Cecília Meireles)*

A realização desta pesquisa não se encerra nesses dados, mas extrapola as palavras contidas aqui, pois a experiência de fazer parte desse contexto, compartilhar o dia a dia da oncologia, trouxe inúmeros aprendizados para a pesquisadora. Talvez estes, por maiores esforços que sejam feitos, ainda não estejam contemplados nas palavras escritas.

Mas o momento pede que sejam feitas algumas considerações dessa trajetória, que se iniciou na sala de um ambulatório de um centro oncológico, ao lado de um médico, o qual, no meio de tantos pacientes, tentava explicar como era o seu dia, os seus afazeres e também suas exigências. Assim, as palavras finais deste livro retomam o primeiro dia de pesquisa em campo, quando a pesquisadora se questionava: como será que esses profissionais lidam com esta demanda? O que fazem eles depois de um dia tão atribulado, com tantos pacientes? Como será que se sentem depois da exposição a pacientes tão diferentes, uns mais felizes pela evolução do tratamento, outros tristes pela notícia de que não há mais recurso terapêutico? Todas essas perguntas e muitas outras permeavam os pensamentos da pesquisadora, instigando-a a conhecer e adentrar nessa realidade, pela qual muitos não gostam de "passar nem perto da porta".

Essas considerações pretendem resgatar conclusões dos resultados encontrados nesta pesquisa e apresentar uma síntese com o intuito de percorrer os dados encontrados, respondendo, assim, aos objetivos da pesquisa.

Para melhor compreensão dos dados, eles foram divididos em sete categorias de análise: (1) Experiências e vivências acerca da trajetória profissional; (2) A trajetória profissional sob a ótica da história de vida; (3) Concepções sobre ser e fazer oncologia; (4) Considerações sobre o sistema público de saúde; (5) Estratégias de enfrentamento psicológico; (6) Metáforas sobre a oncologia e o oncologista clínico; (7) Ressonâncias do processo da pesquisa. Estas não se configuraram categorias exclusivas entre si, dadas a trama e a complexidade dos resultados, uma vez que as estratégias, por exemplo, podem ter funções diferentes, dependendo da situação ou momento. Da mesma forma, um sentimento ou emoção experimentados podem, também, ser um modo de lidar com algum evento do cotidiano e de enfrentá-lo.

As vivências dos oncologistas apontam que a opção pela medicina encontra-se relacionada às preferências pessoais, seja por alguma área de maior interesse, influência de terceiros, seja pela convivência em um meio, em que a profissão de médico era algo natural. Percebe-se que, nessa mesma linha, a escolha da especialidade baseia-se em critérios semelhantes. Contudo, entre os profissionais com mais tempo de profissão, o convite de terceiros, por professores ou pessoas relacionadas à área, apresentou-se bastante evidente. Outros aspectos apontam para noções muito idealizadas ou genéricas sobre a especialidade, bem como devido ao desafio, enquanto uma área científica e em evolução.

Diante dessas escolhas, evidencia-se que os oncologistas parecem buscar modos de separação entre a vida privada e o mundo do trabalho. Assim, constatou-se que, em função da fase do ciclo vital familiar e individual, os sentimentos e o modo como lidam com determinados pacientes e/ou mobilizam-se relacionam-se com as experiências e vivências pessoais. Acredita-se que isso nem poderia ser diferente. No entanto, ao negar essas inter-relações entre essas duas esferas, os profissionais perdem a possibilidade de aprendizado e autoconhecimento, o que poderia favorecer a melhor instrumentalização para a práxis e para a relação médico-paciente.

As entrevistas e as observações de campo possibilitaram desvelar uma gama de sentimentos e emoções que são experienciados cotidianamente. Estes foram divididos, pelos profissionais, em sentimentos positivos e negativos. Os primeiros referem-se aos êxitos e às conquistas que são alcançados junto ao tratamento dos pacientes, e os segundos aludem à frustração, raiva, tristeza, pesar, entre outros. Porém, percebe-se que estes podem ser adaptativos, ou seja, condizentes com a realidade que se apresenta, mas desadaptativos, no momento em que sua expressão dá-se de modo não adequado, interferindo nas condutas e no vínculo com os pacientes, bem como apresentando ressonâncias nas experiências pessoais.

A prática oncológica é apontada como responsável por algumas ressignificações de valores pessoais, como se o contato com a enfermidade e a morte trouxesse novos modos de vida, outras prioridades. Ao mesmo tempo, cabe destacar que a adoção de uma conduta que valoriza a vida, as pequenas coisas e momentos, traz intrínsecas dificuldades pessoais na qualidade de vida, tais como: problemas de saúde, hipertensão arterial, o uso de medicação e/ou álcool, dificuldade relacionadas ao sono e no âmbito das relações interpessoais.

Os oncologistas ainda apontaram que, associados ao contexto, encontram-se sentimentos como vergonha, irritação e culpa. Estes denotam a oscilação entre a impotência *versus* possibilidade, que permeia o fazer do oncologista. Diante desses dados, percebe-se que os profissionais assumem um lugar, uma posição hierárquica diferenciada, como se fossem dotados de poderes sobre a vida e a morte. Nesses termos, lidar com uma doença que oferece risco de morte favorece investimentos frente ao profissional, por parte dos pacientes e familiares, como se este possuísse a capacidade de manejar e controlar a vida, dissimulando a morte.

Nesse sentido, algumas metáforas descrevem o oncologista clínico, figurativamente, como um salvador, uma espécie de deus, alguém que domina o limite que divide o "fio" entre a vida e a morte. Convém apontar que, no âmago das questões que permeiam a prática do profissional, encontra-se a questão do poder que essa especialidade desvela e que, muitas vezes, é assumido pelo profissional. Dessa maneira, as concepções que os entrevistados apontam sobre a sua práxis aludem a dificuldades e facilidades que se revelam em obstáculos e/ou meios de realização desse papel.

As principais facilidades que foram relatadas com relação à prática da oncologia referem: (a) o tempo de profissão, no sentido da experiência que é agregada; (b) a autonomia, que acena para a não subordinação a outras pessoas; (c) a estrutura institucional, que fornece as condições para a realização da prática médica; (d) a adoção de um método de trabalho organizado, que, além de facilitar a condução das rotinas diárias, favorece a sensação de controle sobre as demandas da especialidade.

Cabe ressaltar que algumas condutas do relacionamento médico-paciente foram caracterizadas de maneira dicotômica, sendo tanto consideradas facilidades como dificuldades da prática médica. Nesse sentido, uma vinculação mais estreita do oncologista com o paciente aparece como um elemento que, por um lado, pode favorecer a prática do profissional pelo elo de empatia e de afeição, mas, por outro, configura-se em um fator que a dificulta, uma vez que, geralmente, leva o médico a relatar sofrimento por se envolver demasiadamente com as questões inerentes ao tratamento dos pacientes, principalmente, na ocorrência da morte destes.

As narrativas indicaram que os pacientes mais jovens, com problemas psicossociais relacionados à carência afetiva e de condições financeiras, são indicados como possuindo algumas peculiaridades envolvidas na demanda da especialidade e que acarretam dificuldades aos profissionais. Afinal, esse tipo de paciente mobiliza emocionalmente o profissional, sendo que os pacientes, muitas vezes, o têm como referência, alguém a quem têm para recorrer no momento da doença, agregando mais expectativas frente ao oncologista.

O investimento dos pacientes diante do profissional, por si só, configura-se uma demanda que, frequentemente, traz dificuldades para o profissional. Até mesmo porque a formação recebida para lidar com a subjetividade e os aspectos que extrapolam a parte orgânica não são tomados como prioridades durante o preparo para a prática profissional.

Um dos pontos que merece destaque nessas considerações refere-se às dificuldades inerentes ao sistema de saúde. Sob esse aspecto, é consenso entre os entrevistados a necessidade de revisão das diretrizes que regem a oncologia, pois a tabela de autorização e pagamento de procedimentos e tratamento de alta complexidade encontra-se desatualizada há mais de dez anos. Outro aspecto apontado sugere que a não acessibilidade, tanto aos serviços de atenção primária como aos exames, procedimentos, cirurgias e radioterapia, por exemplo, configuram-se dificuldades importantes, que interferem no trabalho dos oncologistas. Estes, por sua vez, podem determinar as possibilidades e o tratamento do paciente.

Entre as situações apontadas como decorrentes e relacionadas à prática profissional da oncologia, os entrevistados referiram: (a) dificuldades para relaxar, desligar do trabalho e dormir; (b) problemas e sofrimento nas relações interpessoais (rupturas nas relações afetivas e divórcio); (c) dificuldade de manter e preservar o tempo para as atividades pessoais, familiares e de lazer; (d) cansaço, estresse e fadiga; (e) oscilação de humor, tristeza/pesar, alegrias.

Ao considerar a revisão de literatura (Graham, 2000; Grunfeld, *et al.*, 2000; Kash *et al.*, 2000; Penson *et al.*, 2000; Allegra, Hall & Yothers, 2005; Shanafelt *et al.*, 2006; Tucunduva *et al.*, 2006; Glasberg *et al.*, 2007), que indica os oncologistas como profissionais sujeitos a síndromes relacionadas ao estresse, bem como ao desvelar essa realidade, evidencia-se a necessidade do uso de estratégias de enfrentamento psicológico por parte dos profissionais. Estes buscam modos de separar, de negar, de lidar com os aspectos que pessoalmente os mobilizam e de resolvê-los, na tentativa de melhor administrar as demandas a que estão expostos.

Os dados revelaram que os profissionais fazem uso de uma variedade de estratégias, que envolvem desde tentativas de manejar as situações cotidianas (como aproximarem-se dos pacientes, expondo a estes todas as condições de sua enfermidade) até situações em que se valem de reavaliações das situações (como é o caso diante dos pacientes idosos, para melhor assimilar a realidade cotidiana, que envolve a possibilidade da morte dos pacientes). Essas são algumas das estratégias de enfrentamento focalizadas no problema.

O uso de estratégias focalizadas na emoção apresentou-se bastante recorrente, prática comum entre os entrevistados. Entre essas, foram evidenciadas: (a) o uso de atividades de lazer (televisão, videogame, atividade física); (b) a expressão de sentimentos (raiva, irritação, sentimento de culpa); (c) atitudes evitativas, como o uso do humor negro; (d) afastamentos do trabalho de modo intencional, recurso de medicação; (e) utilização de drogas, em especial, medicações e álcool. Percebe-se que o uso destas, conforme apontado pela literatura (Congrains, 1998; Tamayo & Tróccoli, 2002; Blandin & Araujo, 2005), encontra-se relacionado a maiores índices de estresse, pois apresentam funções paliativas, não interferindo frente à realidade, mas, sim, colocando o profissional em situações de desconexão mental da realidade, pois provocam um apaziguamento das emoções e sensações de desconforto, sendo, contudo, seus benefícios temporários.

A religiosidade/espiritualidade apresentou-se como outra possibilidade de estratégia de enfrentamento psicológico dentre esses oncologistas. Estas, porém, foram muito mais ligadas à espiritualidade, no sentido do estabelecimento de uma relação com alguma força superior ou energia do que propriamente ligadas a uma prática religiosa e/ou instituição com valores e crenças bem definidas.

A busca por suporte social, enquanto estratégia focalizada no problema, para responder a questões específicas, dificuldades da prática, parece ter sido mais facilmente utilizada, seja através do apoio dos colegas, seja por meio de instrumentalização via algum material de estudo, ou, ainda, pela psicoterapia. Contudo, o suporte social, focalizado na emoção, ou seja, como meio de apoio emocional, foi citado por poucos profissionais, o que evidencia que muitos deles, nesse aspecto, consideram-se solitários, deixando descoberta a fragilidade dos vínculos pessoais.

Uma estratégia encontrada que merece destaque nessas considerações, e que foi classificada como uma estratégia combinada, pois possui tanto a função de regular as emoções como, também, a de constituir uma tentativa de resolução das situações, diz respeito ao uso da racionalização. Esta parece ser incentivada durante a formação do médico, uma vez que a medicina se desenvolveu baseada na racionalidade dos ditames da ciência positivista. Os profissionais parecem fazer uso de tal mecanismo de modo indiscriminado, estendendo essa postura e modo de lidar a muitas situações da vida, inclusive, particular.

No que se refere ao uso das estratégias de enfrentamento psicológico, parece haver um rodízio entre elas, no sentido de que aquilo que num momento serve, no outro já não é mais eficaz, como se o profissional estivesse constantemente à procura de algo, para dar vazão aos sentimentos e experiências cotidianas. Ao mesmo tempo, isso não é algo que pareça ser compartilhado entre os profissionais, sendo que cada um, na sua intimidade, age na tentativa de melhor lidar ou manejar com aquilo, como se isso fosse uma situação ou problema exclusivamente seu, e não algo que perpassa o contexto da oncologia.

Esse apontamento deve ser pensado com base nas proposições sobre a formação do médico, uma vez que, desde o início da graduação, como pode ser demonstrado pela literatura (Quintana *et al.*, 2004), e também pelos depoimentos dos entrevistados, os médicos são incentivados a controlar a expressão, tanto das dificuldades como dos sentimentos e fragilidades. Dessa maneira, pode-se compreender por que os grupos e os espaços de troca desses profissionais, conforme foi constatado, não se caracterizam por serem espaços de compartilhamento de anseios e de angústias relacionados a práxis. Estas são vivenciadas nas particularidades de cada um, o que impede também a coesão do grupo para se engajar em estratégias coletivas voltadas a melhorar as condições de trabalho, por exemplo.

A preparação do ponto de vista emocional também é percebida como uma habilidade individual, uma vez que os profissionais apontaram que a formação, tanto da graduação como da especialidade, de modo geral, não aborda tal aspecto. As demandas da especialidade, que exigem o trato com pacientes e familiares, a comunicação de más notícias e contato frequente com a enfermidade, a dor e a morte, parecem ser temas tangenciados nessa trajetória. Dessa maneira, o aprender fazendo parece ser uma prática recorrente na oncologia, também presenciada no trato com os residentes, como se o simples fato de estarem expostos às situações os instrumentalizasse para o trato dessas. Esse modelo de aprendizagem não seria problemático se realizado com maior crítica e suporte.

Diante dessas considerações e resultados, cabe retomar algumas sugestões realizadas pelos professores integrantes da banca de qualificação do projeto que norteou esta pesquisa, uma vez que foi apontado como uma tarefa difícil, visto que os participantes seriam pessoas fechadas e pouco disponíveis para o diálogo. Todavia, cabe ressaltar que a abordagem qualitativa da pesquisa, a inserção em campo e a disponibilidade da pesquisadora para escutar e acolher as vivências dos oncologistas clínicos revelou-se um importante meio de vinculação. E, ao contrário dos apontamentos sugeridos na qualificação, muitos médicos manifestaram o desejo de falar sobre a sua práxis, alguns, inclusive, no momento da entrevista, detiveram-se em explicar, minuciosamente, situações pessoais, compartilhando histórias de vida, emoções e sentimentos. De um modo geral, as outras pessoas da instituição, como funcionários e também residentes, mostraram-se interessados na pesquisa, sendo que, em vários momentos, auxiliaram a entrada da pesquisadora em campo.

Cabe salientar que, paradoxalmente à imagem de um grupo fechado e/ou resguardado, a atitude dos médicos parece evidenciar a latência e a necessidade de acolhimento e escuta dos oncologistas. Dessa maneira, após a realização das entrevistas, percebeu-se que elas, em certos momentos, configuraram-se como uma estratégia de enfrentamento psicológico. Com efeito, muitos, ao trazerem situações ligadas à história de vida e situações pessoais, aprofundaram-se em diversos aspectos, mobilizando conteúdos emocionais, até mesmo se emocionando diante do que era relatado. Alguns, inclusive, estenderam-se após o término da entrevista e continuaram conversando sobre alguns temas abordados com a pesquisadora.

A abordagem metodológica desta pesquisa revelou-se importante não apenas pelos dados que foram desvelados, mas também pelas possibilidades resultantes do devir, que puderam abranger uma gama de elementos que compõem a complexidade da especialidade e dos profissionais da oncologia. Nesse sentido, ressalta-se a necessidade de pesquisas qualitativas com outras especialidades médicas, para que se possam propor meios de intervenção e promoção relacionados aos possíveis agravos à saúde ocupacional destes, pois as pesquisas voltadas a auferir o estresse, por exemplo, acabam por não abarcar a trama de significados, concepções e imagens que permeiam a especialidade.

As estratégias de enfrentamento psicológico, ao demonstrarem regularidades e algumas semelhanças entre os profissionais, poderiam, ainda, ser estudadas sob o viés da personalidade, pois se compreende que elas se baseiam em experiências pessoais e encontram-se assentadas na subjetividade e nas histórias de vida de cada participante.

Ao considerar as inúmeras estratégias de enfrentamento focalizadas na emoção, ou seja, que têm por objetivo minimizar ou regular os aspectos emocionais, e diante das inúmeras demandas da especialidade, pode-se sugerir que o uso da supervisão, no sentido psicológico, seja uma atividade a ser considerada já na formação dos médicos. Da mesma forma, sugere-se a inclusão de tópicos e discussão sobre as estratégias de enfrentamento durante esse processo, no intuito de aumentar os recursos do profissional e, também, a utilização de grupos, a fim de ampliar a discussão, a troca de experiências, sentimentos e angústias entre os profissionais, criando espaços para a vazão dos aspectos psicológicos individuais e intersubjetivos do oncologista e da sua prática.

Nesse sentido, entende-se que, se houvesse espaço de reflexão sobre as interferências da vida profissional na vida privada e vice-versa, de modo que as discussões aludissem a algumas das questões apresentadas no capítulo 2 ("A trajetória profissional sob a ótica da história de vida"), talvez, os profissionais da oncologia tivessem maior clareza das suas possibilidades e limitações, não necessitando, e/ou evitando, passar por problemas e rupturas nos vínculos e nas relações familiares. Até mesmo porque a possibilidade de falar sobre a práxis e suas ressonâncias colabora para a capacidade crítica do profissional, sem que este se veja imobilizado, não perdendo, assim, a capacidade de surpreender-se e criar meios saudáveis de lidar com as experiências da oncologia, não necessitando, possivelmente, fazer uso de recursos danosos à sua saúde, como é o caso do álcool.

Os resultados obtidos nesta pesquisa retratam uma realidade específica e aludem à necessidade de um real investimento, tanto institucional quanto em nível de políticas de saúde do trabalhador, no intuito de melhor acolher esses médicos. No entanto, é razoável supor que, diante de pesquisas realizadas em contextos parecidos, alguns desses dados sejam semelhantes. Para finalizar, tendo em vista a complexidade do estudo e a limitação das palavras na expressão da riqueza das concepções e sentimentos que permeiam o contexto investigado, lança-se a indagação proposta por um dos profissionais entrevistados, quando resume como é ser oncologista:

> "Para mim é... **eu conviver com o conhecimento de que um monte de pessoas que estão ali na minha frente, desfilando suas esperanças, de uma forma tão intensa (...) e outras também, de que elas vão morrer. Eu sei que elas vão morrer!** Tem gente que entra no consultório pela primeira vez, eu olho os exames e, assim, esse vai morrer! **É difícil, porque eu não estou lidando com muitas pessoas, com as quais eu possa fazer alguma coisa e salvá-las. Eu vou fazer alguma coisa, que eu sei que, do ponto de vista delas, tudo o que eu fizer é inútil. Para mim, não, mas para elas, sim. Completamente inútil. Isso é muito perturbador. Você já pensou nisso? Te coloca no meu lugar?!**" (Jonas).

Referências

Allegra, C. J., Hall, R., & Yothers, G. (2005). Prevalence of Burnout in the U.S. Oncology Community: Results of a 2003 Survey. *Journal of Oncology Pratice*, 1(4), 140-147.

Alves, Rubem. (1999). *O amor que acende a lua*. Campinas: Papirus.

Antoniazzi, A. S., Dell'aglio, D. D., & Bandeira, D. R. (1998). O conceito de coping: Uma revisão teórica. *Estudos de Psicologia*, 3(2), 273-294.

Arón, A. M., & Llanos, M. T. (2004) Cuidar a los que cuidan: Desgaste profesional y cuidado de los equipos que trabalham com violência. *Sistemas Familiares*, 20(1-2), 5-15.

Associação de Assistência e Prevenção do Câncer – A história do câncer em direção à cura. *Revista Hands, 10*, junho/julho. Recuperado em 20 de outubro de 2006, de: http://www.aapcan.org.br/sobre_cancer.php.

Azevedo, A. G., Tollendal, C. B., Nogueira, D. G., Bartels, F. P., Paula, F. C., & Beraldo, F. M. M. (2005). Fatores que orientam a escolha do curso médico. *Revista Brasileira de Educação Médica*, 29(3), 217-221.

Balint, M. (1984). *O médico, seu paciente e a doença*. São Paulo: Atheneu.

Bardin, L. (1977). *Análise de conteúdo*. Lisboa: Edições 70.

Bentata, B. B., Quintana, F. C., Venegas, J. M. R., Gutiérrez, C. V., & Bentata, B. R. B. (2007). Afrontamiento del dolor y la muerte en estudiantes de enfermería: Una propuesta de intervención. *International Journal of Clinical and Health Psychology*, 7(1), 197-205.

Bevenides-Pereira, A. M. T. (2002a). Burnout: O processo de adoecer pelo trabalho. In Bevenides-Pereira, A. M. T. (Org.). *Burnout: Quando o trabalho ameaça o bem-estar do trabalhador*. São Paulo: Casa do Psicólogo.

Bevenides-Pereira, A. M. T. (2002b). O adoecer dos que se dedicam à cura das doenças. O burnout em um grupo de médicos. In Bevenides-Pereira, A. M. T. (Org.). Burnout: *Quando o trabalho ameaça o bem-estar do trabalhador*. São Paulo: Casa do Psicólogo.

Biasoli-Alves, Z. M. M. (1998). A pesquisa em psicologia – análise de métodos e estratégias na construção de um conhecimento que se pretende científico. In G. Romanelli, & Z. M. M. Biazoli-Alves (Orgs.). *Diálogos metodológicos sobre prática de pesquisa* (pp. 135-157). Ribeirão Preto-SP: Legis Summa.

Blandin, J., & Araujo, D. M. (2005). Estrés laboral y mecanismos de afrontamiento: Su relación en la aparición del Síndrome de Burnout en médicos residentes del Hospital Militar "Dr. Carlos Arvelo". *Archivos Venezolanos de Psiquiatria y Neurologia*, 51(104), 12-15.

Brasil. (1977). Decreto 80.281/77. Recuperado em 28 de outubro de 2006, de: http://portal.mec.gov.br/sesu/arquivos/pdf/d80281.pdf.

Brasil. (1988). Constituição da República Federativa. Brasília, DF: Senado.

Brasil. (1990). Lei. 8.080, de 19 de setembro de 1990. Dispõe sobre as condições para a promoção, proteção e recuperação da saúde, a organização e o funcionamento dos serviços correspondentes, e dá outras providências. Diário Oficial da União, Brasília, DF.

Brasil. (1996). Ministério da Saúde – Conselho de Saúde. Resolução nº 196. Recuperado em 10 de outubro de 1996, de: http://conselho.saude.gov.br/docs/Reso196.doc.

Brasil. (2001). Ministério da Saúde – Secretaria da Assistência à Saúde. *Programa Nacional de Humanização da Assistência Hospitalar*. Série C. Projetos, Programas e Relatórios, nº 20. Brasília.

Brasil. (2002). Resolução CNRM nº 1, de 14 de maio de 2002. Recuperado em 2 de novembro de 2006, de: http://www.amb.org.br/jamb/especial/especial.pdf.

Brasil. (2004). Ministério da Saúde – Secretaria Executiva. Núcleo Técnico da Política Nacional de Saúde. *Humaniza Sus: Política Nacional de Humanização: A humanização como eixo norteador das práticas de atenção e gestão em todas as instâncias do SUS*. Série B. Textos Básicos de Saúde. Brasília.

Brasil. (2005). Resolução do Conselho Federal de Medicina (CFM) nº 1.763/05. Recuperado em 2 de novembro de 2006, de: http://www.portalmedico.org.br/resolucoes/cfm/2005/1763_2005.htm.

Brasil. (2011). Ministério da Saúde. Instituto Nacional do Câncer. Estimativa 2012: Incidência de câncer no Brasil. Rio de Janeiro: INCA.

Campos, E. P. (2005). *Quem cuida do cuidador: Uma proposta para os profissionais de saúde*. Petrópolis, RJ: Vozes.

Caneiro, M. B. & Gouveia, V. V. (Coords.) (2004). *O médico e o seu trabalho*. Brasília: Conselho Federal de Medicina.

Canolla, C. (2000). As metáforas da produção: Reflexões sobre o discurso de operárias. *DELTA*, 16(1), 55-82.

Caprara, A., & Franco, A. L. S. (1999). A Relação paciente-médico: Para uma humanização da prática médica. *Cadernos de Saúde Pública*, 15(3), 647-654.

Caprara, A., & Rodrigues, J. (2004). A relação assimétrica médico-paciente: Repensando o vínculo terapêutico. *Ciência e Saúde Coletiva, 9*(1), 139-146.

Carlotto, M. S., & Câmara, S. G. (2004). Análise fatorial do Maslach Inventory (MBI) em uma amostra de professores de instituições particulares. *Psicologia em Estudo, 9*(3), 499-505.

Carter, B. & McGoldrick, M. (1995). As mudanças no ciclo de vida familiar: Uma estrutura para a terapia familiar. In B. Carter, & M. McGoldrick (Orgs.). *As mudanças no ciclo de vida familiar: Uma estrutura para a terapia familiar* (pp. 7-29). Porto Alegre: Artmed. 2º impressão.

Carvalho, M. M. (2002). Psico-Oncologia: História, características e desafios. *Psicologia USP, 13*(1), 151-166.

Carvalho, V. (2006). A equipe de saúde e suas vicissitudes emocionais. In C. Pimenta, C. A. M., Mota, D. D. C. F., & Cruz, D. A. L. M (Orgs.). *Dor e cuidados paliativos: Enfermagem, medicina e psicologia*, (pp. 103-123). São Paulo: Manole.

Cassiani, S. H. B., Caliri, M. H. L., & Pelá, N. T. R. (1996). A teoria fundamentada nos dados como abordagem da pesquisa interpretativa. *Revista Latino-Americana de Enfermagem*, 4(3), 75-88.

Congrains, J. A. (1998). Modos de afrontamiento al estrés en residentes de medicina. *Rev. Med. Hered.*, 9(2), 63-68.

Dejours, C. (2000). *A banalização da injustiça social* (3. ed.). Rio de Janeiro: FGV, 160p.

Eggers, S. A história do câncer em direção à cura. *Revista Hands*. n. 10, jun./jul. 2002.

Escribà-Agüir, V., & Bernabé-Muñoz, Y. (2002). Estrategias de afrontamiento ante el estrés y fuentes de recompensa professional en médicos especialistas de la comunidad Valenciana: Un estudo con entrevistas semiestructuradas. *Revista Esp. Salud Pública*, 76(5), 595-604.

Esslinger, I. (2004). *De quem é a vida, afinal? ... descortinando os cenários da morte no hospital*. São Paulo: Casa do Psicólogo.

Fajardo-Dolci, G. E., Laguna-García, J., León-Castañeda, M. E. P., & Gutiérrez, H. (1995). Selección de la carrera y perspectivas de desarrollo profesional en estudiantes de medicina. *Salud Publica de Mexico, 37*(1), 31-36.

Falcão, E. B. M., & Lino, G. G. S. (2004). O paciente morre: Eis a questão. *Revista Brasileira de Educação Médica, 28*(2), 106-118.

Faria, J. B., & Seidl, E. M. F. (2005). Religiosidade e enfrentamento em contextos de saúde e doença: Revisão de literatura. *Psicologia Reflexão e Crítica, 18*(3), 381-389.

Fernandes, J. C. L. (1993). A quem interessa a relação médico-paciente. *Cadernos de Saúde Pública, 9*(1), 21- 27.

Ghiglione, R., & Matalon, B. (1993). Como inquirir? As entrevistas. In *O inquérito: Teoria e prática*. Oeiras: Celta Editora.

Gil, A. C. (1991). *Como elaborar projetos de pesquisa*. São Paulo: Atlas.

Glasberg, J., Horiuti, L., Novais, M. A. B., Canavezzi, A. Z., Miranda, V. C., Chicoli, F. A., Gonçalves, M. S., Bensi, C. G., & Del Giglio, A.

(2007). Prevalence of the burnout syndrome among Brazilian medical oncologists. *Revista da Associação Médica Brasileira, 53*(1), 85-89.

Gonçalves, J. R. (2007). *O profissional da saúde em enfermaria de crianças gravemente enfermas e as implicações do cotidiano do trabalho na sua saúde*. Tese de Doutorado não publicada. Universidade Federal de Santa Catarina, Florianópolis.

González- Rey, F. L. (2002). *Pesquisa qualitativa em psicologia: Caminhos e desafios*. São Paulo: Pioneira Thomson Learning.

Graham, J. (2000). Stress and burnout an oncology. *Oncology, 14*(11), November.

Grosseman, S., & Patrício, Z. (2004a). A relação médico-paciente e o cuidado humano: Subsídios para promoção da educação médica. *Revista Brasileira de Educação Médica*, 28(2), 99-105.

Grosseman, S., & Patrício, Z. M. (2004b). *Do desejo à realidade de ser médico.* Florianópolis: Editora da UFSC.

Grunfeld, E., Whelan, T. J., Zitzelsberger, L., Willan, A. R., Montesanto, B., & Evans, W. K. (2000). Cancer care workers in Ontario: Prevalence of burnout, job stress and job satisfaction. *Canadian Medical Association Journal, 163*(2), 166-169.

Guimarães, L. A. M., & Cardoso, W. L. C. D. (2004). Atualizações sobre a Síndrome de Burnout. In L. A. M. Guimarães (Org.), *Série Saúde Mental e Trabalho* (pp. 43-62), vol II. São Paulo: Casa do Psicólogo.

Hall, A. (1988). Medical marriage: No bed of roses. *British Medical Journal*, 296, 152-153.

Hoirisch, A. (2006). Ser médico – implicações históricas e antropológicas. In Mello Filho, J. (Org.) *Identidade médica* (pp. 21-38). São Paulo: Casa do Psicólogo.

Houaiss, A. (2001). *Dicionário eletrônico da língua portuguesa*. Editora Objetiva Ltda., Versão 1.0.

Instituto Nacional de Câncer (Inca). (2008). *Estimativa 2008: Incidência de Câncer no Brasil*. Rio de Janeiro. Recuperado em 31 de janeiro de 2008, de: http://www.inca.gov.br/estimativa/2008.

Jiménez, J. P. (2005). Estrategias de los medicos para hacer frente a la crisis de la profesión. *Revista Médica do Chile, 133*, 707-712.

Kash, K. M, Holland, J. C., Breitbart, W., Beresonm S., Dougherty, J., Ouellette-Kobasa, S., & Lesko, L. (2000). *Stress and burnout in oncology. Oncology, 14*(11), 1621-1633.

Kovács, M. J. (1992). Profissionais de saúde diante da morte. In *Morte e desenvolvimento humano* (pp. 226-243). São Paulo: Casa do Psicólogo.

Krebs, E. E., Garrett, J. M., & Konrad, T. R. (2006). The difficult doctor? Characteristics of physicians who report frustration with patients: An analysis of survey data. *BMC Health Services Research*, 128(6), 1-8.

Laplanche, J. (1992). *Vocabulário da Psicanálise: Laplanche e Pontalis.* São Paulo: Martins Fontes.

Laville, C., & Dionne, J. (1999). *A construção do saber: manual de metodologia da pesquisa em ciências humanas*. H. Monteiro (Trad.), & F. Settineri. Porto Alegre: Editora Artes Médicas; Belo Horizonte: Editora UFMG.

Lazarus, R. S., & Folkman, S. (1984). *Stress, appraisal, and coping*. New York: Springer.

Lozano, J. A. F. (2007). Combatir el burnout del pediatra: Prevención y control. *Canarias Pediátrica, 31*(2), 119-123.

Lucchiari, D. H. P. S. (1993). *Pensando e vivendo a orientação profissional*. São Paulo: Summus.

Maciel-Lima, S. M. (2004). Acolhimento solidário ou atropelamento? A qualidade na relação profissional de saúde e paciente face à tecnologia informacional. *Cadernos de Saúde Pública, 20*(2), 502-511.

Maslach, C. (1986). *Burnout – the cost of caring* (2nd ed.). New York: Prentice-Hall.

McGoldrick, M. (1995). As mulheres e o ciclo de vida familiar. In B. Carter, & M. McGoldrick (Orgs.). *As mudanças no ciclo de vida familiar: Uma estrutura para a terapia familiar* (pp. 30-64). Porto Alegre: Artmed. 2º impressão.

Meireles, C. (1945). *Mar absoluto*. Porto Alegre: Editora Livraria do Globo.

Meleiro, A. M. A. S. (1998). Suicídio entre médicos e estudantes de medicina. *Revista da Associação Médica Brasileira, 44*(2), 135-140.

Meleiro, A. A. S. (2005). *O médico como paciente* (2a ed.). São Paulo: Segmento-Farma.

Mello Filho, J. (2006). A vocação médica e o curso médico. In Mello Filho, J. *Identidade médica* (pp. 21-38, 1° ed.). São Paulo: Casa do Psicólogo.

Melo, A. G. C., & Figueiredo, M. T. A. (2006). Cuidados paliativos: Conceitos básicos, histórico e realizações da Associação Brasileira de Cuidados Paliativos e da Associação Internacional de Hospice e Cuidados Paliativos. In C. A. M. Pimenta, D. D. C. F. Mota, & D. A. L. M., Cruz (Orgs.). *Dor e cuidados paliativos: Enfermagem, medicina e psicologia* (pp. 16-28). São Paulo: Manole.

Millan, L. R., Azevedo, R. S., Rossi, E., De Marco, O. L. N., Millan, M. P. B., & Arruda, P. C. V. (2005). What is behind a student's choice for becoming a doctor? *Clinics, 60*(2), 143-150.

Millan, L. R., De Marco, O. L. N., Rossi, E., & Arruda, P. C. V. (1999). *O universo psicológico do futuro médico: Vocação, vicissitudes e perspectivas*. São Paulo: Casa do Psicólogo.

Minayo, M. C. S. (Org.). (1994). *Pesquisa social. Teoria, método e criatividade*. Petrópolis, RJ: Vozes.

Moré, C. L. O. O. (2000). *Atendendo à demanda: Proposta de um Modelo de Sistematização de Intervenção Psicológica junto a Postos de Saúde Comunitários*. Tese de Doutorado, Pontifícia Universidade Católica de São Paulo, São Paulo.

Moré, C. L. O. O., & Crepaldi, M. A. (2004). O campo de pesquisa: Interfaces entre a observação, interação e o surgimento dos dados. *Conferência Internacional do Brasil de Pesquisa Qualitativa/NPF – Núcleo de Pesquisa da Família*. Taubaté, São Paulo.

Morin, E. (1996). Epistemologia da Complexidade. In D. F. Schnitman (Org.). *Novos paradigmas, cultura e subjetividade* (pp. 274-286). Porto Alegre: Artes Médicas.

Morinaga, C. V., Konno, S. N., Aisawa, R. K., Vieira, J. E., & Martins, M. A. (2002). Frases que resumem os atributos da relação médico-paciente. *Revista Brasileira de Educação Médica*, 26(1), 21-27.

Motta, A. B., & Enumo, S. R. F. (2004). Câncer infantil: Uma proposta de avaliação das estratégias de enfrentamento da hospitalização. *Estudos de Psicologia*, 21(3), 193-202.

Najmanovich, D. (2002). El lenguaje de los vínculos, de la independencia absoluta a la autonomía relativa. In D. Najmanovich, & E. Dabas (Orgs.). *Redes: El lenguaje de los vínculos: Hacia la reconstrucción y el fortalecimiento de la sociedad civil*. Buenos Aires: Paidós.

Nogueira-Martins, L. A. (1996). Saúde mental do médico e do estudante de medicina. *Psychiatry On-Line Brazil, 1*(1), julho/2006. Recuperado em 20 de outubro de 2006, de: http://www.priory.com/journals/brazil.htm.

Nogueira-Martins, L. A. (2002). Saúde mental dos profissionais de saúde. P*sychiatry On-line Brazil, 7*. Recuperado em 29 de outubro de 2006, de: www.polbr.med.br/arquivo/artigo0402 a.htm.

Nogueira-Martins, L. A. (2003). Saúde mental dos profissionais de saúde. *Revista Brasileira de Medicina do Trabalho*, 1(1), 56-68.

Nogueira-Martins, L. A. (2004). *A saúde do médico*. Recuperado em 28 de outubro de 2006, de: www.portalmedico.org.br/artigos/artigo. asp?=id=248.

Nogueira-Martins, L. A., & Jorge, M. R. (1998). Natureza e magnitude do estresse na residência médica. *Revista da Associação de Medicina Brasileira, 44*(1), 28-34.

Nogueira-Martins, L. A., & Ramalho, M. A. N. (2007). Aspectos psicológicos relacionados ao profissional – Burnout. In B. de Camargo, & A. Y. Kurashima (Orgs.). *Cuidados Paliativos em Oncologia Pediátrica – O Cuidar Além do Curar* (pp. 187-97). São Paulo: Lemar.

Nogueira-Martins, M. C. F. (2001). *Humanização das relações assistenciais: A formação do profissional de saúde*. São Paulo: Casa do Psicólogo.

Oliveira, V. Z., Oliveira, M. Z., Gomes, W. B., & Gasperin, C. (2004). Comunicação de diagnóstico: Implicações no tratamento de adolescentes doentes crônicos. *Psicologia em Estudo, 9*(1), 9 -17.

Paulo, M. C. (2004). *Câncer: o lado invisível da doença*. Florianópolis: Insular.

Peixoto, C. N. (2004). *Estratégias de enfrentamento de estressores ocupacionais em professores universitários*. Dissertação de Mestrado não publicada, Universidade Federal de Santa Catarina, Florianópolis.

Penson, R. T., Dignan, F. L., Canellos, G. P., Picard, C. L., & Lynch, T, J. (2000). Burnout: Caring for the Caregivers. *The Oncologist, 5*, 425-434.

Pires, R. O. M. (2004). A Saúde Pública, o Sistema Único de Saúde e o Programa de Saúde da Família. *JOFA, 4*(1), s/p.

Pitta, A. M. F. (2003). *Hospital: Dor e morte como ofício* (5a ed.). São Paulo: Annablume/Hucitec.

Quintana, A. M., Rodrigues, A. T., Goi, C. M. D., & Bassi, L. A. (2004). Humanização e estresse na formação médica. *Revista AMRIGS, 48*(1), 27-31.

Ramalho, M. A. N., & Nogueira-Martins, M. C. F. (2007). Vivências de profissionais de saúde da área de oncologia pediátrica. *Psicologia em Estudo, 12*(1), 123-132.

Ramirez, D. E. L. (2004). Teoría del caos y sus posibles implicaciones en psicología. *Enseñanza e Investigación en Psicología, 9*(2), 389-402.

Ramos-Cerqueira, A. T. A., & Lima, M. C. P. (2002). A formação da identidade do médico: Implicações para o ensino de graduação em medicina. *Interface, 6*(11), 107-116.

Roger, M. C., Abalo, J, G., Guerra, M. E., & Pérez, C. M. (2006). Afrontamientos y emociones en profesionales de enfermaría oncológica con síndrome de desgaste profesional. *Psicología y Salud, 16*(2), 115-128.

Rose, K. D., & Rosow, I. (1972). Marital stability among physicians. California Medicine: *The Western Journal of Medicine, 116*, 95-99.

Rosselot, E. J. (2006). Dimensiones del profesionalismo médico. Proyecciones para el siglo XXI. *Rev. Méd. Chile, 134*, 657-664.

Rossi, P. S., & Batista, N. A. (2006). O ensino da comunicação na graduação em medicina – uma abordagem. *Interface, 9*(18), 93-102.

Sá, Manoel R. Castro (2000). A modernidade desencantada, a crise da medicina e o imaginário institucional. *Revista Brasileira de Educação Médica, 24*(3), 46-52.

Santos, B. S. (2005). *Um discurso sobre as ciências* (3a ed.). São Paulo: Cortez.

Savoia, M. G. (1999). Escalas de eventos vitais e de estratégias de enfrentamento. *Revista de Psiquiatria Clínica, 26*(2), 57-67.

Scarparo, H. (Org.) (2000). *Psicologia e pesquisa: Perspectivas metodológicas*. Porto Alegre: Sulina.

Seidl, E. M. F. (2005). Enfrentamento, aspectos clínicos e sociodemográficos de pessoas vivendo com HIV/AIDS. *Psicologia em Estudo, 10*(3), 421-429.

Seidl, E. M. F., Tróccoli, B. T., & Zannon, C. M. L.C. (2001). Análise fatorial de uma medida de estratégias de enfrentamento. *Psicologia: Teoria e Pesquisa, 17*(3), 225-234.

Shanafelt, T. D. (2005). Finding meaning, balance, and a personal satisfaction in the pratice of oncology. *The Journal of Supportive Oncology, 3*(2), 157-163.

Shanafelt, T., Chung, H., White H., & Lyckholm, L. J. (2006). Shaping your career to maximize personal satisfaction in the practice of oncology. *Journal of Clinical Oncology, 24*(24), 4020-4026.

Silva, M. G. C., & Arregi, M. M. U. (2005). Residência médica na área de cancerologia no Brasil: Distribuição dos programas e da oferta de vagas por região em 2003. *Revista Brasileira de Cancerologia, 51*(1), 5-13

Singer, P., Campos, O., & Oliveira, E. M. (1978). *Prevenir e curar: o controle social através dos serviços de saúde*. Rio de Janeiro: Forense--Universitária.

Soria, M., Guerra, M., Gimenez, I., & Escanero, J. F. (2006). La decisión de estudiar medicina: Características. *Educación Médica, 9*(2), 91-97.

Stacciarini, J. M. R., & Tróccoli, B. T. (2001). O estresse na atividade ocupacional do enfermeiro. *Revista Latino-Americana de Enfermagem, 9*(2), 17-25.

Strauss, A. L., & Corbin, J. (1990). Grounded Theory Research: Procedures, Canons and Evaluative Criteria. *Qualitative Sociology, 13*, 3-21.

Tamayo, M. R., & Tróccoli, B. T. (2002). Exaustão emocional: Relações com a percepção de suporte organizacional e com as estratégias de coping no trabalho. *Estudos de Psicologia, 7*(1), 37-46.

Tamayo, M. R., Argolo, J. C. T., & Borges, L. O. (2005). Burnout em profissionais de saúde: Um estudo com trabalhadores do município de Natal. In L. O. Borges (Org.). *Os profissionais da saúde e seu trabalho.* São Paulo: Casa do Psicólogo.

Trindade, E. S., Azambuja, L. E. O., Andrade, J. P., & Garrafa, V. (2007). O médico frente ao diagnóstico e prognóstico do câncer avançado. *Revista da Associação Médica Brasileira, 53*(1), 68-74.

Tucunduva, L. T. C. M., Garcia, A. P., Prudente, F. V. B., Centofani, G., Souza, C. M., Monteiro, T. A., Vince, F. A. H., Samano, E. S. T., Gonçalves, M. S., & Giglio, A. (2006). A síndrome da estafa profissional em médicos cancerologistas brasileiros. *Revista da Associação Médica Brasileira, 52*(2), 108-112.

Valle, E. R. M., Capparelli, A. B. F., & Amaral, M. T. C. (Orgs.) (2004). *O cuidar de crianças com câncer: Visão fenomenológica, vivências dos médicos que cuidam de crianças com câncer.* São Paulo: Editora Livro Pleno.

Vasconcellos, M. J. E. (1995). *Terapia Familiar Sistêmica: Bases Cibernéticas.* São Paulo: Editorial Psy.

Vasconcellos, M. J. E. (2002). *Pensamento sistêmico: O novo paradigma da ciência.* São Paulo: Papirus.

Warde, C. M., Moonesinghe, K., Allen, W., & Gelberg, L. (1999). Marital and parental satisfaction of married physicians with children. *JGIM, 14*, 157-165.

White, E. (2000). Coping with stress: Are there differences between genders? *Undergraduate Journal of Psychology, 13*, s/p.

Wolpin, B. M., Chabner, B. A., Lynch, T. J., & Penson, R. T. (2005). Learning to cope: How far is too close? *The Oncologist, 10*, 449-456.

Woodward, C. A. (2005). When a physician marries a physician: Effect of physician- physician marriages on Professional activities. *Canadian Family Physician, 51*, 851-857.

Yunes M. A. M., & Szymanski, H. (2005). Entrevista reflexiva e grounded-theory: Estratégias metodológicas para compreensão da resiliência em famílias. *Interam. J. Psychol., 39*(3), 431-438.

Zonta, R., Robles, A. C. C., & Grosseman, S. (2006). Estratégias de enfrentamento do estresse desenvolvidas por estudantes de medicina da Universidade Federal de Santa Catarina. *Revista Brasileira de Educação Médica, 30*(3), 147-153.

Apêndice

Definição das categorias, subcategorias e elementos de análise das entrevistas

1. Experiências e vivências acerca da trajetória profissional – Nessa categoria (capítulo 1, parte III, figura 2), agrupam-se experiências vividas e sentimentos relacionados a momentos da profissão.

Opção pela medicina – fatores que motivaram a escolha do curso de medicina, influências e aspectos relacionados ao processo de escolha da profissão, de ser médico.

Opção pela oncologia – fatores que motivaram a escolha da especialidade médica da oncologia e influências ligadas à experiência de vida.

Sentimentos associados ao contexto – sentimentos e emoções que os oncologistas clínicos referem diante de situações da prática clínica e referentes ao contexto em que estão inseridos.

2. A trajetória profissional sob a ótica da história de vida – Essa categoria (capítulo 2, parte III, figura 3) apresenta a influência da história pessoal e trajetória de vida na leitura que os profissionais fazem a respeito de sua atividade profissional, e as implicações da profissão sobre a vida privada.

Ressonâncias do ciclo vital individual e/ou familiar *versus* vivências profissionais – agrupa concepções pessoais, que são fruto da repercussão da prática profissional sobre o ciclo de vida familiar e/ou individual e vice-versa.

3. Concepções sobre ser e fazer oncologia – Essa categoria (capítulo 3, parte III, figura 4) compreende os aspectos relacionados às concepções, ou seja, àquilo que os profissionais pensam, suas ideias e opiniões sobre o médico oncologista clínico, sua prática e fazer profissional.

Aspectos facilitadores da prática – itens que foram considerados facilitadores do exercício profissional do oncologista clínico.

Aspectos dificultadores da prática – dificuldades apontadas no exercício e no cotidiano do oncologista clínico.

Considerações sobre a profissão, a formação médica e preparo para a prática da oncologia clínica – agrupa as considerações que os profissionais fazem a respeito da oncologia clínica enquanto especialidade e profissão, bem como as considerações sobre a formação da medicina, da especialização em oncologia e seu preparo para esse exercício.

4. Considerações sobre o sistema público de saúde – Essa categoria (capítulo 4, parte III, figura 5) alude às ideias e opiniões dos oncologistas sobre o sistema público de saúde no âmbito da oncologia clínica.

A oncologia no sistema público – agrupa as considerações sobre o sistema público de saúde brasileiro, no que se refere aos aspectos positivos e negativos.

Prioridades do sistema de saúde – prioridades que os oncologistas clínicos apontam para o sistema público de saúde no Brasil.

5. Estratégias de enfrentamento psicológico – Essa categoria (capítulo 5, parte III, figura 6) reúne ações e manejos (emocionais, psicológicos) que os profissionais utilizam frente à realidade em que estão inseridos e que, em seu conjunto, revelam as estratégias de enfrentamento psicológico dos médicos oncologistas.

Focalizada no problema – agrupa as estratégias em que a pessoa busca manejar, alterar, interferir na realidade, de modo a tentar modificar aquilo que lhe causa maior estresse ou ameaça.

Focalizada na emoção – refere-se às estratégias que têm como objetivo minimizar, regular as respostas emocionais da pessoa frente às situações consideradas estressantes e de difícil manejo.

Religiosidade/espiritualidade – agrupa os pensamentos e comportamentos religiosos e/ou voltados à espiritualidade que possam estar sendo utilizados como uma estratégia para lidar com determinada situação ou evento do cotidiano.

Suporte social – reúne as estratégias em que a busca por suporte social, seja por meio de apoio instrumental, seja por meio de apoio emocional ou de informações, caracteriza-se como um recurso de enfrentamento psicológico, exercendo função de apoio, suporte, no sentido de fornecer sustentação.

Estratégia combinada – congrega as estratégias de enfrentamento psicológico, que atendem a mais de uma função, são estratégias combinadas, assim, podem tanto ser focalizadas no problema como na emoção.

Autoavaliação de estratégias utilizadas – agrupa as estratégias que foram apontadas pelos profissionais como ineficazes e que, em última instância, foram consideradas disfuncionais, seja porque não trazem mais o mesmo benefício, seja pelo fato de serem percebidas como inapropriadas.

6. Metáforas sobre a oncologia e o oncologista clínico – Essa categoria (capítulo 6, parte III, figura 7) compreende analogias e sentidos figurados que são atribuídos ao oncologista clínico e a seu fazer profissional.

Relacionadas ao ser oncologista – metáforas associadas ao oncologista e a seu papel profissional.

Relacionadas ao sistema de saúde – metáforas sobre o sistema público de saúde e a atuação do profissional nele.

Relacionadas ao contexto – metáforas que revelam o conjunto de elementos e circunstâncias que compõem o meio em que a oncologia se desenvolve.

Relacionadas à perspectiva pessoal – metáforas acerca da perspectiva pessoal, do modo como o médico se sente e do olhar que tem sobre si mesmo enquanto uma pessoa que atua nessa área.

7. Ressonâncias e avaliação sobre a participação no processo da pesquisa – Reúnem-se nessa categoria (capítulo 7, parte III, figura 8) diálogos e reflexões decorrentes da avaliação de todo o processo de participação dos médicos na presente pesquisa, bem como considerações dos participantes sobre a psicologia no contexto da oncologia.

Considerações sobre a observação participante e a entrevista – apresentam as concepções dos entrevistados a respeito da observação de campo e da entrevista, assim como avaliação e considerações sobre o período de coleta de dados.

Considerações sobre a psicologia no contexto da oncologia – abordam algumas considerações que foram feitas durante alguns momentos da entrevista e que referem a psicologia enquanto área de atuação no contexto da oncologia e da medicina.

Sobre os organizadores da coleção *Temas de psicologia e educação médica*

Luiz Roberto Millan

Psiquiatra e psicanalista. Doutor em Ciências pelo Departamento de Patologia da Faculdade de Medicina da Universidade de São Paulo (FMUSP); médico do Grapal – Grupo de Assistência Psicológica ao Aluno da Faculdade de Medicina da Universidade de São Paulo (FMUSP); membro associado da Sociedade Brasileira de Psicanálise de São Paulo; coautor do livro *O Universo Psicológico do Futuro Médico* (Casa do Psicólogo, 1999) e autor do livro *Vocação Médica – Um estudo de gênero* (Casa do Psicólogo, 2005), publicado em Nova York (Estados Unidos) com o título *Medical Career Choice – a Gender Study* (Nova Science Publishers, 2009).

Orlando Lúcio Neves De Marco

Psicólogo; psicanalista pelo Instituto Sedes Sapientiae; membro filiado da Sociedade Brasileira de Psicanálise de São Paulo; psicólogo do Grapal – Grupo de Assistência Psicológica ao Aluno da Faculdade de Medicina da Universidade de São Paulo (FMUSP); coautor do livro *O Universo Psicológico do Futuro Médico* (Casa do Psicólogo, 1999).

Plínio Montagna

Psiquiatra e psicanalista; pós-graduação em Psiquiatria no Institute of Psychiatry da Universidade de Londres como Bolsista da OMS; mestre em Psiquiatria pela Faculdade de Medicina da Universidade de São Paulo (FMUSP); formação em Psicodrama pela Sociedade de

Psicodrama de São Paulo, da qual foi presidente; psicanalista didata e docente da Sociedade Brasileira de Psicanálise de São Paulo; ex--presidente da Sociedade Brasileira de Psicanálise de São Paulo, da Associação Brasileira de Psicanálise, da Associação Brasileira de Psicoterapia e do Comitê de Psicanálise da Associação Paulista de Medicina (APM); ex-professor-assistente de Psiquiatria da FMUSP.

Títulos publicados

Tutoria-Mentoring na formação médica
Patrícia Bellodi e Milton de Arruda Martins
(Organizadores)

Residência médica: estresse e crescimento
Luiz Antônio Nogueira Martins

Vocação médica: um estudo de gênero
Luiz Roberto Millan

Identidade médica
Júlio de Mello Filho
(Organizador)

Saúde mental do médico e do estudante de medicina
Katia Burle dos Santos Guimarães
(Organizadora)

O fator humano na prática médica: pesquisa com pediatras intensivistas
Eduardo Goldenstein

De estudante a médico: a psicologia médica e a construção de relações
Arthur Kaufman
(Organizador)

O médico por ele mesmo: depoimentos sobre as especialidades médicas
Emmanuel Nunes de Souza
(Organizador)

O médico entre a vida e a morte: um estudo psicológico em oncologia clínica
Débora Staub Cano

Impresso por :

Graphium
gráfica e editora

Tel.:11 2769-9056